바로 성경에 계시된 하나님이십니다.

The Gospel Project for **Adults** is published quarterly by LifeWay Christian Resources,
One LifeWay Plaza, Nashville, TN 37234, Thom S. Rainer, President
© 2016 LifeWay Christian Resources
Translated and used by permission of LifeWay Christian Resources

This Korean translation edition © 2017 by Duranno Ministry,
38, Seobinggo-ro 65-gil, Yongsan-gu, Seoul, Republic of Korea
Published by arrangement with LifeWay Christian Resources

가스펠 프로젝트

구약 5

선지자와 왕

청장년 인도자용

지은이 · LifeWay Adults
옮긴이 · 백충현
감수 · 김병훈, 이희성, 신대현
초판 발행 · 2017년 11월 7일
2판 2쇄 발행 · 2024년 11월 20일
등록번호 · 제1988-000080호
등록된 곳 · 서울특별시 용산구 서빙고로65길 38
발행처 · 사단법인 두란노서원
영업부 · 02-2078-3352, 3452, 3781, 3752 FAX 080-749-3705
편집부 · 02-2078-3437
디자인 · 땅콩프레스

책값은 뒤표지에 있습니다.
ISBN 978-89-531-4595-5 04230 / 978-89-531-4583-2(세트)

가스펠 프로젝트 홈페이지 · gospelproject.co.kr
두란노몰 · mall.duranno.com

차례

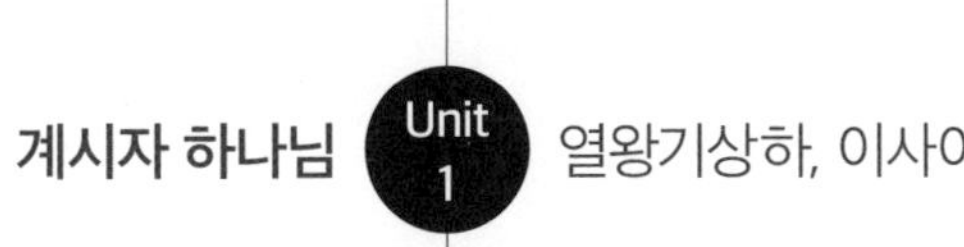

5

Prophets and Kings

발간사

두란노서원을 통해 라이프웨이(LifeWay)의《가스펠 프로젝트》성경 공부 교재 시리즈를 발간할 수 있도록 인도하신 하나님께 감사드립니다. 험한 소리로 가득한 세상에 이 책을 다릿돌처럼 놓습니다. 우리 삶은 말씀을 만난 소리로 풍성해져야 합니다. 주님을 만난 기쁨의 소리, 진실 앞에서 탄식하는 소리, 죄를 씻는 울음소리, 소망을 품은 기도 소리로 가득해야 합니다.

《가스펠 프로젝트》는 신구약을 관통하는 예수 그리스도의 복음을 발견하고, 그 가르침을 삶에 적용하는 지혜를 얻도록 기획한 성경 공부 교재입니다. 어린아이부터 어른에 이르기까지 생애주기에 따른 복음 메시지를 잘 배울 수 있습니다. 또한 거짓 진리가 미혹하는 이 시대에 건강한 신학과 바른 교리로 말씀을 조명해 성도의 신앙이 좌로나 우로나 치우치지 않도록 돕습니다.

두란노서원은 지금까지 "오직 성경, 복음 중심, 초교파적 관점"을 바탕으로 한국 교회와 성도를 꾸준히 섬겨 왔습니다. 오직 성경의 정신에 입각해 책과 잡지를 출판해 왔으며, 성경에 근거한 복음 중심의 신학을 포기한 적이 없습니다. 그리고 교단과 교파를 초월해 교회와 성도가 하나님의 나라를 바라볼 수 있도록 돕기 위해 노력해 왔습니다. 《가스펠 프로젝트》는 두란노가 지켜 온 세 가지 가치를 충실하게 담은 책입니다.

성경은 구원을 위한 책이며, 구원사의 주인공은 예수 그리스도입니다. 창세기부터 요한계시록까지 오직 예수 그리스도의 복음만을 전하는《가스펠 프로젝트》성경 공부 교재를 통해 복음의 은혜와 진리를 깊이 경험하고, 복음 중심의 삶이 마음 판에 새겨지기를 바랍니다. 그리고 예수 그리스도 복음에 굳게 선 한 사람의 영향력이 가정과 교회와 사회에 흘러감으로써 거룩한 하나님 나라가 확산되어 가기를 소망합니다.

두란노서원 원장 이 형 기

감수사

두란노가 출간하는《가스펠 프로젝트》는 무엇보다도 전통적으로 교회가 풀어 온 흐름을 충실히 따라 성경을 해설하고 있습니다. 그리고 그 방향은 궁극적으로 예수 그리스도를 향해 나아가고 있습니다. 이것은 예수님이 구약과 신약의 모든 성경이 자신을 가리키고 있다고 하신 말씀에 비추어 매우 타당한 것입니다. 게다가 그리스도 중심적 해설을 무리하게 전개하지 않습니다. 각 본문에서 하나님의 구원 언약과 그것을 실현하시는 하나님을 드러내면서, 그리스도의 예표적 설명이 가능한 사건을 놓치지 않고 풀어내고 있습니다.

성경 공부 교재는 명시적으로 혹은 암시적으로 제시하는 교리적 진술이 교리 체계상 건전해야 합니다.《가스펠 프로젝트》는 99개 조에 이르는 핵심교리들을 일목요연하게 제시해 교리의 건전성을 확인할 수 있도록 도움을 줍니다.《가스펠 프로젝트》의 교리는 교파를 막론하고, 예수 그리스도의 복음에 충실한 복음주의 교회들에게 환영받을 만합니다. 물론 교파마다 약간의 이견을 갖는 부분들이 있을 수 있겠지만 각 교회에서 교재를 활용하는 데는 무리가 없을 것입니다.《가스펠 프로젝트》의 특징은 각 과에서 학습한 내용을 핵심교리와 연결해 주며, 그 결과 그리스도의 복음에 관련한 교리적 이해를 강화시킨다는 데 있습니다.

끝으로《가스펠 프로젝트》는 어떤 성경 주해서나 교리 학습서가 갖지 못하는 훌륭한 장점을 가지고 있습니다. 그것은 학습자를 하나님과 그리스도의 복음 앞으로 나오도록 이끌며 자신의 신앙과 삶을 돌아보도록 하는 적용의 적실성과 훈련의 효과입니다. 아울러 본문과 관련해 교회사적으로 또 주석적으로 중요한 신학자와 목사의 어록과 주석을 제시하고, 심화토론 질문들(인도자용)과 선교적 안목을 열어 주는 적용 질문들을 더해 준 것은《가스펠 프로젝트》에서 얻을 수 있는 큰 유익입니다.

추천할 만한 마땅한 성경 공부 교재를 찾기가 쉽지 않은 현실에서《가스펠 프로젝트》는 성경을 개괄적으로 매주 한 과목씩, 3년의 기간 동안 일목요연하게, 그리고 그리스도 중심적으로 공부하도록 이끌어 준다는 점에서, 한국 교회의 기초를 성경 위에 놓는 일에 큰 공헌을 할 것으로 믿어 의심치 않습니다.

김병훈 _ 합동신학대학원대학교 조직신학 교수

✤   아모스 선지자가 타락의 일로를 걷고 있었던 북이스라엘을 향해 선포한 메시지가 생각납니다. "보라 날이 이를지라 내가 기근을 땅에 보내리니 양식이 없어 주림이 아니며 물이 없어 갈함이 아니요 여호와의 말씀을 듣지 못한 기갈이라"(암 8:11). 주전 8세기 아모스 선지자의 외침이 오늘 이 시대에 다시 메아리쳐 오고 있습니다. 온갖 이단들이 영적으로 갈급한 성도들을 향해 검은손을 내밀고 있습니다. 이들은 성경 구절을 단편적으로 이해하고 왜곡해 교리를 구축한 후 성도들을 혼란에 빠뜨리고 있습니다. 두란노의 《가스펠 프로젝트》는 성도들이 겪고 있는 이러한 갈증을 해소해 줄 수 있는 참으로 유익한 성경 공부 교재입니다.

첫째, 《가스펠 프로젝트》는 성경 전체 흐름과 문맥에 따라 구성되어 성경의 큰 그림을 볼 수 있도록 도와줍니다. 또 성경 각 본문의 의미를 깊이 이해할 수 있도록 해당 분야의 전문 성경 신학자들의 주석적 견해를 잘 소개하고 있습니다. 둘째, 본문 연구와 함께 관련 핵심교리들을 적절하게 소개해 성경과 교리를 연결할 수 있습니다. 또 모든 세션에서 그리스도와의 연결점을 찾아 제시함으로써 구약 본문을 통해서도 복음을 깨달을 수 있습니다. 성경 공부 전 과정을 마치면 성도들이 복음에 대한 견고한 믿음을 가지게 될 것입니다. 셋째, 성경 공부를 통한 적용의 초점을 선교에 맞추어 성도들이 삶의 현장에서 복음의 증인으로서의 사명을 감당할 수 있게 도와줍니다. 마지막으로 주일학교에서 장년에 이르기까지 동일한 주제와 본문으로 성경을 공부하도록 구성했기 때문에 모든 교인이 한 말씀 안에서 한 믿음의 공동체를 이루며 성숙해 가는 영적 부흥을 경험하게 될 것입니다.

두란노의 《가스펠 프로젝트》를 통해 말씀이 갈급한 기근의 시대에 영적 해갈의 기쁨을 경험하시기 바랍니다.

이희성 _ 총신대학교 신학대학원 구약학 교수

✛ 　《가스펠 프로젝트》는 성경 안에 나타난 하나님의 구원 계획-실행-완성이라는 일련의 진행을 잘 요약한 말입니다. 구원의 소식은 예수 그리스도가 오셨을 때 비로소 전해진 것이 아니라 창세 이전에 그리스도 안에서 하나님의 지혜로 계획된 것입니다. 이 복음 계획은 구약 역사가 진행되면서 더 구체적으로 알려졌고, 하나님의 아들 예수 그리스도가 이 땅에 오심으로써 완전히 드러났습니다. 이 복음으로 하나님의 백성이 모두 구원을 받을 것이며, 그제야 세상에 끝이 오고 하나님의 가스펠 프로젝트는 완성될 것입니다.

두란노의 《가스펠 프로젝트》는 이러한 큰 그림을 염두에 두고 시대를 따라 진행되는 하나님의 구원 계획을 체계적으로 다루고 있습니다. 각 세션의 시작과 끝에 두 개의 푯대, 즉 '신학적 주제'와 '그리스도와의 연결'을 제시해 세션이 다루는 내용이 구원 역사의 큰 진행에서 어느 지점에 해당되는지 알려 줍니다. '신학적 주제'는 본문에서 하나님의 가스펠 프로젝트의 어느 지점에 주목해야 하는지 알려 주며, '그리스도와의 연결'은 이 지점이 가스펠 프로젝트 전체와 어떻게 연결되는지 확인해 줍니다. 가스펠 프로젝트의 부분과 전체를 아는 지식을 동시에 배워 가면서 이 시대를 향한 단기 비전과 앞으로 임할 하나님 나라에 대한 장기 비전을 함께 가질 수 있습니다. 《가스펠 프로젝트》는 이 비전들을 구체적으로 가질 수 있도록 매 세션 끝에 '하나님의 계획, 우리의 사명'을 두고 있습니다.

《가스펠 프로젝트》의 또 다른 큰 특징은 교회 안에 여러 세대를 그리스도 안에서 하나님의 말씀으로 연결해 준다는 것입니다. 장년, 청소년, 그리고 어린이들이 매주 동일한 본문 말씀을 배움으로써 그리스도 안에서 하나의 교회 전통을 세워 갈 수 있으며, 교회와 가정에서 동일한 하나님의 말씀으로 소통하며 언어가 같은 하나님 나라 백성의 삶을 체험할 수 있습니다.

《가스펠 프로젝트》는 성경의 한 부분에만 머물러 있는 우리의 생각을 그리스도 안에서 넓혀 주고, 분열된 세대들의 생각을 그리스도 안으로 모아 줍니다. 한국 교회 성도들이 두란노의 《가스펠 프로젝트》를 통해 예수 그리스도를 아는 지식에서 자라 가고 모든 믿음의 세대가 그리스도 안에서 아름다운 신앙의 전통을 이어 가는 일들이 일어나길 소망합니다.

신대현 _《가스펠 프로젝트》주 강사

추천사

✠   우리 시대의 전 세계적 교회 부흥은 두 가지 샘을 가지고 있습니다. 한 샘은 오순절 부흥 운동의 샘입니다. 이 샘으로 많은 시대의 목마른 영혼들이 목마름을 해갈했습니다. 또 하나의 샘은 성경 연구의 샘입니다. 남침례교 주일학교 운동은 이 샘의 개척자입니다. 이 샘으로 지금도 많은 성도가 목마름을 해갈하고 있습니다. 미 남침례교 라이프웨이 출판사는 이러한 사역을 충실히 감당해 왔습니다. 《가스펠 프로젝트》는 모든 필요를 공급하는 원천이 될 것입니다. 《가스펠 프로젝트》로 한국 교회의 목마름이 해갈되기를 기도합니다. 《가스펠 프로젝트》는 쉬우면서도 결코 피상적이지 않습니다. 믿음의 단계를 따라 하나님의 자녀들에게 꼭 필요한 복음의 진수를 맛보게 해 줄 것입니다. 이 체계적인 교재로 이 땅에 새로운 영적 르네상스가 일어나기를 기대합니다.

이동원 _ 지구촌교회 원로 목사, 지구촌 미니스트리 네트워크 대표

✠   《가스펠 프로젝트》는 예수 그리스도 중심, 즉 복음 중심의 제자 양육 교재입니다. 복음은 구원하는 능력뿐만 아니라 삶을 변화시키는 능력입니다. 성도들을 변화와 성숙으로 이끌어 주는 귀한 교재가 조국 교회와 이민 교회에 소중하게 쓰임받기를 바랍니다. 특별히 이민 2세들은 영어 교재 원본을 사용할 수 있는 까닭에 큰 도움이 될 것입니다.

강준민 _ LA 새생명비전교회 담임 목사

✛　　성경은 예수 그리스도를 중심으로 하는 하나님의 구원 이야기입니다. 성경을 가르치는 일은 하나님의 구원에 동참하는 하나님의 사람을 만드는 일이며, 하나님의 사람의 탁월한 모델은 바로 예수 그리스도입니다. 《가스펠 프로젝트》는 예수 그리스도를 중심으로 성경을 배웁니다. 성경이 어떻게 그리스도와 연결되어 있는지, 또 성도의 삶이 그리스도를 중심으로 하는 하나님의 구원 계획에 어떻게 연결되어야 하는지 구체적으로 제시합니다.

특히 《가스펠 프로젝트》는 하나의 본문을 각 연령에 맞게 구성한 교재를 제공해 하나의 본문으로 전 세대를 연결하고, 가정과 교회를 하나 되게 합니다. 신앙의 전수가 중요한 시대에 성도와 교회와 가정이 한마음으로 다음 세대를 준비시키기에 적합합니다. 특히 가정에서 부모가 자녀와 말씀으로 대화를 나눌 수 있게 해 자녀 신앙 교육에 도움이 될 것입니다.

《가스펠 프로젝트》가 주일학교부터 장년에 이르기까지 전 교회와 성도의 각 가정에서 사용되어 예수 그리스도를 통한 하나님의 가스펠 프로젝트가 성취되기를 기도하면서 기쁨과 확신으로 추천합니다.

이재훈 _ 온누리교회 담임 목사

✛　　하나님의 말씀은 생명을 살리고 힘 있게 하는 능력이 있습니다. 그래서 사역 현장에서는 그것을 효율적으로 전해 주고 가르칠 수 있는 좋은 방법과 교재에 늘 목말라합니다. 그런 점에서 연령대에 맞게 체계적으로 준비되어 사역 현장의 필요를 잘 충족해 줄 교재가 출간되어 기쁩니다. 사역의 현장에서 유용하게 활용되어 복음의 생명력과 역동성을 누리게 되기를 기대하며 추천합니다.

김운용 _ 장로회신학대학교 실천신학 교수

✟   성경은 하나님의 말씀입니다. 말씀 중의 말씀, 복음은 예수 그리스도 이십니다. 《가스펠 프로젝트》는 하나님의 말씀으로 우리를 초청해서 예수 그리스도를 만나게 하고 사랑하게 만드는 훌륭한 교재입니다. 《가스펠 프로젝트》의 매력은 하나의 커리큘럼을 가지고 연령대에 적합하게 공부하도록 제공한다는 점입니다. 자녀들이 교회 학교에서, 부모들이 소그룹에서 말씀을 공부한 후 저녁 식탁에 둘러앉아 예수님에 대해 함께 나눌 수 있다는 것은, 상상만 해도 너무나도 멋지고 복된 일입니다.

김지철 _ 전 소망교회 담임 목사

✟   예수님은 친히 요한복음 5장 39절에서, 모든 성경은 예수님 자신에 대한 증거라고 말씀하셨습니다. 그럼에도 불구하고, 성도들은 그 속에서 예수님이라는 보석을 쉽게 찾아 내지 못하고 있습니다. 《가스펠 프로젝트》는 신앙생활을 출발하는 어린이부터 장년까지 이런 눈을 활짝 열어 주는 놀라운 교재입니다. 요람에서부터 무덤까지 각 연령대에 맞게 구성된 본 교재를 통해, 한국 교회와 이민 교회가 잃어버린 예수님을 다시 발견함으로 견고하게 되기를 바랍니다.

최병락 _ 강남중앙침례교회 담임 목사

✟   성경을 공부한다는 것은 성경에 기록된 사실을 배우는 것이 아니라 성경이 가르치는 교리를 배우는 것입니다. 왜냐하면 성경은 독자에게 어떤 새로운 정보를 주기 위해 인간이 쓴 책이 아니라, 죄인인 인간에게 구원을 주기 위해 하나님이 쓰신 말씀이기 때문입니다. 그런데 이 구원의 도리인 교리를 성경 본문을 통해 배우기가 쉽지 않기 때문에 좋은 안내서가 필요합니다. 이번에 출간된 《가스펠 프로젝트》는 이와 같은 역할을 탁월하게 수행하고 있기 때문에 기쁜 마음으로 추천합니다.

이성호 _ 고려신학대학원 역사신학 교수

활용법

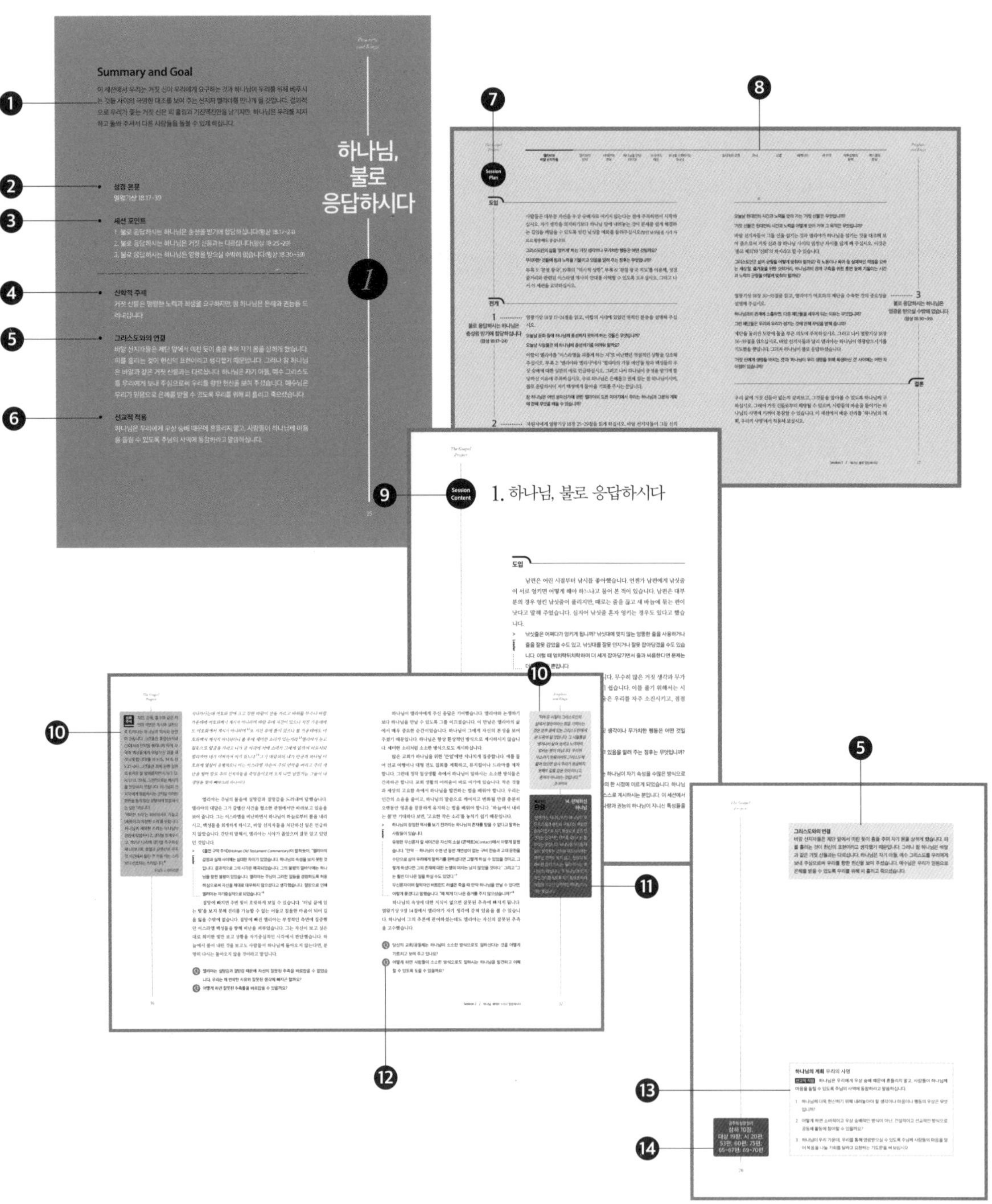

1. Summary and Goal

각 세션의 핵심 내용을 알려 주는 세션 요약과 강조할 포인트를 정리해 본문의 흐름과 교재의 학습 목표를 놓치지 않도록 돕습니다.

2. 성경 본문

각 세션의 내용과 주제에 해당하는 성경 본문을 제시합니다. 《가스펠 프로젝트》는 연대기 성경 공부 교재로 성경의 큰 흐름에 따라 본문을 구성했습니다.

3. 세션 포인트

각 세션에서 강조할 포인트를 세 가지씩 열거해 인도자가 한눈에 세션의 요점을 개관하도록 합니다.

4. 신학적 주제

하나님이 구속사에서 행하신 일에 초점을 맞춰 본문을 이해하도록 주제를 제시해 본문의 흐름을 놓치지 않도록 돕습니다.

5. 그리스도와의 연결

해당 본문과 주제가 어떻게 예수 그리스도를 가리키며 연결되는지 자세히 살핍니다. 예수님과 각 세션 포인트의 상관성을 발견할 수 있도록 돕습니다.

6. 선교적 적용

각 세션에서 드러난 하나님의 계획을 우리의 사명과 연결해 말씀을 삶에 구체적으로 적용하도록 돕습니다.

7. Session Plan

세션의 개요와 신학적 주제, 그리고 질문을 연결해 각 세션의 주요한 부분을 한눈에 볼 수 있게 함으로써 인도자가 수업을 설계할 수 있도록 돕습니다.

8. 연대표

각 권의 연대적 흐름을 이해할 수 있도록 한눈에 볼 수 있는 연대표를 제공합니다. 각 본문에 해당하는 단계를 표시해 성경을 시간 순으로 이해하도록 돕습니다.

9. Session Content

학습자용에 있는 내용이 모두 들어 있으며, 인도자를 위한 내용이 추가되어 있습니다. 인도자를 위한 내용은 여백에 'Leader'라고 표시되어 있습니다. 상자 안에 있는 명언, 심화주석, 심화토론, 도입 옵션 등도 인도자용에만 들어 있으며, 명언 가운데 일부는 학습자용에도 있습니다.

10. 명언, 심화주석 등

본문과 관련해 교회사적으로 또 주석적으로 중요한 신학자와 목사의 서적이나 기타 아티클을 발췌해 제시함으로써 신학적 이해를 돕습니다.

11. 핵심교리 99

기독교 교리 가운데 핵심이 되는 99개의 내용을 추려 각 세션과 관련 있는 교리를 제시합니다. 성경 본문에 대한 신학적 이해를 넓히는 데 도움을 받을 수 있습니다.

12. 관찰 질문

본문을 구체적으로 이해하도록 돕는 질문을 제공합니다. 이를 통해 생각의 폭을 넓히고 성경의 진리를 실제적으로 받아들이는 데 도움을 받을 수 있습니다.

13. 하나님의 계획, 우리의 사명

각 세션에서 드러난 하나님의 계획을 우리의 사명과 연결해 말씀을 구체적으로 삶에 적용하도록 돕습니다.

14. 금주의 성경 읽기

각 세션의 연대기적 흐름에 맞춰 한 주 동안 읽을 성경 본문을 제공합니다.

＊부가 자료

홈페이지 gospelproject.co.kr 자료실에 세션의 맥과 핵심을 짚어 주는 강의 '세션 가이드', 세션의 각 질문에 대한 안내를 담은 '질문 가이드', 소그룹을 위한 '활동 자료'와 '가족 성경 읽기표'가 실려 있습니다.

Summary and Goal

이 세션에서 우리는 거짓 신이 우리에게 요구하는 것과 하나님이 우리를 위해 베푸시는 것들 사이의 극명한 대조를 보여 주는 선지자 엘리야를 만나게 될 것입니다. 결과적으로 우리가 좇는 거짓 신은 피 흘림과 기진맥진만을 남기지만, 하나님은 우리를 지지하고 돌봐 주셔서 다른 사람들을 돌볼 수 있게 하십니다.

하나님, 불로 응답하시다

- **성경 본문**
  열왕기상 18:17~39

- **세션 포인트**
  1. 불로 응답하시는 하나님은 충성을 받기에 합당하십니다(왕상 18:17~24)
  2. 불로 응답하시는 하나님은 거짓 신들과는 다르십니다(왕상 18:25~29)
  3. 불로 응답하시는 하나님은 영광을 받으실 수밖에 없습니다(왕상 18:30~39)

- **신학적 주제**
  거짓 신들은 맹렬한 노력과 희생을 요구하지만, 참 하나님은 은혜와 권능을 드러내십니다.

- **그리스도와의 연결**
  바알 선지자들은 제단 앞에서 미친 듯이 춤을 추며 자기 몸을 상하게 했습니다. 피를 흘리는 것이 헌신의 표현이라고 생각했기 때문입니다. 그러나 참 하나님은 바알과 같은 거짓 신들과는 다르십니다. 하나님은 자기 아들, 예수 그리스도를 우리에게 보내 주심으로써 우리를 향한 헌신을 보여 주셨습니다. 예수님은 우리가 믿음으로 은혜를 받을 수 있도록 우리를 위해 피 흘리고 죽으셨습니다.

- **선교적 적용**
  하나님은 우리에게 우상 숭배 때문에 흔들리지 말고, 사람들이 하나님께 마음을 돌릴 수 있도록 주님의 사역에 동참하라고 말씀하십니다.

**Session
Plan**

도입

사람들은 대부분 자신을 우상 숭배자로 여기지 않는다는 점에 주목하면서 시작하십시오. 자기 생각을 의지하기보다 하나님 앞에 내려놓는 것이 문제를 쉽게 해결하는 길임을 깨달을 수 있도록 엉킨 낚싯줄 예화를 들려주십시오(엉킨 낚싯줄을 시각 자료로 활용해도 좋습니다).

그리스도인의 삶을 '엉키게' 하는 거짓 생각이나 무가치한 행동은 어떤 것일까요?

무의미한 것들에 힘과 노력을 기울이고 있음을 알려 주는 징후는 무엇입니까?

부록 5: '분열 왕국', 19쪽의 "역사적 상황", 부록 6: '분열 왕국 지도'를 이용해, 성경 줄거리와 관련된 이스라엘 역사의 연대를 이해할 수 있도록 도우십시오. 그러고 나서 이 세션을 요약하십시오.

전개

1
불로 응답하시는 하나님은 충성을 받기에 합당하십니다
(왕상 18:17~24)

열왕기상 18장 17~24절을 읽고, 아합의 시대에 있었던 영적인 불충을 설명해 주십시오.

오늘날 문화 중에 하나님께 충성하지 못하게 하는 것들은 무엇입니까?

오늘날 사람들은 왜 하나님께 충성하기를 어려워 할까요?

아합이 엘리야를 "이스라엘을 괴롭게 하는 자"로 비난했던 역설적인 상황을 강조해 주십시오. 부록 2: '엘리야와 엘리사'에서 '엘리야의 가뭄 예언'을 왕과 백성들의 우상 숭배에 대한 심판의 예로 언급하십시오. 그러고 나서 하나님이 충성을 받기에 합당하신 이유에 주목하십시오. 우리 하나님은 은혜롭고 권세 있는 참 하나님이시며, 불로 응답하시어 자기 백성에게 돌아올 기회를 주시는 분입니다.

참 하나님은 어떤 분이신가에 관한 엘리야의 도전 이야기에서 우리는 하나님과 그분의 계획에 관해 무엇을 배울 수 있습니까?

2
불로 응답하시는 하나님은 거짓 신들과는 다르십니다
(왕상 18:25~29)

자원자에게 열왕기상 18장 25~29절을 읽게 하십시오. 바알 선지자들이 그들 신의 응답을 얻기 위해 시간과 노력을 허비한 사실을 강조해 주십시오. 그와 달리 참 하나님은 응답해 주시는 분임을 알게 해 주십시오.

오늘날 현대인의 시간과 노력을 앗아 가는 '거짓 신들'은 무엇입니까?

'거짓 신들'은 현대인의 시간과 노력을 어떻게 앗아 가며 그 목적은 무엇입니까?

바알 선지자들이 그들 신을 섬기는 것과 엘리야가 하나님을 섬기는 것을 대조해 보여 줌으로써 거짓 신과 참 하나님 사이의 엄청난 차이를 알게 해 주십시오. 이것은 '종교 제의'와 '신뢰'의 차이라고 할 수 있습니다.

그리스도인은 삶의 균형을 어떻게 맞춰야 할까요? 즉 노동이나 육아 등 실제적인 책임을 요하는 세상일, 즐거움을 위한 오락거리, 하나님과의 관계 구축을 위한 훈련 등에 기울이는 시간과 노력의 균형을 어떻게 맞춰야 할까요?

3 불로 응답하시는 하나님은 영광을 받으실 수밖에 없습니다
(왕상 18:30~39)

열왕기상 18장 30~35절을 읽고, 엘리야가 여호와의 제단을 수축한 것의 중요성을 설명해 주십시오.

하나님과의 관계에 소홀하면, 다른 제단들을 세우게 되는 이유는 무엇입니까?

그런 제단들은 우리와 우리가 섬기는 것에 관해 무엇을 말해 줍니까?

제단을 둘러싼 도랑에 물을 부은 의도에 주목하십시오. 그러고 나서 열왕기상 18장 36~39절을 읽으십시오. 바알 선지자들과 달리 엘리야는 하나님이 영광받으시기를 기도했을 뿐입니다. 그러자 하나님이 불로 응답하셨습니다.

'거짓 신에게 생명을 바치는 것'과 '하나님이 우리 생명을 위해 희생하신 것' 사이에는 어떤 차이점이 있습니까?

결론

우리 삶에 거짓 신들이 없는지 살펴보고, 그것들을 알아볼 수 있도록 하나님께 구하십시오. 그래야 거짓 신들로부터 해방될 수 있으며, 사람들의 마음을 돌이키는 하나님의 사명에 기꺼이 동참할 수 있습니다. 이 세션에서 배운 진리를 '하나님의 계획, 우리의 사명'에서 적용해 보십시오.

**Session
Content**

1. 하나님, 불로 응답하시다

도입

남편은 어린 시절부터 낚시를 좋아했습니다. 언젠가 남편에게 낚싯줄이 서로 엉키면 어떻게 해야 하느냐고 물어 본 적이 있습니다. 남편은 대부분의 경우 엉킨 낚싯줄이 풀리지만, 때로는 줄을 끊고 새 바늘에 묶는 편이 낫다고 말해 주었습니다. 심지어 낚싯줄 혼자 엉키는 경우도 있다고 했습니다.

> **Leader**
>
> 낚싯줄은 어쩌다가 엉키게 됩니까? 낚싯대에 맞지 않는 엉뚱한 줄을 사용하거나 줄을 잘못 감았을 수도 있고, 낚싯대를 잘못 던지거나 잘못 잡아당겼을 수도 있습니다. 이럴 때 엎치락뒤치락하며 더 세게 잡아당기면서 줄과 씨름한다면 문제는 더욱 악화될 뿐입니다.

때로 우리 삶은 낚싯줄과도 같습니다. 무수히 많은 거짓 생각과 무가치한 행동들로 인생이 뒤죽박죽 엉키기 쉽습니다. 이를 풀기 위해서는 시간과 노력이 필요합니다. 거짓과의 싸움은 우리를 자주 소진시키고, 점점 더 복잡한 상황으로 몰아넣습니다.

Q 그리스도인의 삶을 '엉키게' 하는 거짓 생각이나 무가치한 행동은 어떤 것일까요?

Q 무의미한 것들에 힘과 노력을 기울이고 있음을 알려 주는 징후는 무엇입니까?

> **Leader**
>
> 성경 줄거리를 따라 여행하면서, 우리는 하나님이 자기 속성을 수많은 방식으로 백성들에게 계시하셨던 이스라엘 역사의 한 시점에 이르게 되었습니다. 하나님은 숨어 계시는 분이 아닙니다. 기꺼이 스스로 계시하시는 분입니다. 이 세션에서 공부할 사건과 인물들을 통해 우리는 사랑과 권능의 하나님이 지니신 특성들을 발견하게 될 것입니다.

Session Summary

이 세션에서 우리는 거짓 신이 우리에게 요구하는 것과 하나님이 우리를 위해 베푸시는 것들 사이의 극명한 대조를 보여 주는 선지자 엘리야를 만나게 될 것입니다. 결과적으로 우리가 좇는 거짓 신은 피 흘림과 기진맥진만을 남기지만, 하나님은 우리를 지지하고 돌봐 주셔서 다른 사람들을 돌볼 수 있게 하십니다.

> *"마음의 우상은 손으로 만든 우상만큼이나 하나님의 마음을 상하게 합니다."[1]*
> _A. W. 토저

역사적 상황

솔로몬왕은 우상 숭배를 허용하고, 승인하고, 심지어 참여까지 함으로써 말년을 잘 마무리하지 못했습니다. 그 결과 하나님이 왕국을 둘로 나누셨고, 대부분의 지파가 그의 아들에게 등을 돌리게 하셨습니다. 그리하여 '북이스라엘'과 '남유다'라는 두 개의 왕국이 존재하게 되었습니다(다윗의 계보는 남유다를 통해 계속 이어졌습니다). 남유다 왕국의 일부 왕은 다윗의 길을 따랐지만, 대부분은 그렇지 않았습니다. 북이스라엘 왕국에서는 단 한 왕만 긍정적인 평가를 받았습니다. 아합왕은 우상을 섬기던 이방인 아내 이세벨의 부추김으로 이스라엘의 역사상 가장 악한 왕 중 한 명이 되었습니다.

전개

1. 불로 응답하시는 하나님은 충성을 받기에 합당하십니다
(왕상 18:17~24)

어린 시절에는 엘리야와 바알 선지자들 사이의 대결 이야기를 읽고 이렇게 생각했습니다. '이방 신 바알 숭배에 그렇게 쉽게 빠져들다니, 이스라엘 사람들은 무식했던 게 틀림없어! 하지만 오늘날 그리스도인들은 수천 년의 유대와 기독교 문헌들을 쉽게 접할 수 있는 데다 교육 수준이 높아서 많은 걸 알고 있어. 그러니까 그런 덫에 빠지는 일은 절대로 없을 거야!' 그러나 성인이 된 지금, 저는 사람이란 수천 년 전이나 지금이나 별반 다르지 않다는 사실을 알게 되었습니다. 특히 하나님께 충성스럽지 못하다는 면에서 그렇습니다.

> **Leader**
>
> 그리스도인들이 하나님께 불충하게 되는 한 가지 이유는 우리 문화에 진리에 관한 회의론이 있기 때문입니다. 기독교 철학자 달라스 윌라드는 "우리는 불신을 덕으로, 믿음을 악으로 여기는 시대에 살고 있다"라고 통렬하게 지적했습니다.[2] 심지어 우리 사회는 지성인을 모든 것에 끊임없이 질문을 던지는 사람으로 여깁니다. 우리 사회의 지적 혼란은 종교적 믿음에 관해 "모든 종교는 동등하게 참되다"와 같은 다원주의적 견해를 받아들이게 했습니다. 이스라엘 백성들이 참 하나님 여호와를 향한 충성과 믿음 앞에서 갈팡질팡할 때, 엘리야가 비슷한 문제를 다루었습니다.

[17]엘리야를 볼 때에 아합이 그에게 이르되 이스라엘을 괴롭게 하는 자여 너냐 [18]그가 대답하되 내가 이스라엘을 괴롭게 한 것이 아니라 당신과 당신의 아버지의 집이 괴롭게 하였으니 이는 여호와의 명령을 버렸고 당신이 바알들을 따

랐음이라 [19]그런즉 사람을 보내 온 이스라엘과 이세벨의 상에서 먹는 바알의 선지자 사백오십 명과 아세라의 선지자 사백 명을 갈멜산으로 모아 내게로 나아오게 하소서 [20]아합이 이에 이스라엘의 모든 자손에게로 사람을 보내 선지자들을 갈멜산으로 모으니라 [21]엘리야가 모든 백성에게 가까이 나아가 이르되 너희가 어느 때까지 둘 사이에서 머뭇머뭇하려느냐 여호와가 만일 하나님이면 그를 따르고 바알이 만일 하나님이면 그를 따를지니라 하니 백성이 말 한마디도 대답하지 아니하는지라 [22]엘리야가 백성에게 이르되 여호와의 선지자는 나만 홀로 남았으나 바알의 선지자는 사백오십 명이로다 [23]그런즉 송아지 둘을 우리에게 가져오게 하고 그들은 송아지 한 마리를 택하여 각을 떠서 나무 위에 놓고 불은 붙이지 말며 나도 송아지 한 마리를 잡아 나무 위에 놓고 불은 붙이지 않고 [24]너희는 너희 신의 이름을 부르라 나는 여호와의 이름을 부르리니 이에 불로 응답하는 신 그가 하나님이니라 백성이 다 대답하되 그 말이 옳도다 하니라

엘리야가 이스라엘 백성들에게 "너희가 어느 때까지 둘 사이에서 머뭇머뭇하려느냐?" 하고 물었습니다. 이스라엘 백성들은 거짓 신들을 단호하게 거절했어야 했지만, 아무 말도 하지 않았습니다. 마음으로나 정신적으로나 신실하지 못함을 드러낸 것입니다. 이방의 종교적, 문화적 영향을 허용했던 솔로몬왕 때부터 아합왕 때까지 이스라엘 백성들은 하나님을 예배하는 것으로부터 점점 더 멀어져 갔습니다.

아합왕 시대에는 영적 가뭄이 어찌나 심했던지 그의 이방인 아내 이세벨이 하나님의 선지자들을 공개적으로 핍박했습니다. 하나님의 선지자들을 향한 핍박이 북이스라엘 왕궁으로부터 시작된 것입니다! 하나님이 이스라엘의 엄청난 영적 불충을 반영해 그들로 하여금 가뭄의 고통을 겪게 허락하신 것은 놀라운 일이 아닙니다(왕상 17:1).

Q 오늘날 문화 중에 하나님께 충성하지 못하게 하는 것들은 무엇입니까?

Q 오늘날 사람들은 왜 하나님께 충성하기를 어려워 할까요?

아합왕이 엘리야를 보고 "이스라엘을 괴롭게 하는 자"라고 비난할 정도로, 사람들은 참 하나님께 예배하는 것에서 너무나 멀어져 있었습니다. 흔들림 없이 하나님께 충성을 다했던 엘리야는 이방의 비와 풍요의 신 바알에게 절하지 않았고, 공개적으로 바알 숭배를 반대했습니다. 이스라

엘 백성들은 이런 엘리야의 행동이 바알의 진노를 샀다고 여기고 그를 비난했습니다. 아합왕은 한 나라의 지도자로서 하나님 외에는 "다른 신들"을 섬기지 말라는 계명을 분명히 받았음에도 불구하고, "다른 신들"을 섬기는 것을 문제로 인식하지 못할 정도로 매우 심하게 타락해 있었습니다.

오늘날에도 그리스도인들은 사회에 많은 문제를 초래한다고 비난받을 수 있습니다.

> **Leader :....** "너희 그리스도인들은 우리가 경배하는 '상대주의'라는 제단에 경배하지 않는 게 문제야. 너희는 우리 사회의 편협하고 가증스러운 존재들이야(다시 말해, 우리 사회에 문제를 일으키고, 우리를 괴롭게 하는 자들이야)."

그러나 엘리야를 통해 알 수 있는 것처럼 진짜 문제는 우리 사회의 영적인 불충에 있습니다. 이것이 궁극적으로 영적인 가뭄과 멸망을 가져오기 때문입니다. 우리는 자기 생각과 힘으로 사랑과 평화와 은혜를 끊임없이 찾습니다. 그러나 제아무리 믿음이 강하다 해도 자기가 만든 것을 숭배하는 것을 통해 답을 찾을 수는 없습니다. 은혜와 권능이 가득하신 참 하나님만이 우리가 찾는 답을 주실 수 있습니다.

엘리야는 참 하나님은 응답하시는 분이라고 말하며 도전장을 던졌습니다. 여기에서 우리는 사회가 우리를 완강히 반대할 때조차도 어째서 하나님은 우리의 충성을 받기에 합당하신가에 관한 중요한 이유를 발견하게 됩니다. 하나님은 이스라엘 백성에게 돌아올 기회를 주심으로써 자신의 궁극적인 권능뿐 아니라 궁극적인 은혜까지 보여 주셨습니다. 여호와는 은혜와 권능의 참 하나님으로서 우리 충성을 받기에 합당하신 분입니다.

Q 참 하나님은 어떤 분이신가에 관한 엘리야의 도전 이야기에서 우리는 하나님과 그분의 계획에 관해 무엇을 배울 수 있습니까?

심화 주석 '상대주의'란 사람에 따라, 시대에 따라 옳고 그름과 진리가 다르다는 믿음을 말합니다.[4]

"우리는 갈대가 바람에 흔들리듯 여론의 돌풍 앞에 고개를 숙일 것이 아니라, 산속 계곡의 바위처럼 흔들리지 않아야 합니다."[5]
_ 존 스토트

엘리야는 우가리트 지역의 바알 신화에서 잘 알려진 용어들을 사용해 바알이 한낱 인간처럼 행동하고 있다고 조롱합니다. "바알이 어떻게 행동해야 할지 생각에 잠긴 것인가? 아니면 오줌 누느라 딴 데로 간 것인가(히브리어 성경의 아람어 번역본인 탈굼의 번역)? 아니면 페니키아 상인들과 함께 여행을 떠나기라도 한 것인가? 여호와는 주무시지도 않는다고 했는데(시 121:3~4), 바알은 잠이 들었는가?" 우가리트 지역에는 신으로부터 동정심이나 응답을 얻기 위해 자해하는 관행이 있었습니다. 그들은 황홀경에 빠진 선지자처럼 자기 몸을 피로 적시곤 했습니다. 히브리인들은 상중에 이런 행동이 금지되었습니다(레 19:28; 신 14:1). 바알의 제사장들은 황홀경에 빠진 선지자처럼 행동했습니다(왕상 18:29, NIV는 'frantic prophesying' 곧 '미친 듯이 예언하다'; RSV는 'ranted and raved' 곧 '고래고래 고함을 지르다'로 번역). 여기에 쓰인 히브리어 동사 '와이트나베'는 주로 미친 행동을 표현할 때 사용됩니다(참조, 왕하 9:11; 렘 29:26). 응답이 없었다는 사실에서 바알의 무능력을 알 수 있습니다(렘 10:5).[7]

_도널드 J. 와이즈먼

2. 불로 응답하시는 하나님은 거짓 신들과는 다르십니다
(왕상 18:25~29)

> **Leader**
아합왕과 이스라엘 백성들은 참 하나님이 누구인지 가리자는 엘리야의 제안을 받아들였습니다. "백성들은 서로 배타적인 두 가지 충성을 모두 지키고자 애를 썼습니다. 그러나 그것은 불가능했습니다. 둘 중 하나를 선택해야 했습니다. 주님과 바알이 모두 참 하나님이 될 수는 없었기 때문입니다."[6] 그래서 갈멜산에서 대결이 벌어졌습니다. 갈멜산은 바알 제단이 있던 산이었습니다. 제물로 바칠 송아지들이 선택되고 제단들이 세워졌습니다. 참 하나님을 가리는 대결이 시작된 것입니다.

²⁵엘리야가 바알의 선지자들에게 이르되 너희는 많으니 먼저 송아지 한 마리를 택하여 잡고 너희 신의 이름을 부르라 그러나 불을 붙이지 말라 ²⁶그들이 받은 송아지를 가져다가 잡고 아침부터 낮까지 바알의 이름을 불러 이르되 바알이여 우리에게 응답하소서 하나 아무 소리도 없고 아무 응답하는 자도 없으므로 그들이 그 쌓은 제단 주위에서 뛰놀더라 ²⁷정오에 이르러는 엘리야가 그들을 조롱하여 이르되 큰 소리로 부르라 그는 신인즉 묵상하고 있는지 혹은 그가 잠깐 나갔는지 혹은 그가 길을 행하는지 혹은 그가 잠이 들어서 깨워야 할 것인지 하매 ²⁸이에 그들이 큰 소리로 부르고 그들의 규례를 따라 피가 흐르기까지 칼과 창으로 그들의 몸을 상하게 하더라 ²⁹이같이 하여 정오가 지났고 그들이 미친 듯이 떠들어 저녁 소제 드릴 때까지 이르렀으나 아무 소리도 없고 응답하는 자나 돌아보는 자가 아무도 없더라

> **Leader**
현대 독자들에게는 이 광경이 이상하게 보이겠지만, 바알 선지자들은 당시 신의 마음을 얻기 위해 벌이던 이방의 흔한 우상 숭배 모습을 보인 것입니다.

바알 선지자들은 자신들의 신을 자극하기 위해 어떤 행동을 했습니까? 그들은 크게 소리 질렀고, 피범벅이 될 때까지 칼과 창으로 자기 몸을 찔렀습니다. 미친 듯이 춤추며 "바알이여, 우리에게 응답하소서!" 하고 울부짖기도 했습니다. 거짓 신이 숭배자들에게서 얼마나 많은 시간과 노력을 빼앗아 갔는지에 주목하십시오.

> **Leader**
>
> 하나님의 백성인 우리가 세상 것들에 시간과 노력을 너무 많이 쏟아 부으면 어떻게 될까요? 세상 사람을 향한 하나님의 사역과 그들을 하나님께 인도하는 사역에 동참하고자 하는 열정이 그만큼 줄어들 수밖에 없습니다.

거짓 우상들은 우리의 시간과 에너지를 탕진하게 해 고갈시키고, 영적으로나 육체적으로 많은 것을 요구합니다. 그러나 참 하나님은 우리를 지지하고 돌봐 주십니다. 하나님의 권능과 은혜의 실질적인 증인이 될 능력을 지닐 수 있도록 말입니다. "우리가 사랑함은 그가 먼저 우리를 사랑하셨음이라"(요일 4:19). 하나님은 우리가 다른 이들에게 베풀 수 있도록 우리에게 베풀어 주십니다.

Q 오늘날 현대인의 시간과 노력을 앗아 가는 '거짓 신들'은 무엇입니까?

Q '거짓 신들'은 현대인의 시간과 노력을 어떻게 앗아 가며 그 목적은 무엇입니까?

> **Leader**
>
> 하나님은 우리의 구주가 되기를 바라시며, 우리를 믿음으로 부르십니다. 하나님은 우리에게 응답을 주십니다. 우리는 그런 하나님께 완악하지 않은 마음, 기꺼이 행하고자 하는 열린 마음을 드려야 합니다. 거짓 신들과 참 하나님 사이에서 머뭇거리는 것이 아니라, 하나님을 진실로 신뢰함으로써 우리도 하나님께 응답해야 합니다.
>
> 엘리야는 거짓 신들을 신뢰하는 것이 얼마나 어리석은지 보여 주었습니다. 그는 그들의 신 바알이 응답하지 못하는 것을 가지고 바알 선지자들을 조롱했습니다. 그의 조소는 바알 신화와 직접적인 관련이 있습니다. "바알이 진짜 신이라면 왜 큰 소리로 불러야 하는가? 어디 멀리 여행이라도 갔는가? 피곤해서 자는 것인가?" 숭배받을 만한 신이라면 신의 응답을 구하는 경박한 수고를 인간에게 요구하지 않을 것입니다. 진짜 신이라면 인간의 노력으로 길들여지거나 조종되지 않습니다.

바알 선지자들은 바알을 불러내기 위해 전통, 예식, 의식, 종교심 등을 동원했습니다. 반면에 엘리야는 오직 신뢰로 여호와를 기다렸습니다. 바알 선지자들은 인간은 우상을 위해 존재한다는 그들의 믿음을 드러냈고, 엘리야는 '영광의 하나님이 우리를 위해 계신다'는 사실을 보여 주었습니다. 두 관점의 엄청난 차이를 느낄 수 있습니까? 하나님은 우리가 그분과의 관계 속에서 자유롭게 살아가기를 원하십니다. 거짓 신, 우상, 피조물 숭

"'시간을 어떻게 사용하는가'는 믿음을 시험하는 중요한 방법입니다."[8]
_달라스 윌라드

"거짓 신들은 우리를 몰아붙여 자해까지 하도록 만듭니다. 이것은 우리가 기를 쓰고 그 신들로부터 인정받기를 원하기 때문입니다. 지금까지 오직 한 분, 하나님만 우리를 위해 스스로 몸이 상하셨습니다. 그분이 바로 예수 그리스도이십니다."[9]
_J. D. 그리어

심화토론

• 날마다 복음을 상기하는 것은 우상 숭배의 유혹과 싸우는 데 어떻게 도움이 됩니까?

배, 전통, 예식, 의식 등에 예속되어 자기 삶을 쥐어짜야만 하는 사고방식에서 벗어나기를 원하십니다. 참 하나님은 인간에게 참 생명을 주시는 분입니다.

Q 그리스도인은 삶의 균형을 어떻게 맞춰야 할까요? 즉 노동이나 육아 등 실제적인 책임을 요하는 세상일, 즐거움을 위한 오락거리, 하나님과의 관계 구축을 위한 훈련 등에 기울이는 시간과 노력의 균형을 어떻게 맞춰야 할까요?

3. 불로 응답하시는 하나님은 영광을 받으실 수밖에 없습니다
(왕상 18:30~39)

> **Leader** : 바알 선지자들은 바알의 응답을 받고자 온종일 애를 썼지만, 응답을 받지 못했습니다. 이제 엘리야의 순서가 되었습니다. 유대인의 저녁 소제 드릴 시간이 되자 엘리야가 번제를 드리며 하나님을 불렀습니다.

30엘리야가 모든 백성을 향하여 이르되 내게로 가까이 오라 백성이 다 그에게 가까이 가매 그가 무너진 여호와의 제단을 수축하되 31야곱의 아들들의 지파의 수효를 따라 엘리야가 돌 열두 개를 취하니 이 야곱은 옛적에 여호와의 말씀이 임하여 이르시기를 네 이름을 이스라엘이라 하리라 하신 자더라 32그가 여호와의 이름을 의지하여 그 돌로 제단을 쌓고 제단을 돌아가며 곡식 종자 두 세아를 둘 만한 도랑을 만들고 33또 나무를 벌이고 송아지의 각을 떠서 나무 위에 놓고 이르되 통 넷에 물을 채워다가 번제물과 나무 위에 부으라 하고 34또 이르되 다시 그리하라 하여 다시 그리하니 또 이르되 세 번째로 그리하라 하여 세 번째로 그리하니 35물이 제단으로 두루 흐르고 도랑에도 물이 가득 찼더라

엘리야는 먼저 무너진 여호와의 제단을 수축했습니다.

> **Leader** : 이 제단은 한동안 쓰이지 않았던 게 분명합니다. 엘리야가 백성들에게 언제까지 하나님과 바알 사이에서 망설이겠느냐고 물었던 것을 기억해 보십시오(21절). 이스라엘 백성들은 머리로는 하나님을 향한 믿음을 가졌지만, 실제로는 바알 제단을 숭배하고 있었습니다.

거짓 신을 숭배하는 제단이 살아계신 하나님을 영화롭게 하는 제단을 대신하고 있었기 때문입니다. 이 구절은 하나님을 따르는 사람들이 하나님을 신뢰하고 예배하기를 소홀히 하면, 자기 삶을 제물로 바쳐야 하는 다른 '제단들'을 세우게 된다는 것을 보여 줍니다.

Q 하나님과의 관계에 소홀하면, 다른 제단들을 세우게 되는 이유는 무엇입니까?

Q 그런 제단들은 우리와 우리가 섬기는 것에 관해 무엇을 말해 줍니까?

> **Leader**

인간은 늘 무언가를 숭배합니다. 그래서 돈, 부동산, 정치, 스포츠, 연예인, 패션 등에 목숨을 걸면서까지 빠져드는 것입니다. 현대인의 사고방식은 '숭배'를 무지한 고대 사람이나 행하던 것으로 폄하하지만, 우리가 무언가를 위해 인생을 희생한다면 우리도 결국 그것을 숭배하는 상태가 되는 것입니다.

엘리야는 바알 선지자들과의 대결에서 그들이 하나님의 백성을 계속해서 잘못 인도할 여지를 남겨 놓지 않았습니다. 그는 제물이 자연적인 방법으로는 불탈 수 없도록 엄청난 양의 물을 부었습니다. 진실을 왜곡할 어떤 구실도, 하나님의 영광을 부인할 수 있는 어떤 물리적 증거도 남기지 않은 것입니다.

또한 엘리야는 하나님의 백성이 자신의 정체성을 눈으로 확인할 수 있도록 제단을 다시 세웠습니다. 우리가 그리스도인으로서의 정체성을 잠시 잊을지라도 하나님은 우리의 정체성을 결코 잊지 않으십니다.

핵심교리 99

13. 초월적이신 하나님

하나님의 초월성은 하나님이 피조세계와 구별되며 독립적으로 존재하신다는 사실을 의미합니다. 하나님은 선함과 순전함뿐 아니라 위대함과 권능에서도 우리를 초월하신 분입니다. 이 교리는 하나님이 본질적으로 인간보다 우월하시다는 것을 뜻합니다. 주님의 생각과 주님의 길은 우리의 생각과 우리의 길보다 뛰어납니다(사 55:8~9). 하나님은 구원하실 때, 인간의 존재 목적을 성취하도록 우리를 회복시켜 주십니다. 그렇다고 우리가 하나님이 된다거나 하나님과 인간 사이의 구별이 없어진다는 뜻은 아닙니다. 하나님의 초월성의 교리를 알게 되면 주님의 선하심과 권능에 대한 놀라움과 경외감을 느끼게 됩니다.

36 저녁 소제 드릴 때에 이르러 선지자 엘리야가 나아가서 말하되 아브라함과 이삭과 이스라엘의 하나님 여호와여 주께서 이스라엘 중에서 하나님이신 것과 내가 주의 종인 것과 내가 주의 말씀대로 이 모든 일을 행하는 것을 오늘 알게 하옵소서 37 여호와여 내게 응답하옵소서 내게 응답하옵소서 이 백성에게 주 여호와는 하나님이신 것과 주는 그들의 마음을 되돌

이키심을 알게 하옵소서 하매 38 이에 여호와의 불이 내려서 번제물과 나무와 돌과 흙을 태우고 또 도랑의 물을 핥은지라 39 모든 백성이 보고 엎드려 말하되 여호와 그는 하나님이시로다 여호와 그는 하나님이시로다 하니

엘리야는 울부짖거나 현란한 춤을 추지 않았고, 과도한 종교의식을 선보이거나 자해하지도 않았습니다. 그저 하나님께 참 하나님으로서 스스

심화 주석

바알 숭배는 주님의 도덕적 명령에 어긋난 대체 종교를 제공했습니다. 또한 이 땅의 풍요를 육체의 정욕과 연관시켰습니다. 그들은 하늘의 바알과 그 아내의 짝짓기를 모방해 바알 제단에서 성관계를 가짐으로써 이 땅의 곡식과 동물과 인간의 풍요로운 생산을 유도하고자 했습니다. … 이스라엘 백성들은 그들의 필요를 어떻게 충족했을까요? 확실히 바알 숭배를 통해서는 아니었습니다. 갈멜산 대결에서 바알이 신이 아님이 밝혀졌습니다. 바알 숭배나 다른 거짓 종교에 마음을 여는 것은 파멸로 가는 길이었습니다. 그들에게는 하나님을 바라보고 전심으로 섬기는 것만이 필요했습니다. 그러면 하나님이 가나안 정복에 관해 약속해 주셨던 것처럼 이스라엘 백성에게 복을 주실 것이었습니다(신 7:12~14; 28:1~14).[12]
_존 트레일러
Biblical Illustrator

로 드러내시기를 요청했을 뿐입니다. 엘리야가 "여호와여 내게 응답하옵소서 내게 응답하옵소서 이 백성에게 주 여호와는 하나님이신 것과 주는 그들의 마음을 되돌이키심을 알게 하옵소서"(37절) 하고 기도한 의도와 동기에 주목하십시오. 그는 하나님이 구원하심으로 존귀와 영광을 받으시길 기도했습니다. 하나님의 빠르고 강력한 응답을 본 사람들은 땅에 엎드려 회개하며 여호와가 하나님이심을 선포했습니다.

> **Leader**
> 엘리야는 "이스라엘을 괴롭게 하는 자"(왕상 18:17)로 불렸지만, 진짜 문제는 하나님의 영광(진리)을 인간이 만든 것들에 대한 숭배(거짓)로 바꾼 데 있었습니다. 당시 사람들은 바알을 폭풍과 풍요를 주관하는 강한 신으로 믿었습니다. 그러나 갈멜산 대결에서 바알은 아무 힘도 없다는 것이 드러났습니다. 심지어 불러도 대답할 능력조차 없는 거짓 신이었습니다.

이 이야기는 하나님은 우리를 위하시는 분이라는 사실을 보여 줍니다. 진리(하나님)와 거짓(우상)의 싸움에서 우리는 거짓이 인간을 노예 삼고, 삶을 쥐어짜는 것을 보았습니다. 그러나 진리는 인간을 자유케 하며 삶을 고스란히 돌려줍니다. 바알 선지자들은 바알의 주의를 끌기 위해 자해하며 피를 흘렸지만, 우주의 참 하나님은 그의 창조세계, 즉 우리를 위해 피 흘리고 죽으셨습니다.

> **Leader**
> 예배받기에 합당하신 하나님은 우리가 구원이 필요하다는 사실을 깨닫기도 전에 우리에게 구원을 주시는 분입니다.
> "우리가 아직 연약할 때에 기약대로 그리스도께서 경건하지 않은 자를 위하여 죽으셨도다 의인을 위하여 죽는 자가 쉽지 않고 선인을 위하여 용감히 죽는 자가 혹 있거니와 우리가 아직 죄인 되었을 때에 그리스도께서 우리를 위하여 죽으심으로 하나님께서 우리에 대한 자기의 사랑을 확증하셨느니라"(롬 5:6~8).

Q '거짓 신에게 생명을 바치는 것'과 '하나님이 우리 생명을 위해 희생하신 것' 사이에는 어떤 차이점이 있습니까?

결론

잠시 자기 삶을 점검해 보십시오. 현대의 거짓 신들과 우상들로부터 자유롭습니까? 그리스도의 구속 사역에 참여하고 있습니까? 하나님은 날마다 우리에게 그분의 자유 안에서 살아갈 기회를 주시며, 거짓 신들의 무게에 눌려 괴로워하는 자들에게 생명과 구속을 주십니다. 다른 사람들에게 생명력을 불어넣으려면, 먼저 세상 것을 좇느라 애쓰는 마음에서 벗어나야 합니다.

일상적으로 마주치는 거짓 속임수들과의 싸움을 피하는 것은 결코 쉬운 일이 아닙니다. 때때로 너무 많은 피를 흘린 나머지 드릴 것이 아무것도 남지 않은 듯 느껴지기도 합니다. 그러니 하나님께 기도해야 합니다. 자신을 스스로 바치며 떠받들었던 세상 것들이 무엇인지(설령 한 가지일 뿐이라도) 드러나게 해 달라고 기도해야 합니다. 그리고 이제라도 우리를 구속하실 하나님을 신뢰하고 의지해야 합니다.

한발 더 나아가, 그러한 것들이 다른 사람의 마음을 하나님께로 돌이키게 하는 사명을 어떻게 감당하지 못하게 하는지 보여 달라고 주님께 청해야 합니다. 그날 갈멜산에서 하나님의 응답을 목격했던 이스라엘 백성들처럼, 우리도 은혜로 충만한 하나님의 구속의 권능을 생생히 알게 되기를 바랍니다.

그리스도와의 연결

바알 선지자들은 제단 앞에서 미친 듯이 춤을 추며 자기 몸을 상하게 했습니다. 피를 흘리는 것이 헌신의 표현이라고 생각했기 때문입니다. 그러나 참 하나님은 바알과 같은 거짓 신들과는 다르십니다. 하나님은 자기 아들, 예수 그리스도를 우리에게 보내 주심으로써 우리를 향한 헌신을 보여 주셨습니다. 예수님은 우리가 믿음으로 은혜를 받을 수 있도록 우리를 위해 피 흘리고 죽으셨습니다.

하나님의 계획 우리의 사명

선교적 적용 하나님은 우리에게 우상 숭배 때문에 흔들리지 말고, 사람들이 하나님께 마음을 돌릴 수 있도록 주님의 사역에 동참하라고 말씀하십니다.

1. 하나님께 더욱 헌신하기 위해 내려놓아야 할 생각이나 마음이나 행동의 우상은 무엇입니까?

2. 어떻게 하면 소비적이고 우상 숭배적인 방식이 아닌, 건설적이고 선교적인 방식으로 공동체 활동에 참여할 수 있을까요?

3. 하나님이 우리 가운데, 우리를 통해 영광받으실 수 있도록 주님께 사람들의 마음을 열어 복음을 나눌 기회를 달라고 요청하는 기도문을 써 보십시오.

금주의 성경 읽기
삼하 10장;
대상 19장; 시 20편;
53편; 60편; 75편;
65~67편; 69~70편

Summary and Goal

이 세션에서 우리는 엘리야 선지자가 어쩌다 실의와 절망에 빠지게 되었는지를 보게 될 것입니다. 하나님은 엘리야가 처한 상황에 대한 응답으로 자신을 계시하셨습니다. 하늘에서 불을 내리며 권능을 드러내신 하나님이 바로 흔들리는 엘리야를 세미한 음성으로 붙들어 주시는 은혜의 하나님이십니다. 하나님은 우리가 절망할 때 힘을 주시고, 우리가 믿는 거짓들에 도전하시며, 자신의 말씀과 자기 백성을 사용해 우리를 돌보십니다. 우리는 하나님의 은혜를 받은 자들로서 하나님의 권능에 의지해 그분의 위로의 메시지를 전합니다.

- **성경 본문**
  열왕기상 19:1~18

- **세션 포인트**
  1. 세미한 소리로 말씀하시는 하나님은 절망 중에 강건케 하십니다
     (왕상 19:1~9상)
  2. 세미한 소리로 말씀하시는 하나님은 잘못된 추측에 도전하십니다
     (왕상 19:9하~14)
  3. 세미한 소리로 말씀하시는 하나님은 신실한 백성을 통해 자신을 계시하십니다(왕상 19:15~18)

- **신학적 주제**
  하나님은 자기 백성에게 자신을 계시하실 만큼 은혜로운 분입니다.

- **그리스도와의 연결**
  엘리야는 하나님을 거부한 사람들의 핍박과 반대에 직면했던 선지자입니다. 그는 가장 위대한 선지자이신 예수 그리스도를 가리키는 예표입니다. 예수님은 하나님의 말씀을 전하시면서 무수히 많은 반대를 무던히 참으셨습니다.

- **선교적 적용**
  하나님이 자기를 의지하라고 우리를 부르심은 우리가 그분의 메시지를 전할 때 필요한 힘을 주려 하심입니다.

하나님,
세미한
소리로
말씀하시다

**Session
Plan**

도입

삶에 실망과 환멸을 느낀 저자의 친구 이야기나 자신의 경험을 예로 들면서 세션을 시작하십시오. 실망과 환멸을 경험하면, 삶에 대해 왜곡된 관점을 가질 수 있습니다.

실망이나 환멸에 빠진 적이 있나요? 어떤 상황이었나요?

그러한 상황이 하나님과의 관계에 어떤 영향을 끼쳤나요?

세션 1에서 배운 바알 선지자들과 엘리야의 대결을 이 세션에서 배우게 될 엘리야의 경험과 대조해 보여 주십시오. 엘리야의 이야기를 '환멸'이라는 주제와 연결해 이 세션을 요약하십시오.

전개

1

**세미한 소리로 말씀하시는
하나님은 절망 중에
강건케 하십니다**
(왕상 19:1~9상)

갈멜산 대결에서의 승리가 이스라엘과 엘리야에게 이상적인 상황으로 이어지지 않았음을 강조해 주십시오. 그리고 나서 열왕기상 19장 1~9상절을 읽으십시오. 이세벨의 위협적인 메시지를 듣고 엘리야가 살기 위해 도망갔다는 점을 지적하십시오. 엘리야는 낙담했지만, 주님은 계속해서 그의 필요를 채워 주셨습니다.

하나님이 나의 삶에 쉼을 허락하시고 보살펴 주신 적이 있습니까? 구체적으로 어떤 상황이었나요?

우울증이 진리의 추구를 어떻게 왜곡할 수 있는지에 주목하십시오. 교회는 단순한 말과 영적 목록을 넘어서서 사람들을 도울 방법을 찾아야 합니다. 엘리야가 자기 상황에서 도망칠 때조차 하나님은 진리와 사랑으로 그를 돌보셨다는 것을 언급해 주십시오.

고난 가운데 있는 주변 사람에게 뜻하지 않게 고통을 더해 준 경우를 예로 들어 봅시다.

2

**세미한 소리로 말씀하시는
하나님은 잘못된 추측에
도전하십니다**
(왕상 19:9하~14)

열왕기상 19장 9하~14절을 읽으십시오. 엘리야의 대답이 정직하지만 얼마나 협소하고 잘못되어 있는지를 가르쳐 주십시오. 엘리야는 이스라엘을 향한 소망을 잃고, 그들에 대한 비난과 혐오감을 쏟아냈습니다. 절망은 우리 주위의 빛이 어둡게 보이도록 할 수 있다는 것을 강조해 주십시오.

엘리야는 실망감과 절망감 때문에 자신의 잘못된 추측을 바로잡을 수 없었습니다. 우리는 왜 빈약한 사유와 잘못된 생각에 빠지곤 할까요?

어떻게 하면 잘못된 추측들을 바로잡을 수 있을까요?

하나님은 엘리야와 논쟁하지 않으셨습니다. 하나님은 자신이 늘 환상적인 광경으로 역사하지 않고, 소소한 방식으로도 역사하신다는 것을 보여 주셨습니다. 잘못된 가정을 피하기 위해서 하나님에 대한 정확하고 풍부한 지식이 필요함을 강조해 주십시오.

당신의 교회/공동체는 하나님이 소소한 방식으로도 일하신다는 것을 어떻게 가르치고 보여 주고 있나요?

어떻게 하면 사람들이 소소한 방식으로도 일하시는 하나님을 발견하고 이해할 수 있도록 도울 수 있을까요?

3
세미한 소리로 말씀하시는 하나님은 신실한 백성을 통해 자신을 계시하십니다
(왕상 19:15~18)

자원자에게 열왕기상 19장 15~18절을 읽게 하십시오. 그러고 나서 엘리야의 새로운 역할을 언급해 주십시오. 하나님은 우리가 이해할 수 없는 작은 일에도 충실하라고 우리를 부르십니다. 마찬가지로 예수님은 우리가 우리 자신에 대해서 죽고 순종하라고 우리를 부르십니다.

하나님은 현재 어떤 방식으로 당신의 삶이 당신의 공동체(가족, 친구, 직장 동료, 교인 등)에 영향을 미치게 하십니까?

하나님은 이 세상에서 우리가 기대하거나 관찰할 수 없는 방식으로 자유롭게 활동하신다는 사실을 지적해 주십시오. 십자가 위의 예수님을 생각해 볼 수 있습니다. 학습자용 교재에 있는 표의 질문에 답하게 하십시오. 얼마간의 시간을 준 후 조별로 각자의 경험을 나누게 하고, 전체 모임에서 발표하게 하십시오.

결론

주님은 우리의 수고를 중요하게 여기신다는 사실을 상기시켜 주십시오. 그리고 세미한 소리로 말씀하시는 하나님을 신뢰하라고 권면하십시오. 이 세션에서 배운 진리를 '하나님의 계획, 우리의 사명'에서 적용해 보십시오.

**Session
Content**

2. 하나님, 세미한 소리로 말씀하시다

도입

친한 친구가 이런 말을 한 적이 있습니다. "이건 내가 기대했던 인생이 아니야. 너무 실망스러워. 나는 내가 처한 상황에 화가 나기 시작했고, 그래서 하나님과 교회로부터 멀어지게 되었어."

> **Leader**
> 친구는 전업주부를 꿈꿨지만, 오랫동안 일을 하며 가족을 부양해야 했습니다. 설상가상으로 직장에서는 나이 어린 상사로부터 언어폭력과 괴롭힘을 당했습니다. 이러한 상황들은 그 친구로 하여금 버림받았다는 느낌을 갖게 했습니다.

그리스도인이든 비그리스도인이든 함께 이야기를 나누다 보면, 탈진하거나 환멸에 빠지거나 삶에 대해 왜곡된 관점을 갖게 된 경험을 듣게 되곤 합니다. 그들 중에는 하나님으로 말미암아 승리를 거둔 순간이나 '산 정상에 오른 듯한 경험'들이 대부분 가장 힘들고 고통스러웠던 순간 바로 다음에 온다는 사실을 깨닫고 혼란스러워하는 이들도 있습니다.

Q 실망이나 환멸에 빠진 적이 있나요? 어떤 상황이었나요?

Q 그러한 상황이 하나님과의 관계에 어떤 영향을 끼쳤나요?

> **Leader**
> 엘리야의 이야기를 통해 우리는 하나님의 선지자들도 그와 비슷한 상황에 빠질 수 있다는 것을 알게 됩니다. 세션 1에서 우리는 엘리야가 바알 선지자들과 벌인 장엄한 대결을 목격했습니다. 사람들은 여호와가 참 하나님이시라고 선포했습니다! 엘리야는 하나님의 기적으로 말미암아 큰 변화가 일어나리라 기대했지만, 하늘에서 불이 내려온 뒤에도 이스라엘 왕(아합)이나 왕후(이세벨)의 마음은 변하지 않았습니다. 심지어 왕후는 엘리야의 목숨을 위협하기까지 했습니다.

Session Summary

이 세션에서 우리는 엘리야 선지자가 어쩌다 실의와 절망에 빠지게 되었는지를 보게 될 것입니다. 하나님은 엘리야가 처한 상황에 대한 응답으로 자신을 계시하셨습니다. 하늘에서 불을 내리며 권능을 드러내신 하나님이 바로 흔들리는 엘리야를 세미한 음성으로 붙들어 주시는 은혜의 하나님이십니다. 하나님은 우리가 절망할 때 힘을 주시고, 우리가 믿는 거짓들에 도전하시며, 자신의 말씀과 자기 백성을 사용해 우리를 돌보십니다. 우리는 하나님의 은혜를 받은 자들로서 하나님의 권능에 의지해 그분의 위로의 메시지를 전합니다.

> *"그리스도를 믿는 것은 결코 단순하거나 쉬운 일이 아닙니다. 왜냐하면 그분은 자기 백성을 옹호하는 대신 (겉보기에는) 저버리는 경악스러운 왕이시기 때문입니다. … 게다가 (겉보기에는) 멀어져 보일 때, 가장 가까이 있는 이상한 왕이시기 때문입니다."[1]*
> _마르틴 루터

전개

1. 세미한 소리로 말씀하시는 하나님은 절망 중에 강건케 하십니다(왕상 19:1~9상)

> **Leader**
>
> 엘리야는 갈멜산 대결에서 하나님의 권능이 멋지게 드러나는 것을 목격했습니다(왕상 18:18~39). 하나님은 자신이 모든 창조세계의 주라는 점과 바알은 인간이 만든 무력한 창조물에 지나지 않는다는 점을 이스라엘 백성에게 증명해 보이셨습니다. 사람들은 회개했고, 여호와를 주님으로 고백했습니다. 갈멜산 대결에서의 승리는 엘리야와 이스라엘 민족에게 위대한 결과를 가져다줄 것처럼 보였습니다. 그 결과가 어떠했는지 함께 살펴봅시다.

[1]아합이 엘리야가 행한 모든 일과 그가 어떻게 모든 선지자를 칼로 죽였는지를 이세벨에게 말하니 [2]이세벨이 사신을 엘리야에게 보내어 이르되 내가 내일 이 맘때에는 반드시 네 생명을 저 사람들 중 한 사람의 생명과 같게 하리라 그렇게 하지 아니하면 신들이 내게 벌 위에 벌을 내림이 마땅하니라 한지라 [3]그가 이 형편을 보고 일어나 자기의 생명을 위해 도망하여 유다에 속한 브엘세바에 이르러 자기의 사환을 그곳에 머물게 하고 [4]자기 자신은 광야로 들어가 하룻길쯤 가서 한 로뎀 나무 아래에 앉아서 자기가 죽기를 원하여 이르되 여호와여 넉넉하오니 지금 내 생명을 거두시옵소서 나는 내 조상들보다 낫지 못하니이다 하고 [5]로뎀 나무 아래에 누워 자더니 천사가 그를 어루만지며 그에게 이르되 일어나서 먹으라 하는지라 [6]본즉 머리맡에 숯불에 구운 떡과 한 병 물이 있더라 이

에 먹고 마시고 다시 누웠더니 [7]여호와의 천사가 또다시 와서 어루만지며 이르되 일어나 먹으라 네가 갈 길을 다 가지 못할까 하노라 하는지라 [8]이에 일어나 먹고 마시고 그 음식물의 힘을 의지하여 사십 주 사십 야를 가서 하나님의 산 호렙에 이르니라 [9상]엘리야가 그곳 굴에 들어가 거기서 머물더니

때로 인생은 우리의 예상을 빗나가 다른 길로 향하곤 합니다. 엘리야는 이와 같은 인생의 시기에 하나님의 권능이 이세벨보다 더 크시다는 진리를 잊고 말았습니다. 우리가 흔히 그러하듯 엘리야도 위험한 상황에 부딪히자 도망쳤습니다.

> **Leader** 저는 엘리야가 보인 반응을 저의 삶과 친구의 삶에서 똑같이 봐 왔습니다. 자신을 희생자로 여기며 절망하거나 도망치기는 쉽습니다. 그러한 반응은 하나님에 관한 거짓 믿음을, 즉 하나님이 캄캄한 때는 돌보지 않으시거나 존재하지도 않으신다는 거짓 믿음을 드러내는 것입니다. 그러나 하나님은 최악의 순간에도 우리의 절망과 도망을 통해 여전히 우리를 돌보십니다.

엘리야의 심경에 주목하십시오. 완전히 낙담해 삶의 희망을 잃은 상태였습니다. 그는 자신을 인생의 낙오자로 여겼습니다. 엘리야는 갈멜산에서 자신이 한 일의 결과를 보며, 백성들이 다시 하나님께 예배드리게끔 하는 영향력 면에서 자신은 이스라엘의 이전 선지자들보다 부족하다고 생각했습니다. 그래서 예언 사역도 끝내고, 삶도 끝내기를 바랐습니다. 그야말로 '바닥'을 쳤던 것입니다. 하지만 그런 절망의 순간에 주님은 그에게 먹을 것을 보내 쉬게 하셨습니다. 계속 활동할 수 있도록 힘을 주신 것입니다.

Q 하나님이 나의 삶에 쉼을 허락하시고 보살펴 주신 적이 있습니까? 구체적으로 어떤 상황이었나요?

> **Leader** 모든 사람이 이런저런 방식으로 실패가 주는 실망스러운 쓰라림에 직면합니다. 우리에게 닥친 절망의 순간 때문에 자책할 필요도 없고, 부정할 필요도 없습니다. 게다가 우리는 그 순간에 영원히 머무를 수도 없습니다. 하나님은 절망에 빠진 엘리야가 (시내산으로도 알려진) 호렙산으로 가는 동안 한 달 이상 그를 돌보셨습니다. 천사가 언급했듯이 엘리야에게는 아직 할 일이 더 남아 있었습니다. 엘리야는 이 세상에서 이루어야 할 선한 목적들을 여전히 가지고 있었습니다.

우울증에 걸리면 진리를 보는 방식이 왜곡될 수 있습니다. 사람은 강박 관념에 사로잡히거나 피로감을 느낄 때 극도로 취약해지기 때문입니

다. 저는 인생을 살면서 실망할 여지를 가지고 있는 것이 좋다는 것과 하나님이 나를 보살펴 주실 여지를 남겨 둘 필요가 있다는 것을 깨달았습니다. 하나님이 나를 위해 행하신 일을 기억할 필요가 있습니다. 크게는 내게 구원의 선물과 예수 그리스도 안에 있는 소망을 주신 것을 기억해야 합니다. 그리고 작게는 날마다 나를 돌보고 보살펴 주심을 기억해야 합니다.

나아가 교회는 사람들에게 단순히 "스스로 곤경을 헤쳐 나가십시오" 또는 "성경을 더 많이 읽으십시오"와 같은 말을 하지 않음으로써 사람들에게 도움을 줄 수 있습니다. 그럴싸한 말이나 영적 체크리스트만으로는 깊은 실망감을 이겨 낼 수 없습니다. 그리스도의 몸인 교회는 서로 돌봐야 합니다. 사람들이 그리스도의 몸에 더 가까이 다가올 수 있도록 격려해야 합니다.

그러나 때로는 주님이 그 사람을 친히 돌보실 수 있도록 하나님과 말씀 앞에 홀로 있는 시간도 가지도록 해야 합니다. 그 본보기가 바로 예수님입니다. 예수님은 자주 무리로부터 떨어져서 홀로 기도하며 하나님과 시간을 보내셨습니다.

엘리야는 공포, 실망, 피로감, 믿음의 결핍에서 비롯된 상황에서 벗어났지만 여전히 도망쳤습니다. 이때도 하나님은 여전히 진리와 사랑으로 그를 돌보셨습니다.

Q 고난 가운데 있는 주변 사람에게 뜻하지 않게 고통을 더해 준 경우를 예로 들어 봅시다.

2. 세미한 소리로 말씀하시는 하나님은 잘못된 추측에 도전하십니다(왕상 19:9하~14)

> **Leader** 주님은 (음식과 쉼이라는 선물을 통해) 엘리야의 육체적, 정서적 고갈을 돌보셨습니다. 그리고 나서 그에게 다음과 같이 물으셨습니다.

⁹하여호와의 말씀이 그에게 임하여 이르시되 엘리야야 네가 어찌하여 여기 있느냐 ¹⁰그가 대답하되 내가 만군의 하나님 여호와께 열심이 유별하오니 이는 이스라엘 자손이 주의 언약을 버리고 주의 제단을 헐며 칼로 주의 선지자들을 죽였음이오며 오직 나만 남았거늘 그들이 내 생명을 찾아 빼앗으려 하나이다 ¹¹여호와께서 이르시되 너는 나가서 여호와 앞에서 산에 서라 하시더니 여호와께서

"복음은 하나님이 그리스도 안에서 우리에게 가까이 다가오셨다고 선포합니다. … 만약 그것이 사실이 아니라고 느껴진다면, 우리는 하나님의 약속에 대한 믿음으로 그러한 느낌을 거부해야 합니다."[3]
_ J. D. 그리어

"두려움은 바람에 날려 버리십시오. 소망을 품고, 두려워하지 마십시오. 하나님이 당신의 한숨을 들으시고, 눈물을 기억하십시오. 하나님이 당신의 머리를 들어 올려 주실 것입니다."[4]
_파울 게르하르트

심화토론

• 힘든 상황에서 서로 격려하려고 할 때, 도움이 되지 않는 말과 행동은 무엇입니까?
• 힘든 상황에서 서로 격려하는 효과적인 방법은 무엇입니까?

**심화
주석** 지진, 강풍, 홍수와 같은 자연의 격변은 계시와 심판으로 드러나는 하나님의 역사와 관련이 있습니다. 그것들은 호렙산(시내산)에서의 언약을 생각나게 하며, 모세와 백성들에게 위임하신 일을 생각나게 합니다(출 19:9,16; 34:6; 신 5:23~26). 그것들은 죄에 관한 심판의 표지로 잘 알려졌지만(시 18:7, 12; 사 13:13; 29:6), 그것만으로는 메시지를 전달하지 못합니다. 하나님이 선지자에게 말씀하시는 것처럼 이러한 현현을 통해 항상 분명하게 말씀하시는 것은 아닙니다.

"세미한 소리"는 히브리어로 '가늘고 (세밀하고) 차분한 소리'를 뜻합니다. 하나님의 세미한 소리는 하나님이 양심에 말씀하시고, 생각을 일깨우시고, 개인과 나라에 결단을 촉구하실 때 나타나며, 호렙과 갈멜산의 우주적 사건에서 들린 큰 천둥 치는 소리보다 선호되는 소리입니다.[5]

_도날드 J. 와이즈먼

지나가시는데 여호와 앞에 크고 강한 바람이 산을 가르고 바위를 부수나 바람 가운데에 여호와께서 계시지 아니하며 바람 후에 지진이 있으나 지진 가운데에도 여호와께서 계시지 아니하며 [12]또 지진 후에 불이 있으나 불 가운데에도 여호와께서 계시지 아니하더니 불 후에 세미한 소리가 있는지라 [13]엘리야가 듣고 겉옷으로 얼굴을 가리고 나가 굴 어귀에 서매 소리가 그에게 임하여 이르시되 엘리야야 네가 어찌하여 여기 있느냐 [14]그가 대답하되 내가 만군의 하나님 여호와께 열심이 유별하오니 이는 이스라엘 자손이 주의 언약을 버리고 주의 제단을 헐며 칼로 주의 선지자들을 죽였음이오며 오직 나만 남았거늘 그들이 내 생명을 찾아 빼앗으려 하나이다

엘리야는 주님의 물음에 실망감과 절망감을 드러내며 답했습니다. 엘리야의 대답은 그가 갈멜산 사건을 협소한 관점에서만 바라보고 있음을 보여 줍니다. 그는 이스라엘을 비난하면서 하나님이 하늘로부터 불을 내리시고, 백성들을 회개하게 하시고, 바알 선지자들을 처단하신 일은 언급하지 않았습니다. 간단히 말해서, 엘리야는 시야가 좁았으며 잘못 알고 있던 것입니다.

> **Leader** 《홀먼 구약 주석》(*Holman Old Testament Commentary*)이 말하듯이, "엘리야의 감정과 실재 사이에는 심대한 차이가 있었습니다. 하나님의 속성을 보지 못한 것입니다. 결과적으로 그의 시각은 왜곡되었습니다. 그의 불평의 밑바닥에는 하나님을 향한 불평이 있었습니다. 엘리야는 주님이 그러한 일들을 경험하도록 허용하심으로써 자신을 제대로 대우하지 않으셨다고 생각했습니다. 절망으로 인해 엘리야는 자기중심적으로 되었습니다."[6]

절망에 빠지면 주변 빛이 흐릿하게 보일 수 있습니다. '터널 끝에 있는 빛'을 보지 못해 진리를 가늠할 수 없는 어둡고 침울한 마음이 되어 길을 잃을 수밖에 없습니다. 절망에 빠진 엘리야는 부정적인 측면에 집중했던 이스라엘 백성들을 향해 비난을 퍼부었습니다. 그는 자신이 보고 싶은 대로 희미한 빛만 보고 상황을 자기중심적인 시각에서 판단했습니다. 하늘에서 불이 내린 것을 보고도 사람들이 하나님께 돌아오지 않는다면, 분명히 다시는 돌아오지 않을 것이라고 말입니다.

Q 엘리야는 실망감과 절망감 때문에 자신의 잘못된 추측을 바로잡을 수 없었습니다. 우리는 왜 빈약한 사유와 잘못된 생각에 빠지곤 할까요?

Q 어떻게 하면 잘못된 추측들을 바로잡을 수 있을까요?

하나님이 엘리야에게 주신 응답은 기이했습니다. 엘리야와 논쟁하기보다 하나님을 만날 수 있도록 그를 이끄셨습니다. 이 만남은 엘리야의 삶에서 매우 중요한 순간이었습니다. 하나님이 그에게 자신의 본성을 보여 주셨기 때문입니다. 하나님은 항상 환상적인 방식으로 계시하시지 않습니다. 세미한 소리처럼 소소한 방식으로도 계시하십니다.

많은 교회가 하나님을 위한 '큰일'에만 지나치게 집중합니다. 예를 들어 선교 여행이나 대형 전도 집회를 계획하고, 뮤지컬이나 드라마를 제작합니다. 그런데 정작 일상생활 속에서 하나님이 일하시는 소소한 방식들은 간과하곤 합니다. 교회 생활의 어려움이 바로 여기에 있습니다. 작은 것들과 세상의 고요함 속에서 하나님을 발견하는 법을 배워야 합니다. 우리는 인간의 소음을 줄이고, 하나님의 말씀으로 깨어지고 변화될 만큼 충분히 오랫동안 영혼을 잠잠하게 유지하는 법을 배워야 합니다. '하늘에서 내리는 불'만 기대하다 보면, '고요한 작은 소리'를 놓치기 쉽기 때문입니다.

> 하나님의 장엄한 역사를 보기 전까지는 하나님의 존재를 믿을 수 없다고 말하는 사람들이 있습니다.

유명한 무신론자 칼 세이건은 자신의 소설 《콘택트》(*Contact*)에서 이렇게 말했습니다. "만약 … 하나님이 수천 년 동안 개연성이 없는 구비 전승과 고대 문헌을 수단으로 삼아 우리에게 말하기를 원하셨다면 그렇게 하실 수 있었을 것이고, 그렇게 하셨다면 그의 존재에 대한 논쟁의 여지는 남지 않았을 것이다." 그리고 "그는 훨씬 더 나은 일을 하실 수도 있었다."[7]

무신론자이며 철학자인 버트런드 러셀은 죽을 때 만약 하나님을 만날 수 있다면, 이렇게 묻겠다고 말했습니다. "왜 제게 더 나은 증거를 주지 않으셨습니까?"[8]

하나님의 속성에 대한 지식이 없으면 잘못된 추측에 빠지게 됩니다. 열왕기상 9장 14절에서 엘리야가 자기 생각에 갇혀 있음을 볼 수 있습니다. 하나님이 그의 추론에 관여하셨는데도 엘리야는 자신의 잘못된 추측을 고수했습니다.

Q 당신의 교회/공동체는 하나님이 소소한 방식으로도 일하신다는 것을 어떻게 가르치고 보여 주고 있나요?

Q 어떻게 하면 사람들이 소소한 방식으로도 일하시는 하나님을 발견하고 이해할 수 있도록 도울 수 있을까요?

"어두운 시절이 그리스도인의 삶에서 정상이라는 점을 기억하는 것은 분투 중에 있는 그리스도인에게 큰 도움이 될 것입니다. 그 시절들을 벗어나서 살아 보려고 노력하지 말라는 뜻이 아닙니다. 우리의 부스러기 믿음이라도 그리스도께 붙어 있으면 설사 우리가 성공하지 못해도 길을 잃은 것이 아니고, 혼자가 아니라는 것입니다."[9]
_존 파이퍼

핵심교리 99

14. 편재하신 하나님

'편재하신 하나님'이란 하나님이 모든 피조물과 완전히 구별되는 유일한 존재이면서도 자기 형상으로 만든 인간과는 인격적인 관계를 맺으시는 분이라는 뜻입니다. 하나님은 이신론자들이 생각하는 것처럼 피조세계와는 아무런 관계도 맺지 않고, 천상의 보좌에만 앉아 계시는 '멀리 계시는 하나님'이 아닙니다. 즉 하나님과 인격적인 관계를 맺도록 자기 형상을 따라 사람을 지으신 인격적인 하나님이시라는 뜻입니다.

3. 세미한 소리로 말씀하시는 하나님은 신실한 백성을 통해 자신을 계시하십니다(왕상 19:15~18)

> 하나님은 엘리야를 돌보시고 나서 그에게 선지자의 사역을 다시 위임하신 후 여전히 신실한 남은 자들을 그에게 보여 주셨습니다. 하나님은 엘리야를 통해 다른 이들을 돌보시고, 또한 그들을 통해 엘리야를 돌보실 것입니다.

[15]여호와께서 그에게 이르시되 너는 네 길을 돌이켜 광야를 통하여 다메섹에 가서 이르거든 하사엘에게 기름을 부어 아람의 왕이 되게 하고 [16]너는 또 님시의 아들 예후에게 기름을 부어 이스라엘의 왕이 되게 하고 또 아벨므홀라 사밧의 아들 엘리사에게 기름을 부어 너를 대신하여 선지자가 되게 하라 [17]하사엘의 칼을 피하는 자를 예후가 죽일 것이요 예후의 칼을 피하는 자를 엘리사가 죽이리라 [18]그러나 내가 이스라엘 가운데에 칠천 명을 남기리니 다 바알에게 무릎을 꿇지 아니하고 다 바알에게 입맞추지 아니한 자니라

엘리야의 새로운 임무는 다른 이들이 하나님의 일을 하도록 길을 예비하는 것이었습니다. 엘리야가 시작한 일을 다른 이들이 완성할 것입니다. 주님이 그에게 다른 방식으로 일하시는 하나님을 다시 한 번 보여 주신 것입니다. 우상 숭배와의 전쟁은 엘리야를 통해야만 이길 수 있는 것이 아니었습니다. 하나님의 백성에게 새로운 질서가 임할 텐데, 그것을 알리는 역할을 엘리야가 하지 않을 것입니다. 하나님은 "이교도 왕과 이스라엘의 새로운 왕조와 엘리야의 후계자 엘리사 선지자의 협력이라는 말도 안 되는 방법"을 사용하실 것입니다.[10]

> 주님은 엘리야에게 돌아가서 싸우라고 명령하셨습니다. 그렇게 할 수 있을 정도로 주님은 엘리야를 육체적으로, 정서적으로 회복시켜 주셨습니다. 그러나 엘리야의 사역은 아직 끝나지 않았습니다. 그는 절망적인 생각에 빠져 허우적거려서는 안 되었습니다. "우리의 실의를 극복하는 유일한 길은 주님이 우리를 부르시고 맡기시는 일로 돌아가는 것입니다."[11]

엘리야는 우상 숭배에 맞서 싸우도록 부름받았습니다. 그가 원했던 자리에 쓰인 것은 아니었지만, 하나님은 그 자리에 그를 쓰기를 원하셨습니다. 결과적으로 엘리야는 자신에게 주어진 일을 멋지게 해냈습니다.

많은 사람이 생각의 오류에 빠지기 쉽습니다. 제3세계 선교나 노숙자 사역이나 그와 비슷한 '큰일'을 하지 않으면, 우리 삶이 하나님 나라의 영향력을 발휘할 수 없다고 생각하는 것입니다. 특정한 활동만이 '영향을 행사한다'고 생각하는 것입니다.

> **Leader**
> 장엄한 대결 끝에 최종 승리가 주어지지 않았다 해도 절망할 필요가 없습니다. 왜냐하면 하나님의 전략은 엘리야가 생각한 것보다 늘 더 오래 걸리고 더 세밀하기 마련이기 때문입니다. 태초부터 모든 것을 삼키는 불뿐만 아니라, 부드러우면서도 파괴력 있는 속삭임이 있어 왔습니다."[12]

그러나 예수님은 날마다 자기 십자가를 지고, 죽으라고 가르치셨습니다. 그리고 나서 하나님의 구속 사역에 동참하라고 말씀하셨습니다. 주님은 우리 삶을 주께 맡기는 매일의 전투 계획을 우리에게 주셨습니다. 비록 우리가 주님의 사역을 인식하지 못할지라도, 하나님은 우리의 묵묵한 순종을 통해 역사하실 수 있습니다.

Q 하나님은 현재 어떤 방식으로 당신의 삶이 당신의 공동체(가족, 친구, 직장 동료, 교인 등)에 영향을 미치게 하십니까?

하나님은 자신이 엘리야가 상상할 수 있는 범위 내에서만 일하시는 것이 아니라는 사실을 그에게 일깨워 주셨습니다. 주님은 다양한 방법으로 역사하십니다. 사는 동안 하나님이 역사하신 결과를 반드시 알거나 봐야 할 필요는 없습니다.

> **Leader**
> 아마도 우리는 하나님께 절대 이렇게 말하지 않을 것입니다. "내가 원했던 결과를 보지 못했으니 나는 하나님 나라에서 더는 아무것도 하고 싶지 않습니다. 죽게 내버려 두세요." 그러나 우리는 미묘한 방법으로 그와 유사한 내용을 전달하고 있는지도 모릅니다. 하나님을 섬기는 데 있어 자신이 원하던 방식대로 되지 않았을 때 얼마나 많이 화를 냈습니까? 실제로 좋은 결과를 낳아도 인정하기를 얼마나 자주 잊어버렸습니까? 삶이 원하는 방식대로 되지 않는다는 이유로 얼마나 많은 사람이 분노하고, 질투하고, 절망에 빠져서 초조해합니까?

자기중심적인 부정적인 생각에 빠지면, 우리를 통해 자신을 계시하시는 하나님이 펼치시는 선함과 빛에 감사하는 것을 망각할 수 있습니다. 또한 다른 이들의 사역을 통해 펼쳐지는 선함과 빛에 감사하는 것도 잊을 수 있습니다. 그러나 하나님은 우리가 '주님은 사랑이시다'라는 진리를 전하길 열망하는 사람들과 함께 공동체 안에서 살고 있음을 기억하라고 말씀하십니다. "그러나 내가 이스라엘 가운데에 칠천 명을 남기리니 다 바알에게 무릎을 꿇지 아니하고 다 바알에게 입맞추지 아니한 자니라"(18절).

심화주석 주님의 음성이 엘리야에게 어찌하여 호렙산에 오게 되었느냐고 묻습니다. … 엘리야가 대답합니다. 이스라엘은 언약을 버리고 우상 숭배를 했으며, 자신이 유일하게 남은 선지자이고, 이세벨이 자신을 죽일 계획을 하고 있다고 말입니다(왕상 19:10).

하나님의 언약과 구원을 의심하고 두려움과 우울의 수렁에 빠져 있는 엘리야에게 주신 주님의 말씀은 하나님의 독특성과 모든 민족을 다스리시는 하나님의 주권성과 예언적 말씀의 중요성을 확증합니다. 하나님은 그에게 "너는 네 길을 돌이켜 … 가서"(왕상 19:15)라고 말씀하십니다. 이는 다시 주님을 적극적으로 섬기라는 명령입니다.

첫째, 엘리야는 아람의 하사엘왕에게 기름을 부어야 합니다. 이것은 이스라엘 이외에 다른 나라를 다스리시는 주님의 주권을 선포합니다.

둘째, 엘리야는 이스라엘의 예후왕에게도 기름을 부어야 합니다. 이것은 북쪽 왕국에 대한 주님의 통치를 재확립합니다.

셋째, 엘리야는 자신을 대신할 엘리사에게 기름을 부어야 합니다. 주님이 바알을 숭배하지 않은 7천 명을 선택하였거나 남기셨다고 하신 말씀과 함께, 하나님의 그러한 명령은 주의 말씀은 잠잠할 수 없다는 것을 그에게 상기시켜 줍니다. 그러한 명령은 남은 자들을 일으키고 보호하며 능력을 줍니다. 남은 자 중 한 사람으로서 엘리야는 하나님의 보호와 능력을 기대할 수 있습니다.[13]

_폴 R. 하우스

성경은 엘리야를 "하나님의 사람"(왕상 17:24; 왕하 1:9~13)으로 여러 번 표현하면서, 모세(신 33:1), 사무엘(삼상 9:6~10), 다윗(대하 8:14), 엘리사(왕하 4:7, 22)와 같은 신실한 사람들의 무리에 포함시킵니다. 히브리어로 엘리야의 이름은 '나의 하나님은 여호와' 또는 '여호와는 나의 하나님'으로 번역됩니다. 그는 오직 하나님을 향한 신앙을 보임으로써, 또한 이스라엘과 그 지도자들이 하나님만을 따르도록 인도함으로써 자기 이름에 걸맞게 살았습니다.[14]

_로버트 C. 던스톤
Biblical Illustrator

하나님은 우리가 깊은 고민에 싸여 있고, 심지어 고통을 당하는 중에도 여전히 우리를 통해 일하시면서 자신의 목적과 나라를 위해 세상에 영향을 미치십니다. 삶이 하찮다고 생각하게 만드는 유혹에 저항하십시오! 우리도 심신이 고갈되면 엘리야처럼 편협한 마음이 되어 인류를 향한 하나님의 사명을 보지 못할 수도 있습니다. 그리고 이렇게 말할지도 모릅니다. "이렇게 큰일로도 사람들의 마음이 바뀌지 않는다면, 난 포기할래. 아무것도 안 통할 테니까 말이야." 그러나 하나님은 예수 그리스도의 순종의 고통과 구속의 부활을 통해 현재 상황이 아무리 암울해도 소망이 있다는 것을 보여 주셨습니다.

당신의 고통을 통해 하나님은 어떤 식으로 다른 이들을 돌보셨습니까?	다른 이들의 고통을 통해 하나님은 어떤 식으로 당신을 돌보셨습니까?

> Leader
"넘어지는 담과 흔들리는 울타리같이 사람을 죽이려고 너희가 일제히 공격하기를 언제까지 하려느냐 그들이 그를 그의 높은 자리에서 떨어뜨리기만 꾀하고 거짓을 즐겨 하니 입으로는 축복이요 속으로는 저주로다 (셀라) 나의 영혼아 잠잠히 하나님만 바라라 무릇 나의 소망이 그로부터 나오는도다 오직 그만이 나의 반석이시요 나의 구원이시요 나의 요새이시니 내가 흔들리지 아니하리로다 나의 구원과 영광이 하나님께 있음이여 내 힘의 반석과 피난처도 하나님께 있도다 백성들아 시시로 그를 의지하고 그의 앞에 마음을 토하라 하나님은 우리의 피난처시로다 (셀라)"(시 62:3~8).

결론

하나님 나라의 사역은 대단한 사건 이상으로 중요합니다. 목적이 삶을 넘어 확장되기 때문입니다. 엘리야와 마찬가지로 반대와 핍박에 직면했던 하나님의 사자이신 예수님의 부활 덕분에, 우리는 주님을 향한 모든 수고가 가치 있다는 것을 알게 되었습니다(참조, 고전 15:58). 우리는 절망하고 고난에 빠져 있을 때 세미한 소리로 말씀하시는 하나님을 신뢰하며 희생과 기쁨의 왕이신 예수님을 따라야 합니다.

> **Leader** 하나님의 말씀은 헛되지 않을 것이며, 그분은 자신의 목적을 반드시 성취하실 것입니다. "그러므로 내 사랑하는 형제들아 견실하며 흔들리지 말고 항상 주의 일에 더욱 힘쓰는 자들이 되라 이는 너희 수고가 주 안에서 헛되지 않은 줄 앎이라"(고전 15:58).

> *"사루만은 악을 저지할 수 있는 것은 오직 위대한 힘뿐이라고 믿었지만 … 그것은 내가 깨달은 바가 아니야. 나는 어둠을 꼼짝 못하게 만드는 것은 평범한 사람들이 일상에서 행하는 작은 일들이라는 것을 알았어. 친절과 사랑을 베푸는 단순한 행동 같은 것이지."[15]*
> _간달프, 《호빗: 뜻밖의 여정》

그리스도와의 연결

엘리야는 하나님을 거부한 사람들의 핍박과 반대에 직면했던 선지자입니다. 그는 가장 위대한 선지자이신 예수 그리스도를 가리키는 예표입니다. 예수님은 하나님의 말씀을 전하시면서 무수히 많은 반대를 무던히 참으셨습니다.

하나님의 계획 우리의 사명

선교적 적용 하나님이 자기를 의지하라고 우리를 부르심은 우리가 그분의 메시지를 전할 때 필요한 힘을 주려 하심입니다.

1. 어떻게 하면 하나님을 의지하는 그리스도인으로서 절망적인 순간에 서로를 돌보며 힘을 줄 수 있을까요?

2. 예수님의 복음을 증거하고 선포할 수 있는 '조용하고 소소한 방법'들은 무엇일까요?

3. 어떻게 하면 주변의 잃어버린 영혼들에게 그리스도를 전하고 신실함으로 나아가게 할 수 있을까요?

금주의 성경 읽기
삼하 11~12장;
대상 20장;
시 51편; 32편; 86편;
102~103편; 122편

Summary and Goal

이 세션에서 우리는 선지자 엘리사가 나아만이라는 이방인의 병을 낫게 해 준 이야기를 살펴볼 것입니다. 이 이야기는 하나님의 구원과 치유의 필요성뿐 아니라 주님께 치유받기 위해 필요한 겸손에 관한 아름다운 장면을 보여 줍니다. 우리가 하나님이 계획하신 방식대로 구원을 받기까지 겸손하지 않으면 영적인 질병을 치유받지 못할 것입니다. 그러나 하나님의 은혜를 겸손히 받을 수만 있다면, 자유롭게 하나님의 선하심을 증거하며 순종을 통해 하나님께 영광을 돌려 드릴 수 있을 것입니다.

하나님, 치유 방법을 알리시다

3

- **성경 본문**
  열왕기하 5:1~19상

- **세션 포인트**
  1. 병의 심각성을 인정하십시오(왕하 5:1~9)
  2. 겸손한 믿음으로 하나님의 교훈에 응답하십시오(왕하 5:10~14)
  3. 찬양으로 하나님께 영광을 돌리십시오(왕하 5:15~19상)

- **신학적 주제**
  하나님의 방법대로 구원받을 만큼 겸손해야 영적 질병을 치유 받을 수 있습니다.

- **그리스도와의 연결**
  나아만은 나병을 앓았는데, 강에서 씻으라는 하나님의 지시에 순종해 병이 나았습니다. 사람은 누구나 죄 문제에 시달리며 치유를 필요로 합니다. 하나님은 죄를 깨끗이 씻음받기 위해서는 겸손히 회개하고, 예수님을 주님으로 믿어야 한다고 말씀하십니다.

- **선교적 적용**
  이 이야기의 수종 드는 어린 소녀처럼, 우리도 다른 사람들에게 그들의 병을 깨끗이 씻을 수 있는 곳을 안내해 주어야 합니다.

Session Plan

도입

아기를 돌보는 것이 어떤 일인지 (또는 아기를 돌보는 것이 어떤 일일 것 같은지) 이야기를 나누십시오. 자녀가 성장하면서 독립적으로 되어 갈 때, 어떤 일이 일어날 수 있는지 알 수 있게 도우십시오.

의존성과 겸손은 어떤 관계가 있습니까?

누군가에게 의존해야 함을 인정하는 것은 어떻게 교만이나 오만에 빠지지 않게 합니까?

자녀가 독립적으로 되어 가는 것과 아담과 하와에게 일어났던 일 사이의 유사점을 설명한 후 이 세션을 요약하십시오.

전개

1

병의 심각성을 인정하십시오
(왕하 5:1~9)

열왕기하 5장 1~4절을 읽으십시오. 나아만의 생애에 관해 설명한 후 그의 성공과 피부병으로 인한 고통에 관해 이야기를 나누십시오.

성공 여부를 평가할 때 보게 되는 외적 요인에는 어떤 것들이 있습니까?

그런 외적 요인들은 영적 질병의 심각성을 어떻게 간과하게 합니까?

죄가 우리 삶에 끼치는 파괴적인 영향과 나병(한센병) 사이의 상관관계를 생각해 보게 하십시오. 그러고 나서 열왕기하 5장 5~9절을 읽고, 어떻게 하나님만이 나아만의 나병을, 그리고 우리의 병을 고치실 수 있는지에 관해 설명해 주십시오. 부록 2: '엘리야와 엘리사'를 이용해 엘리사와 엘리야의 차이점을 파악하게 하십시오.

우리가 죄의 심각성을 외면할 때, 그리스도의 희생이 지닌 중대성이 어떻게 폄하됩니까?

엄청난 죄의 결과를 충분히 이해하지 못하면, 복음에 대해 어떤 반응을 하게 됩니까?

2

겸손한 믿음으로 하나님의 교훈에 응답하십시오
(왕하 5:10~14)

자원자에게 열왕기하 5장 10~14절을 읽게 하십시오. 엘리사의 곤혹스러운 지시에 관한 나아만의 반응에 주목하십시오. 나아만은 자신에게 필요한 치유를 얻기 위해 겸손해야 했습니다. 하나님은 이러한 치유를 제공하실 수 있는 유일한 분입니다.

다음 중 어느 것이 복음에 방해되는 개념이라고 생각하며, 그 이유는 무엇입니까? '사람은 구원에 기여할 바가 전혀 없다.' 또는 '용서받으려면 겸손과 회개가 필요하다.'

나아만의 '씻음'과 '나음' 같은 십자가의 단순성을 강조하십시오. 그리고 이것이 우리 삶에서 펼치시는 하나님의 역사에 일조해야 한다거나, 하나님의 활동을 완성해야 한다는 우리 생각과 어떻게 대립되는지를 설명해 주십시오.

나아만은 선지자가 지시해 준 요단강이 아닌 다른 물에서 병 고침받기를 원했습니다. 사람들이 겸손한 회개와 믿음 대신 구원을 얻기 위해 의지하는 다른 '물'은 무엇입니까?

3
찬양으로 하나님께 영광을 돌리십시오
(왕하 5:15~19상)

열왕기하 5장 15~19상절을 읽으십시오. 한때 자기 영광에만 관심이 있고 교만했던 이방인 나아만이 어떻게 찬양을 통해 하나님께 영광을 돌려 드리고자 했는지를 나누게 하십시오. 부록 1: '분열 왕국에서 예수님 바라보기'를 이용해 나아만의 고백과 예수님을 연관 지어 설명해 주십시오.

열왕기하 5장 10~14절과 15~19상절의 나아만의 말을 비교해 보십시오. 그의 태도는 어떻게 달라졌으며, 그가 변화되었다는 것을 보여 주는 징후는 무엇입니까?

성경 줄거리와 이스라엘의 교만과 관련해서 이방인을 치유한 일의 중요성에 주목하십시오.

복음 이야기가 너무 친숙한 나머지 그 실제 사건을 무덤덤하게 느낀다면 어떻게 될까요?

이러한 유혹을 어떻게 극복할 수 있을까요?

결론

나아만의 이야기는 우리의 임의적인 생각을 교정하는 데 도움이 됩니다. 복음에 관해 임의로 추정하지 않도록 지도해 주십시오. 하나님은 속수무책의 상황에서 우리를 구속하기를 원하십니다. 그러므로 우리는 스스로 겸손해야 하며 하나님께 순종해야 합니다. 이 세션에서 배운 진리를 '하나님의 계획, 우리의 사명'에서 적용해 보십시오.

**Session
Content**

3. 하나님, 치유 방법을 알리시다

도입

이 글을 쓰는 지금 저와 아내는 세상에 나올 넷째 아이를 맞이할 준비를 하고 있습니다.

> 이전 경험에 비추어 보면, 새로 태어나는 아이와의 처음 며칠은 우리 마음과 기억에 깊이 새겨질 것입니다. 자녀를 양육해야 한다는 엄청난 책임감으로 부담을 느낄 수도 있지만, 부모로서의 놀라운 특권을 다시 누리게 될 것입니다.
>
> *Leader*

세 자녀가 그랬던 것처럼 우리에게 전적으로 의존하는 작고 여린 막내딸의 모습을 보며 우리는 겸손해질 수밖에 없을 것입니다. 걸을 수도 없고, 길 수도 없고, 심지어 머리를 들 수조차 없기에 아기에게는 우리가 전적으로 필요합니다. 아기를 위해 매일 먹이고, 기저귀를 갈아 주고, 옷을 갈아 입혀야 할 것입니다.

> 표현은 하지 못하지만 아기도 분명 자신에게 아빠와 엄마가 필요하다는 사실을 알고 있을 것입니다.
>
> *Leader*

하지만 시간이 지나면 모든 것이 달라지겠지요. 성장하면서 아이는 조금씩 부모에게서 독립해 갈 것입니다. 대부분 잘하겠지만, 어느 정도 반항심도 생겨날 것입니다. 머지않아 아이들은 아빠와 엄마의 방식보다 자기들 방식이 더 낫다고 믿기 시작할 것입니다. 커가면서 유년기의 겸손함은 사라지게 될 테지만, 막내딸아이는 어린아이처럼 의존하는 자리로 반복해서 돌아와야 할 것입니다. 그래야만 제가 주는 좋은 것들을 받을 수 있기 때문입니다.

Q 의존성과 겸손은 어떤 관계가 있습니까?

Q 누군가에게 의존해야 함을 인정하는 것은 어떻게 교만이나 오만에 빠지지 않게 합니까?

> 태초부터 아담과 하와는 생명과 생계와 목적을 하나님께 의존했습니다. 그러나 곧 그들은 독립성의 오만으로 인해 하나님께 의존하기보다는 하나님과 같이 되기를 원했습니다(창 3:4~5).
>
> 이렇게 첫 가정은 불순종 때문에 동산에서 쫓겨났고, 각 세대는 그들로부터 반역의 오만으로 얼룩진 타락한 본성을 이어받았습니다. 하나님이 요구하시는 어린 아이 같은 신앙으로 돌아가지 않으면, 교만으로 병든 우리에게 정해진 죽음이 서서히 모습을 드러낼 것입니다(마 18:3~4)

(Leader)

Session Summary

이 세션에서 우리는 선지자 엘리사가 나아만이라는 이방인의 병을 낫게 해 준 이야기를 살펴볼 것입니다. 이 이야기는 하나님의 구원과 치유의 필요성뿐 아니라 주님께 치유받기 위해 필요한 겸손에 관한 아름다운 장면을 보여 줍니다. 우리가 하나님이 계획하신 방식대로 구원을 받기까지 겸손하지 않으면 영적인 질병을 치유받지 못할 것입니다. 그러나 하나님의 은혜를 겸손히 받을 수만 있다면, 자유롭게 하나님의 선하심을 증거하며 순종을 통해 하나님께 영광을 돌려 드릴 수 있을 것입니다.

전개

1. 병의 심각성을 인정하십시오(왕하 5:1~9)

> 성경에 등장하는 물리적인 기적들은 하나님의 권능이 역사에 나타난(혹은 현현한) 것입니다. 우리는 이러한 기적들에서 중요한 영적 진리를 얻을 수 있습니다. 나아만의 극적인 치유 이야기는 고대인 한 사람의 삶에서 하나님의 적극적인 은혜가 드러난 사건입니다. 또한 이 이야기는 오늘날 우리를 향한 은혜의 효과를 강력히 상기시킵니다. 이야기가 어떻게 시작되는지 살펴봅시다.

(Leader)

¹아람 왕의 군대 장관 나아만은 그의 주인 앞에서 크고 존귀한 자니 이는 여호와께서 전에 그에게 아람을 구원하게 하셨음이라 그는 큰 용사이나 나병환자더라 ²전에 아람 사람이 떼를 지어 나가서 이스라엘 땅에서 어린 소녀 하나를 사로잡으매 그가 나아만의 아내에게 수종 들더니 ³그의 여주인에게 이르되 우리

> "변화의 모든 노력은 본질적으로 방향의 변화를 필요로 합니다. 즉 삶의 자원을 '스스로 충당하는 것'에서 '하나님께 의존하는 것'으로 전환되어야 합니다."[1]
>
> _래리 크랩

심화 주석 성경 저자는 주님이 나아만에게 승리를 주셨다고 주장합니다. 처음에는 이 주장에 놀랄 수 있습니다. 왜냐하면 나아만은 이스라엘 백성이 아니기 때문입니다.

그러나 열왕기서는 모든 나라와 모든 민족을 다스리시는 하나님의 주권을 반복해서 강조합니다. 주님은 이미 아람의 정치적 미래에 관한 소유권을 주장하셨습니다(왕상 19:15). 그리고 주님은 우상 숭배하는 이스라엘을 징계하기 위해 아람 사람 한 사람에게 역사하실 수 있습니다(참조, 왕하 13:3). 또한 주님은 일찍이 이방인들에게 선지자들을 보내신 바 있습니다(왕상 17:7~24).

그러므로 주님이 나아만에게 승리를 주셨다는 주장은 놀라운 것이 아닙니다.[2]

_폴 R. 하우스

주인이 사마리아에 계신 선지자 앞에 계셨으면 좋겠나이다 그가 그 나병을 고치리이다 하는지라 [4]나아만이 들어가서 그의 주인께 아뢰어 이르되 이스라엘 땅에서 온 소녀의 말이 이러이러하더이다 하니

언뜻 보기에 나아만은 성공적인 삶이라 여길 만한 모든 자질과 복을 가진 사람처럼 보입니다.

> 아람 군대의 장관인 나아만은 왕에게 큰 존경을 받았습니다. 이방인임에도 불구하고 주님은 나아만에게 적극적으로 복을 주셨습니다. 그는 군사적인 기량과 용맹심이 매우 뛰어났습니다.
>
> Leader

그러나 그 모든 영예 뒤에서 이 아람 영웅은 '나병'(한센병)이라는 피부병과 싸우고 있었습니다. 이 질병은 치료될 수 없을 뿐 아니라, 나아만 삶의 모든 좋은 것을 무색하게 했습니다. 현재 그가 누리는 기쁨은 그를 기다리는 미래의 종말 앞에서는 아무런 의미가 없었습니다. 나병은 나아만에게 절망과 패배를 안기는 사망 선고였습니다.

Q 성공 여부를 평가할 때 보게 되는 외적 요인에는 어떤 것들이 있습니까?

Q 그런 외적 요인들은 영적 질병의 심각성을 어떻게 간과하게 합니까?

우리가 처한 곤경도 이와 다르지 않습니다. 그리스도 앞에서 죽음이 생명을 상징하는 것처럼, 나병은 죄가 우리 삶에 미치는 파괴적인 영향을 상기시켜 줍니다. 레위기 13~14장은 나병으로 인한 신체적 외상뿐 아니라 그로 인해 겪게 되는 영적 고립감을 차례로 기록하고 있습니다.

나병의 경우와 같이 죄의 전염은 우리를 하나님과의 관계에서, 또 서로의 관계에서 멀어지게 합니다.

> 처음에는 유혹이 무해한 것처럼 보여도 유혹에 굴복하고 나면, 결국 서서히 영원한 죽음을 맞게 됩니다. 나병처럼 우상 숭배는 우리로 하여금 행동의 결과에 무감각하게 만들며 동일한 죄로 유혹합니다. 거룩하신 하나님 앞에서 죄로 인해 우리가 죄인으로 서게 되듯이 영적인 나병의 환부는 우리를 '부정하게' 만듭니다(사 64:6-7). 나아만처럼 우리는 죄로 인해 소망이나 미래가 없이 살아가게 됩니다.
>
> Leader

나아만의 치유는 예상치 못한 곳에서 시작되었습니다. 여러 정황으로 미루어 볼 때, 아람의 이스라엘 침공으로 인해 아람 왕의 군대 장관 나아만의 아내와 유대인 어린 소녀가 만났던 것 같습니다. 일반적인 관점에서 볼 때 결코 좋은 관계가 아님에도, 수종 드는 어린 소녀는 연민 어린 마

음으로 나아만에게 소망의 말을 건넸고, 이것이 모든 것을 바꾸어 놓았습니다.

> **Leader** 힘 있는 아람 남자와 그의 수종을 드는 약한 여종은 극명한 대조를 이룹니다. 구원은 다양한 수단을 통해 나타나지만, 구원의 본질은 비슷한 형태를 띕니다. 하나님이 세상의 미련한 것들을 택하사 지혜 있는 자들을 부끄럽게 하시고, 약한 것들을 택하사 강한 것들을 부끄럽게 하시며, 아무것도 아닌 것으로 보이는 것들을 통해 하나님만이 성취하실 수 있는 일을 이루게 하십니다(고전 1:27~29).

⁵아람 왕이 이르되 갈지어다 이제 내가 이스라엘 왕에게 글을 보내리라 하더라 나아만이 곧 떠날새 은 십 달란트와 금 육천 개와 의복 열 벌을 가지고 가서 ⁶이스라엘 왕에게 그 글을 전하니 일렀으되 내가 내 신하 나아만을 당신에게 보내오니 이 글이 당신에게 이르거든 당신은 그의 나병을 고쳐 주소서 하였더라 ⁷이스라엘 왕이 그 글을 읽고 자기 옷을 찢으며 이르되 내가 사람을 죽이고 살리는 하나님이냐 그가 어찌하여 사람을 내게로 보내 그의 나병을 고치라 하느냐 너희는 깊이 생각하고 저 왕이 틈을 타서 나와 더불어 시비하려 함인 줄 알라 하니라 ⁸하나님의 사람 엘리사가 이스라엘 왕이 자기의 옷을 찢었다 함을 듣고 왕에게 보내 이르되 왕이 어찌하여 옷을 찢었나이까 그 사람을 내게로 오게 하소서 그가 이스라엘 중에 선지자가 있는 줄을 알리이다 하니라 ⁹나아만이 이에 말들과 병거들을 거느리고 이르러 엘리사의 집 문에 서니

이야기가 진행되면서 나아만의 병은 인간의 힘으로는 고칠 수 없다는 점이 강조됩니다. 아람 왕이 나아만을 돕기 위해 그에게 이스라엘 왕에게 보낼 선물들을 주어 보냈습니다. 나아만을 통해 선물을 받은 이스라엘 왕은 자신에게 치유의 기적을 행하는 능력이 없다고 말하며 두려워했습니다. 그의 눈에는 아람 왕과 나아만의 행동이 아람과의 오랜 반목을 다시 일으키려는 시도로밖에 보이지 않았던 것입니다.

그러나 이스라엘 하나님의 선지자인 엘리사는 그들의 진정성을 봤습니다. 하나님이 움직이지 않으시면, 나아만의 죽음을 막을 길이 없었습니다. 나병은 심각한 병으로 기적의 도움이 절실히 필요했습니다. 더 이상 남은 방법이 없었기에 이 낙담한 전사에게 엘리사의 하나님은 마지막 남은 희망이었습니다.

우리도 마찬가지입니다. 아무리 많은 노력과 돈과 인간관계가 동원되어도 도덕적 감염의 치명적인 예후로부터 우리를 구할 수 없습니다. 제아

심화주석 이사야 53장 4절의 주석

우리는 그가 맞았다고 생각했습니다(예상했고, 그렇다고 여겼습니다). '맞았다'는 표현은 때때로 나병과 연결됩니다. 이것은 메시아를 나병 환자로 묘사했던 바벨론 탈무드의 전승 근거가 될 수 있습니다(산헤드린 98a).⁴

_다니엘 아킨

"메시아께서 짊어지신 '연약함'은 영혼의 질병을 가리킵니다. 그분이 지상 사역에서 많은 사람의 육체의 질병을 고치신 것은 십자가에서의 더 큰 사역을 예기했습니다. 오늘날에도 그분은 육체의 질병을 고쳐 주시지만, 그분의 더 큰 사역은 영혼을 고치고 죄에서 구원해 주시는 것입니다."⁵

_존 A. 마틴

핵심교리 99 41. 죄책과 수치

'죄책'이란 잘못된 행위에 대해 객관적 책임이 있음을 말하는 범책을 말하며, 또한 그렇게 범책을 짊어지는 자가 벌을 받아야 할 책임이 있음을 말하는 벌책을 포함합니다. 이러한 자에게 하나님은 죄에 따른 징계 또는 형벌을 내리십니다(마 5:21~22; 약 2:10). '수치'란 죄를 지음으로써 느끼게 되는 고통의 감정입니다. 성경은 객관적인 의미에서 인간은 죄책이 있으며, 주관적인 의미에서 수치심을 느낀다고 가르칩니다.

무리 극복하려고 애를 써도 결국 죄와 허물 가운데 죽게 될 것입니다. 십자가의 긍휼이 막아 주지 않으면, 우리 삶은 죽음과 심판의 나락으로 떨어질 수밖에 없습니다(롬 1:18~19).

> "하나님의 진노가 불의로 진리를 막는 사람들의 모든 경건하지 않음과 불의에 대하여 하늘로부터 나타나나니 이는 하나님을 알 만한 것이 그들 속에 보임이라 하나님께서 이를 그들에게 보이셨느니라"(롬 1:18~19).

좋은 소식은 예수 그리스도께서 우리를 위해 자신을 희생하심으로써 우리 영혼의 나병을 짊어지셨다는 점입니다(사 53:4). 예수님은 우리에게 최고의 소망일 뿐 아니라 유일한 소망이십니다. 하나님의 아들을 통해 은혜를 받는다고 해서 타락한 존재의 죄가 감해지는 것은 절대 아닙니다. 우리 스스로 할 수 없는 것을 주께서 우리를 위해 행하셔야 한다는 사실은 하나님의 구원을 떠나서는 우리가 얼마나 사악한 존재일 수밖에 없는지를 여실히 보여 줍니다.

Q 우리가 죄의 심각성을 외면할 때, 그리스도의 희생이 지닌 중대성이 어떻게 폄하됩니까?

Q 엄청난 죄의 결과를 충분히 이해하지 못하면, 복음에 대해 어떤 반응을 하게 됩니까?

2. 겸손한 믿음으로 하나님의 교훈에 응답하십시오(왕하 5:10~14)

> 나아만은 자신의 건강 상태가 심각하며, 치유되기 위해서는 다른 사람이나 다른 어떤 것에 절대적으로 의존해야 한다는 것을 알고 있었습니다. 그러나 자신의 절망적인 상태를 인정하는 것만으로는 충분하지 않았습니다. 그는 겸손해야 했습니다. 엘리사의 곤혹스러운 지시가 나아만의 자존심을 건드렸을 때 이러한 사실을 깨닫게 됩니다.

[10]엘리사가 사자를 그에게 보내 이르되 너는 가서 요단강에 몸을 일곱 번 씻으라 네 살이 회복되어 깨끗하리라 하는지라 [11]나아만이 노하여 물러가며 이르되 내 생각에는 그가 내게로 나와 서서 그의 하나님 여호와의 이름을 부르고 그의 손을 그 부위 위에 흔들어 나병을 고칠까 하였도다 [12]다메섹강 아바나와 바르발은 이스라엘 모든 강물보다 낫지 아니하냐 내가 거기서 몸을 씻으면 깨끗하게 되

지 아니하랴 하고 몸을 돌려 분노하여 떠나니 ¹³그의 종들이 나아와서 말하여 이르되 내 아버지여 선지자가 당신에게 큰일을 행하라 말하였더면 행하지 아니하였으리이까 하물며 당신에게 이르기를 씻어 깨끗하게 하라 함이리이까 하니 ¹⁴나아만이 이에 내려가서 하나님의 사람의 말대로 요단강에 일곱 번 몸을 잠그니 그의 살이 어린아이의 살같이 회복되어 깨끗하게 되었더라

이 이야기의 초점은 엘리사의 초자연적인 능력이 아닙니다. 그가 나아만을 직접 맞이하는 대신 사자를 보낸 것만 봐도 알 수 있습니다. 초점은 은혜를 받는 데 요구되는 겸손에 있습니다. 또한 은혜란 오직 하나의 근원, 즉 하나님께로부터 나온다는 데 있습니다.

> 구약에서 나병에 관해 기록된 다른 두 가지 예인 모세(출 4:6~7)와 미리암(민 12:10~15)의 사례에서 유사한 유형이 나타납니다. 이 나병은 매우 심각해서 오직 하나님만 치유하실 수 있습니다. 그런 까닭에 예수님은 신약에서 나병 환자들을 고치실 때, 자신의 정체성을 구약에 등장하는 권능의 하나님으로 증명하셨습니다. 나병은 영적인 병을 신체적으로 묘사함으로써 오직 하나님만 우리를 살리실 수 있음을 상기시킵니다. 그러나 안타깝게도 우리는 치유를 위한 하나님의 지시에 잘 순종하려고 하지 않습니다.

특별한 의식을 기대했던 나아만은 이상해 보이는 치료법에 모욕감을 느끼며 화를 냈습니다. 우리도 종종 나아만처럼 생각합니다. 하나님과 올바른 관계를 맺으려면, 의식이나 종교적 활동이나 성례전의 참여 같은 것을 해야 한다고 말입니다. 또는 단순히 하나님의 은혜로우신 속성을 이용해 회개나 겸손함 없이도 용서받기를 바랍니다.

Q 다음 중 어느 것이 복음에 방해되는 개념이라고 생각하며, 그 이유는 무엇입니까? '사람은 구원에 기여할 바가 전혀 없다.' 또는 '용서받으려면 겸손과 회개가 필요하다.'

십자가의 단순성은 하나님이 우리 삶에서 펼치시는 역사에 우리가 일조해야 한다거나 완성해야 한다는 생각에 불편함을 줍니다. 나아만처럼 회개와 믿음으로 주님께 청하는 것이 우리 눈에는 요단강에서 씻는 것만큼이나 극히 작은 일로 보입니다. 그러나 이러한 오만은 하나님이 삶을 변화시키는 기적을 일으키실 리 없다는 비뚤어진 확신에서 비롯됩니다. 이것이 바로 하나님이 교만한 자를 물리치시고 겸손한 자에게 은혜를 주시는

"나아만에게 필요한 것은 아무것도 없었어요. 그런데 나아만에게는 그런 마음이 없었답니다."⁷
_샐리 로이드 존스

"겸손은 이상이 아닙니다. 그것은 하나님과 올바른 관계를 맺으며, 하나님 중심으로 살아가는 삶에서 나오는 무의식적인 결과입니다."⁸
_오스왈드 챔버스

심화토론

• 하나님은 나아만을 고치기 위해 특이한 수단을 사용하셨습니다. 하나님이 다른 사람을 통해 복음으로 치유하게 하거나 독특한 방식으로 섬기게 하시는 것을 본 적이 있습니까?

• 세상에서 어리석게 여기는 것을 하나님이 사용하신다는 데서 하나님을 섬기는 일에 어떻게 용기를 얻습니까?

심화주석 엘리사가 나아만에게 한 마지막 말, "너는 평안히 가라"(왕상 5:19상)는 그가 나아만의 두 가지 요청을 수용했다는 것을 암시합니다. 첫째, 나아만은 엘리사에게 '흙'을 요청했습니다. 그는 새로운 신앙의 사람이면서 동시에 불완전한 이해의 사람이었기 때문에 이스라엘의 하나님을 예배할 때, 이스라엘에서 가져온 '흙'을 가지고 있으면 도움이 될 것이라고 믿었던 것입니다. 엘리사는 나아만의 이 미신적인 믿음을 양해했습니다. 사도 바울이 성숙한 신자들에게 미성숙한 신자들에 대해 양해하도록 조언한 것과 마찬가지입니다(롬 14장).

둘째, 나아만은 그의 왕이 '림몬' 신을 숭배할 때, 참여하는 것(몸으로만 참석할 뿐, 마음과 가슴으로는 아닌 것으로 보입니다)에 대해 양해를 구했습니다. 엘리사는 이 요청도 허용했습니다. '림몬'은 하드/하다드 신을 섬긴 지역의 이름이거나 그 신의 현현을 의미했을 것입니다. [9]

_앤드류 C. 볼링
HCSB Study Bible_

이유입니다(약 4:6).

> **Leader**
>
> 구원에 필수적인 은혜를 받아들이는 수단으로 우리의 선행이나 종교적 의식을 생각하게 하는 구원관은 그 어떤 것이라도 거짓 복음입니다. 십자가 메시지는 사람들이 자랑할 수 있는 어떤 여지도 남기지 않기 때문에 사람들을 불편하게 합니다. 십자가 메시지는 우리가 상상도 할 수 없는 사실을 인정하라고 요구합니다. 즉 우리는 심판을 받아 마땅하다는 것입니다. 믿음으로 회개의 문을 통과해 걸어감으로써 겸손하게 되어야 우리에게 주시는 하나님의 구원을 받을 수 있습니다.

Q 나아만은 선지자가 지시해 준 요단강이 아닌 다른 물에서 병 고침받기를 원했습니다. 사람들이 겸손한 회개와 믿음 대신 구원을 얻기 위해 의지하는 다른 '물'은 무엇입니까?

3. 찬양으로 하나님께 영광을 돌리십시오 (왕하 5:15~19상)

> **Leader**
>
> 나아만은 기적적인 치유를 경험하고 다음과 같은 반응을 보였습니다.
> 첫째, 이스라엘의 하나님을 찬양함으로써 여호와를 신뢰합니다.
> 둘째, 뭔가를 되돌려 드리기를 원합니다.
> 한때 자기 영광에만 관심이 있고 교만했던 이방인 나아만이 이제 어떻게 찬양을 통해 하나님께 영광을 돌려 드리고자 했는지를 살펴보십시오.

[15]나아만이 모든 군대와 함께 하나님의 사람에게로 도로 와서 그의 앞에 서서 이르되 내가 이제 이스라엘 외에는 온 천하에 신이 없는 줄을 아나이다 청하건대 당신의 종에게서 예물을 받으소서 하니 [16]이르되 내가 섬기는 여호와께서 살아 계심을 두고 맹세하노니 내가 그 앞에서 받지 아니하리라 하였더라 나아만이 받으라고 강권하되 그가 거절하니라 [17]나아만이 이르되 그러면 청하건대 노새 두 마리에 실을 흙을 당신의 종에게 주소서 이제부터는 종이 번제물과 다른 희생제사를 여호와 외 다른 신에게는 드리

지 아니하고 다만 여호와께 드리겠나이다 ¹⁸오직 한 가지 일이 있사오니 여호와께서 당신의 종을 용서하시기를 원하나이다 곧 내 주인께서 림몬의 신당에 들어가 거기서 경배하며 그가 내 손을 의지하시매 내가 림몬의 신당에서 몸을 굽히오니 내가 림몬의 신당에서 몸을 굽힐 때에 여호와께서 이 일에 대하여 당신의 종을 용서하시기를 원하나이다 하니 ^{19상}엘리사가 이르되 너는 평안히 가라 하니라

나아만은 자기 몸에 일어난 기적을 경험하고, 이스라엘의 하나님에게서만 찾을 수 있는 은혜를 깨달았습니다. 거짓 신은 이와 같은 일을 행하지 못했기 때문입니다. 한때 교만했던 이방인이 예배와 찬양을 받으실 오직 한 분 참 하나님이 계시다는 유대교의 핵심 진리를 고백한 것입니다.

Q 열왕기하 5장 10~14절과 15~19상절의 나아만의 말을 비교해 보십시오. 그의 태도는 어떻게 달라졌으며, 그가 변화되었다는 것을 보여 주는 징후는 무엇입니까?

성경 이야기를 공부하면서 보아 왔듯이, 이스라엘 백성의 믿음은 자주 약해지고 흔들렸습니다. 그래서 그들은 우상들에 자신을 바치고, 참 하나님께 드리는 예배의 순수성을 저버리곤 했습니다. 나아만의 이야기가 흥미로운 것은 하나님께 선택받은 백성보다 이방인이 더 신실할 수 있다는 것을 보여 주기 때문입니다. 신앙적으로 퇴보해 이스라엘 백성들도 잘 하지 않는 신앙고백을 이방인 나아만이 하고 있는 것입니다. 예수님은 이러한 사실을 이렇게 한탄하셨습니다. "또 선지자 엘리사 때에 이스라엘에 많은 나병환자가 있었으되 그 중의 한 사람도 깨끗함을 얻지 못하고 오직 수리아 사람 나아만뿐이었느니라"(눅 4:27).

> 특권을 받은 유대인의 무분별함은 죄가 모든 사람을 다스리는 끔찍한 모습으로 나타납니다(참조, 롬 5:12~14).

Leader

"그러므로 한 사람으로 말미암아 죄가 세상에 들어오고 죄로 말미암아 사망이 들어왔나니 이와 같이 모든 사람이 죄를 지었으므로 사망이 모든 사람에게 이르렀느니라 죄가 율법 있기 전에도 세상에 있었으나 율법이 없었을 때에는 죄를 죄로 여기지 아니하였느니라 그러나 아담으로부터 모세까지 아담의 범죄와 같은 죄를 짓지 아니한 자들까지도 사망이 왕 노릇 하였나니 아담은 오실 자의 모형이라"(롬 5:12~14).

이 이야기에서 하나님의 권능과 선하심을 위한 예상 밖의 통로로 쓰인 수종 드는 이스라엘 소녀와 나아만의 종들에 주목하십시오. 이 '사회적 약자'들이야말로 이 이야기의 영웅들입니다. 이들은 나아만이 이스라엘에서 도움을 구하도록 격려하고, 요단강에서 씻는 일에 순종하도록 격려한 자들입니다.
하나님은 자신을 알리기 위해 세상의 약한 자들과 미련한 자들을 선택하셨습니다(참조, 고전 1:27). 주님이 우리에게 은혜를 베풀어 주셨기 때문에(롬 5:10), 우리도 다른 이들에게 은혜를 베풀 수 있습니다. 심지어 하나님의 은혜가 원수들의 삶에 쏟아 부어지기를 바라기도 합니다. 우리가 이러한 은혜를 보지 못하거나 냉담하게 되지 않기를 바랍니다. 오히려 삶의 모든 것 안에서, 특히 약하고 비천하고 미련한 것들에서 은혜를 볼 수 있게 되기를 바랍니다.¹⁰
_마일즈 반 펠트
Gospel Transformation Bible

"때로는 하나님에 관해 너무 친숙한 것이 오히려 하나님을 전혀 알지 못한다는 증거가 되기도 합니다. 참된 예배에는 항상 신비로움이 있기 마련입니다. 말로 설명할 수는 없지만, 경험할 수 있는 것은 많습니다."¹¹
_워렌 위어스비

영적인 병에 관해 하나님이 규정하신 치료법을 겸손히 받아들이지 않으면, 유대인이나 이방인이나 예외 없이 모두 똑같이 하나님을 예배하지 않게 됩니다. 계속해서 전개되는 열왕기하의 이야기는 우리가 자신의 조건을 가지고 하나님께 나아오는 것을 하나님이 용납하지 않으신다는 것을 보여줍니다. 우리는 하나님이 규정하신 방식으로 하나님께 나아가야 합니다.

이제 북이스라엘 왕국은 넘어지고(왕하 17장), 뒤이어 남유다 왕국도 몰락하게 될 것입니다(왕하 24~25장). 하나님의 백성은 무엇 때문에 이렇게 멸망하게 됩니까? 그들의 반역은 다양한 모습으로 드러났지만, 핵심은 하나님을 예배하는 것을 거절한 것입니다.

나아만의 참된 신앙적인 응답이 우리가 따라야 하는 모범이 되는 것처럼, 이스라엘 사람들의 종교적 위선은 우리가 피해야 할 것을 보여 주는 경고가 됩니다. 겉으로는 종교적이지만, 실제로는 하나님과 신실하고 진실한 관계가 부족한 경우를 종종 보게 됩니다. 종교적인 일들은 마음을 대체하지 못합니다. 즉 용서의 기적을 마련하기 위해 죽으신 구주를 향한 예배와 사랑에서 우러나오는 마음을 대체하지 못합니다.

사람마다 예배하는 형태는 다를 수 있지만, 거듭난 사람이라면 예배의 핵심이 반드시 있어야 합니다. 우리의 구속을 위해 그리스도께서 고초를 당하셨다는 사실에 감동받지 않는 것은 하나님의 변화의 권능을 진실로 경험하지 못했다는 것을 암시합니다. 하나님을 알면 하나님을 사랑하게 되고, 하나님을 사랑하면 그분께 예배드리게 되기 때문입니다.

Q 복음 이야기가 너무 친숙한 나머지 그 실제 사건을 무덤덤하게 느낀다면 어떻게 될까요?

Q 이러한 유혹을 어떻게 극복할 수 있을까요?

결론

죽어서 지옥에 가길 소망하는 사람은 없습니다. 그런데 자신은 지옥에 절대로 갈 일이 없다고 잘못 생각하는 사람이 많습니다. 아마도 평가 기준이 잘못된 탓일 것입니다. 즉 예수 그리스도의 완전성에 비교하지 않고, 다른 죄인들과 비교하기 때문입니다. 또는 때때로 죄의 심각성을 스스로 낮추어 생각하기도 하는 인간의 능력이 문제입니다. 하나님이 우리 행동에 그렇게까지 화내실 리가 없다고 확신하는 것입니다.

역설적으로, 그 같은 잘못된 논리로 자신의 엄청난 사악함을 보기보다 지옥의 실재에 관해 하나님을 비난하는 사람들이 많습니다. 오만하게도, 사랑의 하나님은 지옥에 아무도 보내지 않으실 것이라고 멋대로 결론 내리는 사람도 있습니다. 다가오는 죽음을 부인하듯이, 많은 사람이 심판을 앞두고 마지막 순간까지 하나님을 향해 주먹을 휘두릅니다.

나아만의 이야기는 이같이 다루기 힘든 생각들을 바로잡는 데 도움이 됩니다. 하나님은 절망적인 상황에 놓인 우리를 기꺼이 구속하십니다. 그러므로 우리는 주님께 겸손하게 복종해야 합니다. 그 길은 좁지만, 영생에 이르는 길입니다. 예수님은 고통받는 영혼들을 기꺼이 치유해 주십니다. 그러나 이것은 주님을 따르고자 할 때만 가능한 일입니다.

하나님의 계획 우리의 사명

선교적 적용　이 이야기의 수종 드는 어린 소녀처럼, 우리도 다른 사람들에게 그들의 병을 깨끗이 씻을 수 있는 곳을 안내해 주어야 합니다.

1. 어떻게 하면 불신자들이 겪을 수 있는 어려운 상황들을 축소하지 않고 죄의 심각성을 알 수 있도록 도울 수 있을까요?

2. 겸손한 믿음으로 주님께 순종하기 위해 고백해야 할 마음속 교만은 무엇입니까?

3. 우리 삶을 통해 하나님께 영광 돌릴 수 있는 실제적인 방법에는 어떤 것들이 있습니까?

Summary and Goal

이 세션에서 우리는 이사야 선지자가 높이 들린 보좌에 앉으신 하나님에 대한 환상을 보는 장면을 볼 것입니다. 성전에는 거룩함과 영광이 가득했습니다. 그는 하나님의 꿰뚫어 보시는 듯한 거룩함에 비추어 자기 죄와 무가치함을 제대로 봤습니다. 그러나 은혜의 하나님은 이사야 선지자를 회복시켜 계속 섬기게 하셨으며, 백성들에게 전할 메시지를 주셨습니다. 이사야와 마찬가지로 우리도 하나님의 영광 앞에서 자기 죄와 무가치함을 보게 됩니다. 그러나 하나님은 은혜로 우리 죄를 다루시고, 그분의 사랑을 세상에 전할 사명을 주십니다.

- **성경 본문**
  이사야 6:1~8

- **세션 포인트**
  1. 거룩하고 영광스러우신 살아계신 하나님을 만납니다(사 6:1~4)
  2. 죄인이며 무가치한 자신을 깨닫습니다(사 6:5)
  3. 하나님께 은혜와 사명을 받습니다(사 6:6~8)

- **신학적 주제**
  하나님은 비할 바 없이 거룩하고 영광스러우십니다.

- **그리스도와의 연결**
  이사야는 환상 속에서 왕이신 하나님이 보좌에 앉으신 것을 봤습니다. 훗날 예수님은 이사야의 환상이 주님과 주님의 영광을 가리키는 것이었다고 말씀하셨습니다(요 12:32, 41). 이사야처럼 우리도 하나님의 거룩하심에 비추어 자기 자신을 보면, 죄성과 구원의 필요성을 깨닫게 됩니다.

- **선교적 적용**
  하나님은 우리를 부르셔서 세상에서 하나님의 메시지가 인기를 얻지 못할지라도 그것을 기꺼이 전함으로써 구원의 빛 가운데 살라고 하십니다.

하나님,
이사야에게
자신을
드러내시다

Session Plan

도입

'거룩함'이라는 개념이 이해하기 어려울 뿐 아니라 실천하기도 쉽지 않다는 것을 지적한 후 이 세션을 요약하십시오.

'거룩함'이란 단어를 생각하면, 어떤 것이 떠오릅니까?

하나님이 왜 거룩함을 그토록 중요하게 여기신다고 생각합니까?

전개

1
거룩하고 영광스러우신 살아계신 하나님을 만납니다
(사 6:1~4)

부록 5: '분열 왕국'과 이사야의 환상을 웃시야왕의 죽음이라는 역사적 맥락에서 안내하는 인도자용 교재의 내용을 참고해 이 세션의 배경을 설명하십시오. 그러고 나서 자원자에게 이사야 6장 1~4절을 읽게 하십시오. 둘씩 짝지어 학습자용 교재에 있는 표의 질문에 답하게 한 후 발표하게 하십시오.

"거룩하다"라는 단어를 세 번 반복한 것은 하나님과 피조물의 큰 차이를 표현하는 것임을 강조하십시오. 하나님의 자기 계시가 지닌 위대한 속성에 주의를 기울이게 하십시오.

이사야가 본 환상은 하나님의 본성에 관해 무엇을 말해 줍니까?

이사야의 환상 속에는 하나님의 권능, 위엄, 아름다움, 초월성 등이 어떻게 반영되어 있습니까?

문화가 우리로 하여금 어떻게 하나님의 거룩하심과 권능을 보지 못하게 할 수 있는지를 알게 해 주십시오. 자신의 존재를 깨닫고 구속되려면, 하나님의 놀라운 선하심을 볼 수 있어야 합니다. 부록 1: '분열 왕국에서 예수님 바라보기'를 이용해 이 구절에 나타난 여호와의 영광과 예수님을 연결해 주십시오.

우리 사회에는 왜 하나님의 거룩하심과 권능에 대한 경외감이 결여되어 있을까요?

2
죄인이며 무가치한 자신을 깨닫습니다
(사 6:5)

이사야 6장 5절을 읽고 이사야가 왜 경건한 두려움을 느꼈는지 설명해 주십시오.

'도덕 규칙을 지키는 것'과 '그리스도의 성품을 닮아 가는 것' 사이에는 어떤 차이점이 있습니까?

'잘못한 일에 관해 용서를 구하는 것'과 '선하신 하나님 앞에서 완전한 멸망을 인정하는 것' 사이에는 어떤 차이점이 있습니까?

우리 문화에서 '도덕 규칙을 지키는 것'과 '그리스도의 성품을 닮아 가는 것'의 차이를 느끼기 어려운 이유를 설명해 주십시오. 그런 다음 이사야의 환상이 우리로 하여금 복음에 관해 어떻게 준비하게 하는지 알려 주십시오.

죄에 관해 바른 시각을 가지고 있지 않으면, 이사야의 환상을 이해하는 데 어떤 어려움이 따를까요?

3 하나님께 은혜와 사명을 받습니다 (사 6:6~8)

이사야 6장 6~8절을 읽고, 이사야의 속죄는 협상의 결과가 아니라 전적인 하나님의 은혜였다는 진리를 강조해 주십시오.

죄의 고백은 하나님과의 협상 도구가 될 수 없다는 점에 유의하는 것이 왜 중요할까요?

죄의 고백은 하나님 안에서의 구원과 어떤 관계가 있습니까?

살아계신 하나님을 만난 이사야의 경험을 우리에게 필요한 하나님의 경험과 연결시키십시오. 우리는 이사야와 똑같은 경험은 하지 못하더라도, 거룩하신 하나님을 섬기고자 하는 똑같은 소망을 가져야 합니다.

'이사야가 하나님의 용서를 경험한 것'과 '이사야가 하나님의 사자로 자원한 것' 사이에는 어떤 관계가 있습니까?

결론

한 주 동안 자신의 죄성을 생각하며, 하나님의 거룩하심을 묵상하도록 권면하십시오. 그리고 이것이 십자가로 확장될 수 있도록 도우십시오. 십자가에서 거룩함과 사랑이 만나기 때문입니다. 이 세션에서 배운 진리를 '하나님의 계획, 우리의 사명'에서 적용해 보십시오.

Session Content

4. 하나님, 이사야에게 자신을 드러내시다

도입

'거룩함'은 이해하기 어려운 개념이며, 거룩한 삶을 실천하는 것은 결코 쉽지 않습니다. 하지만 그렇다고 이 성품을 포기해서는 안 됩니다. 거룩함은 그리스도인의 삶에 필수적이기 때문입니다. 하나님이 거룩하시듯 우리도 거룩해야 합니다.

> **Leader**
>
> 지난 세션들에서는 하나님이 놀라운 기적과 세미한 소리를 통해 자신을 어떻게 계시하시는지를 살펴봤습니다. 이 세션에서 우리는 이사야 선지자를 만나게 됩니다. 그는 환상 속에서 하나님을 만났고, 이것은 그의 인생을 송두리째 변화시켰습니다.
>
> 저는 이사야의 환상에 관한 구절을 다루면서 하나님의 거룩하심에 대해 두려움을 느낍니다. 저는 제가 정말 거룩함에 관해 아는지 의구심이 듭니다. 이사야처럼 저의 존재가 '거룩하지 않은' 많은 것으로 혼합되어 있다고 느낍니다. 이사야가 환상 속에서 하나님을 만난 사건이 제 안에 일으키는 경외감을 파악하고자 씨름합니다. 하나님에 대한 환상은 이사야를 두렵게 했습니다. 그러나 하나님의 목적은 '파멸'이 아니라 '구속'이었습니다.

Q '거룩함'이란 단어를 생각하면, 어떤 것이 떠오릅니까?

Q 하나님이 왜 거룩함을 그토록 중요하게 여기신다고 생각합니까?

Session Summary

이 세션에서 우리는 이사야 선지자가 높이 들린 보좌에 앉으신 하나님에 대한 환상을 보는 장면을 볼 것입니다. 성전에는 거룩함과 영광이 가득했습니다. 그는 하나님의 꿰뚫어 보시는 듯한 거룩함에 비추어 자기 죄와 무가치함을 제대로 봤습니다. 그러나 은혜의 하나님은 이사야 선지자를 회복시켜 계속 섬기게 하셨으며, 백성들에게 전할 메시지를 주셨습니다. 이사야와 마찬가지로 우리도 하나님의 영광 앞에서 자기 죄와 무가치함을 보게 됩니다. 그러나 하나님은 은혜로 우리 죄를 다루시고, 그분의 사랑을 세상에 전할 사명을 주십니다.

> "우리 하나님은 소멸하는 불이십니다. 그분의 사랑으로 우리를 완전히 태워 버려야만 만족하시는 분이십니다. … 하나님은 자기 아들을 주실 만큼 우리를 사랑하셨습니다. 그 보답으로 우리의 가장 큰 헌신을 하나님께 드립시다."[1]
> _헨리 T. 블랙커비 & 리처드 블랙커비

전개

1. 거룩하고 영광스러우신 살아계신 하나님을 만납니다 (사 6:1~4)

> **Leader**

이사야의 환상은 유다의 통치자 웃시야왕이 죽던 해에 일어났습니다. 웃시야는 16세에 유다의 왕위에 올랐습니다. 사람들이 그의 아버지 아마샤왕에 반대해 공모하여 살해한 후였습니다(대하 25장). 하나님이 보시기에 웃시야는 정직하게 행동했고, 그 결과 그는 명예롭고 힘 있는 왕이 되었습니다(대하 26장). 웃시야는 하나님의 은혜로 강성한 통치자가 되었지만, 시간이 지나면서 그는 오만해졌습니다. 웃시야는 자신에게 경고하는 제사장들에게 화를 내며 제단에 직접 분향하겠다고 지성소로 들어갔습니다. 그 순간 주님이 그를 나병(한센병)으로 치셨고, 죽는 날까지 그는 병으로 고생했습니다. 웃시야는 총 52년간 통치했습니다.

이사야가 웃시야의 통치를 기록했습니다(대하 26:22). 그는 왕의 죽음에 큰 영향을 받았던 것 같습니다. 이러한 배경에서 이사야가 하나님을 본 사건은 지상의 권력을 지닌 왕들과 천상의 통치를 행하시는 거룩하신 분 사이의 거대한 차이를 보여 줍니다. 이사야는 자신이 환상 속에서 본 하나님을 다음과 같이 증언합니다.

¹웃시야왕이 죽던 해에 내가 본즉 주께서 높이 들린 보좌에 앉으셨는데 그의 옷자락은 성전에 가득하였고 ²스랍들이 모시고 섰는데 각기 여섯 날개가 있어 그 둘로는 자기의 얼굴을 가리었고 그 둘로는 자기의 발을 가리었고 그 둘로는 날며 ³서로 불러 이르되 거룩하다 거룩하다 거룩하다 만군의 여호와여 그의 영광이 온 땅에 충만하도다 하더라 ⁴이같이 화답하는 자의 소리로 말미암아 문지방의 터가 요동하며 성전에 연기가 충만한지라

이사야가 환상 속에서 뵌 주님을 묘사할 때 쓴 단어와 구절을 나열해 보십시오.	그 단어와 구절들은 무엇을 나타냅니까? 그리고 어떤 분위기를 조성합니까?

> **Leader**
>
> 이사야의 증언에 따르면, 주님은 모든 왕 위에 계신 존귀하신 분입니다. 하나님은 "높이 들린 보좌"에 앉아 계시며, 그분의 임재는 지상의 어떤 통치자의 임재보다 뛰어납니다. 주님의 장엄한 옷자락이 성전 전체에 가득하고, 그의 영광이 온 땅에 충만하기 때문입니다.

하나님의 임재 가운데, 주님을 모시고 선 스랍들("불타는 듯한" 날개를 지닌 피조물)이 겸손하게 몸을 가리고 주님의 거룩하신 성품을 큰 소리로 외쳤습니다. "거룩하다"를 세 번 반복함으로써 하나님과 피조물 사이의 거대한 차이를 드러내고자 한 것입니다. "하나님의 거룩하심은 하나님이 모든 피조세계와 구별되시고, 완전히 다른 존재이심을 나타냅니다."[3] 경외감을 불러일으키는 장면에 더해, 하나님의 거룩하심을 찬양하는 스랍들의 외침에 성전 터가 요동쳤습니다.

저는 지진을 직접 경험한 적은 없지만, 세인트헬렌스산이 폭발했을 때의 모습을 기억합니다. 히로시마 원자폭탄의 1,600배 규모로 폭발했다고 알려져 있습니다.[4] 성전에서 천사들이 세인트헬렌스산과 같은 화산들을 만드신 하나님의 거룩하심을 선포하고 있었습니다. 하나님의 거룩하심을 선포하는 것만으로도 땅이 흔들렸습니다. 이사야에게 보이신 하나님의 임재는 황홀하면서도 한편으로 두려움을 안겨 주었습니다.

Q 이사야가 본 환상은 하나님의 본성에 관해 무엇을 말해 줍니까?

Q 이사야의 환상 속에는 하나님의 권능, 위엄, 아름다움, 초월성 등이 어떻게 반영되어 있습니까?

어떤 주석가들은 하나님의 거룩하심과 권능에 관한 계시는 그것을 읽는 것만으로도 경외감과 감동을 불러일으킨다고 말합니다. 하지만 오늘날 우리는 하나님의 거룩하심과 권능을 잘 알지 못하는 문화 속에 살고 있기에 그들의 말처럼 이사야의 환상에 그와 같은 영향을 받을지는 의문입니다.

우리는 빛 공해로 말미암아 하늘에 펼쳐진 하나님의 영광을 제대로 보지 못하는 문화 속에 살고 있습니다. 인간이 만들어 내는 소음과 분주함이 하나님 임재의 영광을 가립니다. 세상의 왜곡된 친밀한 관계로 인해 하나님과의 친밀한 관계가 폄하됩니다. 미디어의 폭력성과 낙태가 만연한 사회 풍조 때문에 생명에 관한 경외감을 느끼지 못합니다. 이러한 세상 속에서 사람들이 하나님으로부터 멀어지는 것은 당연한 일입니다. 사람들의 영적 감수성이 둔감해지기 때문입니다.

> **Leader**
>
> 우리에게는 삶의 모든 측면에 영향을 끼치시는 하나님의 위엄을 볼 여유가 없습니다. 하나님의 거룩하심이 지닌 계시적 아름다움을 보지 못할 때, 우리는 육체로는 존재하지만 영으로는 죽은 좀비가 됩니다. 생명의 수여자를 거부하게 됩니다. 그래서 하나님이 자신을 계시하시는 방식대로 주님을 보고 경험하기를 거절합니다. 우리는 중심을 보지 못하고 주변을 배회하면서 우리 삶이 지닌 죽음의 속성들에 대해 더 무감각해져 갑니다.

오늘날 우리 사회에는 하나님의 놀라운 선하심에 대한 비전이 필요합니다(교회에도 마찬가지입니다!). 우리에게는 하나님의 거룩하심과 권능에 대한 존경심이 필요합니다. 이사야가 환상을 통해 얻은 하나님의 성품에 대한 깨달음은 '멸망과 구속'이라는 주제와 연결됩니다.

Q 우리 사회에는 왜 하나님의 거룩하심과 권능에 대한 경외감이 결여되어 있을까요?

2. 죄인이며 무가치한 자신을 깨닫습니다(사 6:5)

> **Leader**
>
> 하나님의 거룩하심을 깨닫게 된 이사야는 자신과 이스라엘에 관해 더 많은 사실을 알게 되었습니다. 즉 그는 자신과 이스라엘 백성이 하나님의 선하심의 영광스러운 기준에 맞서 있음을 알게 되었습니다. 그가 어떻게 반응했는지 살펴봅시다.

[5]그때에 내가 말하되 화로다 나여 망하게 되었도다 나는 입술이 부정한 사람이요 나는 입술이 부정한 백성 중에 거주하면서 만군의 여호와이신 왕을 뵈었음이로다 하였더라

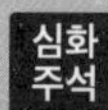

심화 주석 이사야의 환상이 일어난 곳에 대해서는 다양한 의견이 있습니다. 어떤 이들은 성전 이미지가 사용되었으므로 이사야가 성전에서 하나님을 봤을 거라고 말합니다. 또 다른 이들은 이사야가 대제사장이 아니었기 때문에 성전은 아니었을 거라고 말합니다. 웃시야왕이 제단에서 분향하려고 시도하다가 나병에 걸렸기 때문에 이사야가 (이 환상이 있었을 것으로 보이는) 지성소에 들어감으로써 이와 똑같은 실수를 범했으리라는 점은 의심스럽습니다. 또한 이사야가 이미 선지자였는지, 아니면 환상을 통해 처음 위임을 받았는지도 확실하지 않습니다. 이 사건에서 오직 분명한 사실은 이사야가 영광스러운 창조주의 임재 안에 있었다는 것입니다.

"거룩하다. 거룩하다. 거룩하다! 어둠이 주님을 감출지라도, 죄인이 주님의 영광을 보지 못할지라도, 오직 주님만 거룩하십니다. 주님과 같은 분은 아무도 없습니다. 주님은 권능과 사랑이 완전하시며 순결하십니다."[5]
_레지널드 헤버

"하나님은 주권자이시니 자신감 있게 사십시오. 하나님은 거룩하시니 경건하게 사십시오."[6]
_아드리안 로저스

이사야는 경건한 두려움을 느꼈습니다. 이사야는 하나님의 순결하심과 선하심을 깨닫자, 자신의 부정함과 죄를 알게 되었습니다. 하나님의 거룩하심에 자신을 비추어 본 이사야는 자신이 망하게 될 존재라는 것을 깨닫게 되었습니다. 죄의 삯은 사망이기 때문입니다(롬 6:23). 이를 알게 된 사람은 하나님께 부르짖으며 죄를 고백할 수밖에 없습니다.

> 이사야의 부정함은 단순히 의식상의 불순함이 아니라 성품의 부정함이었습니다. 예수님은 "입에서 나오는 것들은 마음에서 나오나니 이것이야말로 사람을 더럽게 하느니라"(마 15:18~20)라고 가르쳐 주셨습니다. 이와 똑같은 가르침을 이사야가 이 구절에서 표현하고 있는 것입니다. 절대적 선의 임재 안에서 우리의 부정함은 밝게 드러납니다. 이 기준에 의해 우리는 어떤 것이 선인지 알 수 있습니다.
>
> 우리 문화에서 어떤 사람들은 무엇이든지 허용함으로써 도덕에는 옳고 그름이 없다고 말합니다. 또 어떤 사람들은 '정함'을 '규칙'과 혼동함으로써 '경건한 삶'을 '자기 의를 위해 규칙을 지키는 것'으로 축소해 버립니다. 이사야의 환상은 도덕적 상대주의자뿐 아니라 자기 의를 위해 규칙을 지키는 자도 뒤흔듭니다.

Leader

죄에 관해 바른 시각을 가지고 있지 않으면, 예수 그리스도 안에 있는 하나님의 용서와 은혜를 향한 본질적인 필요를 이해하지 못할 것입니다. 선과 빛의 임재 안에서 자신의 부정함을 깨닫게 된다면, 하나님께 부르짖지 않고는 견딜 수 없을 것입니다.

이사야는 자신이 부정함과 죄로 인해 망하게 될 것이라는 사실을 깨달았습니다. 그는 자신의 성품이 생명의 수여자이신 하나님의 선에서 너무나 멀어진 탓에 자신을 포함한 이스라엘 백성이 망하게 되었다는 것을 알게 되었습니다. 이사야는 자신이 죽게 되었다는 사실을 깨닫자, 두려움에 싸여 울부짖었습니다.

Q '도덕 규칙을 지키는 것'과 '그리스도의 성품을 닮아 가는 것' 사이에는 어떤 차이점이 있습니까?

Q '잘못한 일에 관해 용서를 구하는 것'과 '선하신 하나님 앞에서 완전한 멸망을 인정하는 것' 사이에는 어떤 차이점이 있습니까?

> 우리 문화에서는 '도덕 규칙을 지키는 것'과 '그리스도의 성품을 닮아 가는 것' 사이의 차이를 느끼기 어렵습니다. 우리는 개인주의와 상대주의를 조장하는 문화 속에서 살고 있습니다. 우리는 자기 마음속에 있는 것은 무엇이든지 참되다고 배워 왔습니다.

Leader

만약 어떤 것이 내게는 참이지만 다른 이에게는 아닐 수 있다면, 사람들은 "당신이 뭔데 나를 판단해? 나는 내 마음을 따랐을 뿐인데!"라고 말할 것입니다. 우리 사회는 선과 진리를 상대화함으로써 죄책감은 더 경멸하고, 도덕적 양심은 더 결여되는 지경에 이르렀습니다. '죄책감'과 '도덕적 양심'은 권력 쟁취와 통제를 추구하는 강압적인 기독교 문화에서 나온 진부한 개념들이라고 말합니다. 이에 따르면 어느 누구도, 심지어 하나님조차도 다른 사람에게 무엇이 옳고 그른지를 말할 수 없습니다.

인간에게 죄가 있다는 개념도 이와 마찬가지입니다. C. S. 루이스는 《고통의 문제》에서 이렇게 말했습니다. "인간이 자유의지를 사용함으로써 더욱 나쁜 상황에 처하게 되었다는 것은 자명한 사실입니다. 그러나 이러한 교리를 현대인들, 심지어 현대 그리스도인의 삶에 적용하기는 매우 어렵습니다."[8] 그는 나아가 "기독교는 치료 프로그램을 개발하기 전에 먼저 진단부터 제대로 해야 합니다"라고 지적했습니다.[9]

예수님은 자기를 부인하고 날마다 자기 십자가를 지고 따르라고 가르치심으로써(눅 9:23), 우리에게 구원에 이르는 길을 보여 주셨습니다. 그리스도인이 구원받는 방법은 단 한 가지입니다. 그것은 날마다 자신의 부정한 욕망과 마음속 깊은 곳에 섞여 들어온 부정한 사회의 영향력을 없애기 위해 투쟁하는 것입니다. 이것이 투쟁인 이유는 우리 안에 군림하는 죽음이 끊임없이 발견되기 때문입니다.

이사야의 환상은 우리에게 복음의 서막을 보여 줍니다. 우리는 하나님의 영광스러운 본성에 대조되는 죄인 된 자신의 정체성을 깨달아야만 합니다. 그래야만 권세 있으신 생명의 주와 관계 맺게 하시는 하나님께 구속받을 수 있습니다.

Q 죄에 관해 바른 시각을 가지고 있지 않으면, 이사야의 환상을 이해하는 데 어떤 어려움이 따를까요?

3. 하나님께 은혜와 사명을 받습니다(사 6:6~8)

> 지금까지 우리는 이사야의 환상이 주님의 영광과 거룩하심을 어떻게 드러냈는지를 살펴봤습니다. 또한 주님의 순결하심과 선하심 앞에서 이사야가 자신을 얼마나 부적절하고 부정하게 느꼈는지를 봤습니다. 이제 하나님이 이사야의 죄 고

Leader

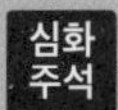

심화주석 "입술이 부정한 백성"(사 6:5)이라니, 왜 이사야는 죄의 인정을 이런 식으로 확장했을까요? 아마도 자기 입장에서 죄 고백을 심화한 것일 수 있습니다. 즉 이사야는 말로 인한 죄의 심각성을 깨닫지 못한 탓에 그러한 사회로부터 자신을 구별하지 못했습니다("백성 중에 거주하면서"). 한편, 이것은 미래를 위한 표지를 언급한 것일 수 있습니다. 즉 만약 내 죄가 용서받을 수 있다면, 그들의 죄도 용서받을 수 있으리라는 사실을 알려 주는 것입니다. 돌아보면, 이사야는 속죄에 관한 자기 경험에서(6~7절) 민족적 어두움(사 5:30)에 관한 해결과 빛의 여명(사 53:11)을 이미 봤습니다.

"만군의 여호와"(사 6:5)는 전능하신 하나님을 의미합니다. 이것은 이사야의 멸망을 입증하는 하나님에 대한 새로운 깨달음이 아니라, 항상 진실하고 거룩하신 왕, 전능하신 여호와, 하나님에 대한 이사야의 특별한 명칭인 "이스라엘의 거룩하신 이"(사 1:4)에 대한 깨달음이었습니다.[10]

_J. 알렉 모티어

"이사야가 자신을 다른 사람들과 비교했을 때, 그는 자기 성품에 관해 고상한 의견을 유지할 수 있었습니다. 그러나 자신을 하나님과 비교하자, 이사야는 자신이 망하게 된 것을 깨달았습니다. 도덕적으로나 영적으로나 완전히 망하게 된 것을 깨달은 것입니다."[11]

_R. C. 스프로울

심화 주석 하나님의 영광은 너무 위대해서 포착하기가 어렵습니다. 그러나 이사야는 하나님의 영광 한가운데 있었습니다. 무한하신 이가 유한한 자에게 자신의 존재를 나타내셨습니다.

이것은 마치 나이아가라 폭포가 부엌 개수대 틈으로 새어나와 인사하는 것과도 같습니다. 또한 에베레스트산이 주차장 진입로에 선 돌로 자신을 알리는 것과도 같습니다. 또한 사하라 사막이 거실 소파 밑에 있는 먼지를 만나러 온 것과도 같습니다. 이것이 바로 우리가 기도와 예배에서 하나님과 만날 때, 하나님이 우리와 관계 맺으시는 방식입니다.

우리가 기도와 예배에서 하나님과 만날 때, 이사야와 동일한 방식으로 응답하는 것(즉 찬양하고, 죄를 고백하며, 용서에 관한 확신을 가지고, 우리에게 주시는 하나님의 말씀을 들으며, 주님의 이름을 세상에 전하기 위해 파송받는 것)은 우연의 일치가 아닙니다. "내가 누구를 보내며 누가 우리를 위하여 갈꼬?" 하고 하나님이 물으실 때, 이사야처럼 우리도 "내가 여기 있나이다. 나를 보내소서"라고 말할 수 있기를 바랍니다.[14]

_The Mission of God Study Bible

:···· 백에 어떻게 반응하셨는지 살펴봅시다.

[6]그때에 그 스랍 중의 하나가 부젓가락으로 제단에서 집은 바 핀 숯을 손에 가지고 내게로 날아와서 [7]그것을 내 입술에 대며 이르되 보라 이것이 네 입에 닿았으니 네 악이 제하여졌고 네 죄가 사하여졌느니라 하더라 [8]내가 또 주의 목소리를 들으니 주께서 이르시되 내가 누구를 보내며 누가 우리를 위하여 갈꼬 하시니 그때에 내가 이르되 내가 여기 있나이다 나를 보내소서 하였더니

주님의 사자 가운데 하나가 제단에서 불타는 숯을 가지고 이사야에게 왔습니다. 여기서는 제단의 의미가 중요합니다. 땅의 제사장들은 죄의 용서를 위해 희생 제물을 바치지만, 여기서는 하늘의 사자들이 죄의 소멸을 위해 의식을 수행합니다.

이사야가 하나님께 자비를 구하지 않았다는 사실이 흥미롭습니다.[12] 그는 주님과의 협상을 시도조차 하지 않았습니다. 하나님은 그의 죄 고백에 전적인 은혜로 속죄를 베풀어 주셨습니다. 숯은 주술적인 것이 아니라, '자비와 용서와 구속'이라는 하나님의 선물을 보여 주는 표지입니다. 제사를 위해 핀 숯과 제단의 이미지는 이사야에게 친숙했을 것입니다. 이사야의 죄에 대한 하나님의 진노와 공의가 해결되었습니다. 결과적으로 이로 인해 이사야는 죄의 결과인 죽음을 당장은 겪지 않게 되었습니다.

Q 죄의 고백은 하나님과의 협상 도구가 될 수 없다는 점에 유의하는 것이 왜 중요할까요?

Q 죄의 고백은 하나님 안에서의 구원과 어떤 관계가 있습니까?

살아계신 하나님에 관한 이사야의 경험은 죄를 깨닫기 위해서는 거룩하심에 대한 환상이나 인식을 가지고 있어야 함을 알려 줍니다. 그리고 죄를 인식하면, 하나님의 거룩하심에 고백으로 응답해야 합니다.[15] 중요한 것은 하나님의 거룩하심이 선하다는 사실에 비추어 죄인의 정체성을 인식하는 것입니다. 간단히 말해 "스스로 해결할 수 없다"는 절망을 인식하는 것입니다. 스스로 자신이 "충분히 선하다"고 믿는 사람들은 하나님의 용서를 경험할 수 없습니다. 왜냐하면 하나님의 거룩하심을 깨닫지 못하기 때문입니다.

> 거룩하신 하나님의 임재 안에서 이사야가 깨달은 절망은 우리 사회가 잃어버린

또 다른 개념입니다. 상대주의로 인해 선의 기준도, 심판도, 정의도 없습니다. 그러면서도 우리는 세상에 모든 희망이 있다고 생각합니다. 인간의 역사는 나치주의에서 공산주의에 이르기까지 인간이 고안해 낸 희망의 실패들을 포함하고 있습니다.

악의 문제를 일으킨 장본인이 인간임을 아는 데는 그리 오랜 시간이 걸리지 않습니다. 인간은 악의 문제에 해답이 될 수 없습니다. 누군가 저에게 "왜 하나님은 세상의 모든 악을 없애지 않으시는 거냐?"고 묻는다면, 저는 만약 하나님이 그렇게 하셨다면 이 세상에 인간은 단 한 명도 남아 있지 않았을 거라고 대답할 것입니다. 그러나 이사야 6장 6~8절에서 보는 바와 같이, 주님이 자신을 계시하신 것은 그런 파멸을 가져오기 위함이 아니었습니다.

주님은 이사야를 파멸시킬 생각이 없으셨습니다. 오히려 이사야를 구속하고, 그가 다른 사람들을 섬기도록 사용하실 작정이셨습니다. 마지막 절에서 이사야를 향한 주님의 뜻이 더욱 드러납니다.

정리해 보면, 주님은 이사야에게 자신의 거룩하심과 영광을 환상으로 보여 주셨고 이를 통해 이사야는 절망을 경험하게 되었습니다. 절망은 고백을 낳았습니다. 이사야는 고백함으로써 하나님의 은혜와 자비의 용서를 받을 수 있었고, 용서를 받음으로써 섬김의 기회를 얻었습니다. 결과적으로 이사야는 이러한 경험으로 인해 자기 삶을 하나님을 섬기는 데 바칠 수 있었습니다.

> 저는 지난 몇 년간 교회에서 "내가 여기 있나이다 나를 보내소서"(8절)라는 구절을 이사야의 응답에 초점을 맞추어 선교와 전도를 지지하는 구절로 배웠습니다. 그러면서도 이사야의 파송에 앞서 나오는 살아계신 주님과의 놀라운 경험에는 관심을 갖지 않았습니다.

하나님을 힘 있게 증거하려면, 먼저 삶에서 하나님을 강렬하게 경험해야 합니다. 이사야와 동일한 경험을 해야 증거할 수 있다는 뜻이 아닙니다. 우리는 진지한 자세로 신앙을 위해 더 노력하고, 믿음을 더 견고히 해야 합니다. 하나님의 거룩하심과 영광을 경험하지 못한 사람들이 나누는 신앙에 관한 대화는 다른 사람들에게 형식적인 것처럼 느껴질 것입니다.

Q '이사야가 하나님의 용서를 경험한 것'과 '이사야가 하나님의 사자로 자원한 것' 사이에는 어떤 관계가 있습니까?

결론

하나님의 거룩하심을 경험한 이사야가 그랬던 것처럼 우리도 하나님의 모든 속성에 드러나는 거룩하심에 경외심을 가져야 합니다. 하나님의 계시에 비추어 자신을 제대로 보게 된다면, 죄와 부정에서 돌이키게 됩니다. 감사하게도 우리 하나님은 자기 아들의 희생을 통해 우리를 회복하고 파송하시는 분입니다. 하나님의 거룩하심과 사랑이 십자가에서 만납니다. 그리스도께서 우리를 위해 자기 생명을 내어놓으셨기 때문입니다.

그리스도로 말미암아 용서받은 우리는 두 손을 들고 "내가 여기 있나이다. 주여! 나를 보내소서" 하고 말해야 합니다. 하나님의 영광과 은혜의 경이를 주변에 전해야 합니다. 사람들이 스스로 만든 잘못된 관점으로 인해 주님의 아름다움과 선하심과 권능을 거절할 수 있다는 사실을 알면서도 그렇게 해야 합니다. 그러나 우리는 생명의 조물주가 우리를 통해 그분의 빛을 비출 것이며 다른 사람들을 구원하시리라는 것을 믿습니다. 이로 인해 그들은 이 세상을 초월하신 절대 선이신 하나님의 아름다움과 선하심과 권능에 사로잡히게 될 것입니다.

그리스도와의 연결

이사야는 환상 속에서 왕이신 하나님이 보좌에 앉으신 것을 봤습니다. 훗날 예수님은 이사야의 환상이 주님과 주님의 영광을 가리키는 것이었다고 말씀하셨습니다 (요 12:32, 41). 이사야처럼 우리도 하나님의 거룩하심에 비추어 자기 자신을 보면, 죄성과 구원의 필요성을 깨닫게 됩니다.

하나님의 계획 우리의 사명

선교적 적용　하나님은 우리를 부르셔서 세상에서 하나님의 메시지가 인기를 얻지 못할지라도 그것을 기꺼이 전함으로써 구원의 빛 가운데 살라고 하십니다.

1. 어떻게 하면 믿는 자로서 개인적, 공동체적으로 하나님의 거룩하심과 영광에 관한 이해를 높일 수 있을까요?

2. 우리 문화에서 비그리스도인들에게 복음을 전하는 것이 어려운 이유는 무엇입니까? 당신은 이 어려움을 어떻게 헤쳐 나가겠습니까?

3. 예수님의 구원을 통한 하나님의 거룩하심과 사랑의 경험이 어떻게 선교의 부르심으로 이어집니까?

Summary and Goal

이사야는 그리스도께서 태어나시기 수백 년 전에 이미 신비로운 종에 관해 예언했습니다. 예수님은 자신의 고난을 통해 구원을 가져 오시지만, 사람들에게 멸시받고 버림받으실 것입니다. 초기 그리스도인들은 이 예언이 예수님과 그분의 삶과 사역에 관한 것이라고 믿었습니다. 예수님의 고난과 섬김의 수혜자인 우리는 다른 사람을 위한 고난과 섬김의 삶을 받아들여야 합니다.

- **성경 본문**
  이사야 52:13~53:12

- **세션 포인트**
  1. 고난의 종은 멸시받고 버림받으실 것입니다(사 52:13~53:3)
  2. 고난의 종은 순종함으로 대속물이 되실 것입니다(사 53:4~9)
  3. 고난의 종은 높임을 받고, 승리하실 것입니다(사 53:10~12)

- **신학적 주제**
  구원은 하나님이 택하신 종의 고난을 통해 이루어집니다.

- **그리스도와의 연결**
  예수님이 태어나시기 수백 년 전에 하나님이 이사야의 눈을 열어 이전에 아무도 보지 못했던 장차 오실 구세주를 자세히 보게 하셨습니다. 이사야는 신비로운 종에 관해 예언했습니다. 그분은 버림받고 멸시당하겠지만, 고난을 통해 구원을 성취하실 것입니다. 신약은 이 예언이 예수님과 그분의 사역에 관한 것임을 보여 줍니다.

- **선교적 적용**
  예수님의 고난과 섬김의 수혜자로서 우리는 다른 사람들을 위한 고난과 섬김의 삶을 받아들일 수 있어야 합니다.

하나님,
고난의 종이
무엇인지
밝히시다

5

Session Plan

도입

에베레스트산에 관한 정보(사진, 통계 자료 등)를 제공한 후, 에베레스트산이 가진 진가를 제대로 본 이가 없다는 사실을 지적해 주십시오.

지금까지 가 본 산 중에 가장 높은 산은 어디였습니까? 그 산에 대해 어떤 기억을 가지고 있습니까?

에베레스트산과 이사야 53장의 내용을 연결하면서 이 세션을 요약하십시오.

전개

1

고난의 종은 멸시받고 버림받으실 것입니다
(사 52:13~53:3)

이사야가 우리에게 고난의 종이 앞으로 성취할 승리에 관한 그림을 제시해 준다는 사실로 이야기를 시작하십시오.

빌립보서 2장 5~11절의 바울의 말과 이사야 52장 13~15절을 비교해 보십시오. 공통점과 차이점은 무엇입니까?

당시 이스라엘 사람들이 이 '종'을 어떻게 파악했는지 밝히고, 그들의 부족함에 주목하십시오. 그리고 나서 이사야 53장 1~3절을 읽으십시오. 유대인들은 강력한 왕을 고대했지만, 그들이 볼 때 메시아는 전혀 매력적이지 않았기에 거부당하고 버림받게 됩니다. 부록 1: '분열 왕국에서 예수님 바라보기'를 참고해 고난의 종과 그리스도를 연결해 주십시오.

오늘날 사람들은 예수님을 더 매력적인 존재로 보이게 하기 위해 어떻게 포장합니까?

이러한 포장은 '예수님이 이 세상에 오신 이유'와 '주님과 우리의 관계'를 어떻게 왜곡시킵니까?

2

고난의 종은 순종함으로 대속물이 되실 것입니다
(사 53:4~9)

이사야 53장 4~9절을 읽으십시오. 하나님은 우리 죄를 못 본 체해서 자신의 신성을 부정하기보다는 오히려 우리 징계를 자신이 받기로 선택하셨습니다.

우리는 자기 죄의 무게를 최소화하기 위해 어떻게 애씁니까?

우리를 위한 예수님의 대속 사역은 하나님이 우리 죄를 어떻게 여기신다는 것을 보여 줍니까?

우리를 위한 예수님의 대속 사역의 엄청난 영향력을 보여 주는 다음 두 구절을 강조해 주십시오.

- "그가 징계를 받으므로 우리는 평화를 누리고"(사 53:5).

• "그가 채찍에 맞으므로 우리가 나음을 받았도다"(사 53:5).

우리는 어떤 면에서 길 잃은 양과 같습니까?

예수님의 종으로서의 사역은 어떻게 우리를 하나님께 인도합니까?

3
고난의 종은 높임을 받고, 승리하실 것입니다
(사 53:10~12)

자원자에게 이사야 53장 10~12절을 읽게 하십시오. 성부 하나님이 예수님의 희생에 대해 보상하시는 세 가지 구별된 방식에 관해 토론하십시오.

첫째, "그가 씨를 보게 되며"(사 53:10).

자신이 그리스도의 십자가 사역의 보상이라는 생각을 해 본 적이 있습니까? 그러한 생각이 주님을 위해 살고자 하는 열망에 어떤 영향을 미쳤습니까?

둘째, "그의 날은 길 것이요"(사 53:10).

셋째, "그의 손으로 여호와께서 기뻐하시는 뜻을 성취하리로다"(사 53:10).

고난의 종이 자기 백성을 위해 간구하며 사신다는 사실은 우리에게 어떤 의미가 있습니까?

그리스도께서 우리를 위해 기도하고 계심을 아는 것은 매일의 선택에 어떤 영향을 줍니까?

결론

'예수님의 죽음'이라는 값비싼 대가가 어떻게 자신을 부인하고, 하나님 아버지의 뜻에 순종하며 살아가도록 하는지를 강조해 주십시오. 이 세션에서 배운 진리를 '하나님의 계획, 우리의 사명'에서 적용해 보십시오.

**Session
Content**

5. 하나님, 고난의 종이 무엇인지 밝히시다

도입

에베레스트산은 높이가 8,848m로 지구에서 가장 높은 산입니다. 이 산 정상에 오른 등반가들은 자신이 마치 세계 꼭대기에 서 있는 듯한 기분을 느낍니다. 그러나 바람이 시속 321.9km 이상인 데다 기온이 영하 60도나 되기 때문에 정상에 오래 서 있을 수가 없습니다. 그래서 이 산이 가진 진가를 제대로 볼 수 있는 사람은 아무도 없을 것입니다.

Q 지금까지 가 본 산 중에 가장 높은 산은 어디였습니까? 그 산에 대해 어떤 기억을 가지고 있습니까?

구약의 구절들을 오르고 오르면, 이사야 53장이 영적인 '에베레스트산'처럼 서 있습니다. 그리스도의 영광과 영원한 구원의 소망을 가리키면서 말입니다. 이 산을 여행하면, 모두가 인정하지만 아무도 낱낱이 알 수 없는 예언적 그림과 마주하게 됩니다.

Leader > 이사야 53장은 예수님이 골고다 언덕에서 죽으시기 700년 전에 기록되었음에도 불구하고 대속적 속죄의 진리를 보여 주며, 독자들로 하여금 십자가 아래에 거하게 합니다. 모든 세대의 학자들이 이사야 53장의 아름다움과 정확성에 경탄했습니다. 이는 하나님의 종 메시아를 이해하는 데 도움을 주는 노래입니다. 신약의 예수님의 제자들은 하나님의 아들이 이 같은 방식으로 고난당하셔야 한다는 사실을 처음에는 믿지 못했습니다(막 8:31~34). 하지만 예수님의 죽음과 부활 이후에는 이 노래가 가리키는 진리를 깨달았습니다. 복음서 이야기와 이 구절들 사이의 분명한 평행 구절 외에도, 신약의 저자 6명은 여덟 군데에서 이 절들을 예수님께 적용하고 있습니다(마 8:17; 막 15:28; 눅 22:37; 요 12:38; 행 8:32~35; 롬 10:16; 롬 15:21; 벧전 2:22~24).

Session Summary

　　이사야는 그리스도께서 태어나시기 수백 년 전에 이미 신비로운 종에 관해 예언했습니다. 예수님은 자신의 고난을 통해 구원을 가져 오시지만, 사람들에게 멸시받고 버림받으실 것입니다. 초기 그리스도인들은 이 예언이 예수님과 그분의 삶과 사역에 관한 것이라고 믿었습니다. 예수님의 고난과 섬김의 수혜자인 우리는 다른 사람을 위한 고난과 섬김의 삶을 받아들여야 합니다.

전개

1. 고난의 종은 멸시받고 버림받으실 것입니다(사 52:13~53:3)

> **Leader**
>
> 이야기나 노래는 특정 사건을 정확히 전달하기 위해 결론이나 핵심을 먼저 말하는 두괄식 기법을 사용하곤 합니다. 이사야도 아직 발생하지 않은 사건이긴 하지만, 메시아의 고난을 정확히 전달하기 위해 두괄식 기법을 사용했습니다. 예수님이 십자가에서 고통당하시는 여러 방식을 열거하기 전에, 먼저 그의 최종적인 승리와 십자가 처형의 잔혹함을 대조합니다. 그 고통이 너무도 끔찍해서 이야기의 결말을 미리 알게 한 것입니다.

¹³보라 내 종이 형통하리니

*　받들어 높이 들려서 지극히 존귀하게 되리라*

¹⁴전에는 그의 모양이 타인보다 상하였고

*　그의 모습이 사람들보다 상하였으므로*

*　많은 사람이 그에 대하여 놀랐거니와*

¹⁵그가 나라들을 놀라게 할 것이며

*　왕들은 그로 말미암아 그들의 입을 봉하리니*

*　이는 그들이 아직 그들에게 전파되지 아니한 것을 볼 것이요*

*　아직 듣지 못한 것을 깨달을 것임이라*

　　이 말씀은 예수님이 희생을 통해 얻으실 승리를 예견합니다. 예수님은 성부 하나님의 뜻에 복종하심으로써 부활하시고 높이 들려 지극히 존귀하게 되십니다(13절). (아마도 사도 바울은 이 구절들을 염두에 두고 빌립보서 2장

심화주석 | 이 노래(사 52:13~15)는 주님의 종이 큰 존경을 받게 될 것이라는 주님의 선언으로 시작됩니다. 그 종이 당하는 고난의 무게에 많은 사람이 충격을 받은 것처럼 훗날 그의 영광과 존귀함에 많은 사람이 크게 놀라게 될 것입니다.[3]

_로버트 B. 치솜

심화주석 | 이 노래(사 52:13~15)의 시작과 끝에는 하나님의 목소리로 종을 칭송하는 내용이, 중간에는 종의 굴욕과 고난에 대한 내용이 나옵니다. 종의 굴욕과 고난에 대한 내용 중 첫 번째와 두 번째는 '우리'의 목소리로, 즉 그분의 고난을 초래했던 자들의 목소리로 되어 있습니다. 이 시의 중심 사상은 두 개의 대조에 있습니다. 즉 '종의 존귀'와 '그의 굴욕과 고난' 사이의 대조, 그리고 '사람들이 생각하는 종의 모습'과 '실제 종의 모습'의 대조에 있습니다.[4]

_존 N. 오스왈트

5~11절을 썼을 것입니다.) 그리스도의 고난의 깊이를 알면 알수록 그분이 겪어
내신 일이 얼마나 엄청난 것인지 알게 됩니다(14절). 그분이 받으신 징계가
너무 심했기 때문에 그분이 하늘과 땅을 다스리는 만왕의 왕으로 서시는
일은 예측 불가였을 뿐만 아니라 참으로 놀라운 일이었습니다(15절).

Q 빌립보서 2장 5~11절의 바울의 말과 이사야 52장 13~15절을 비교해 보십시
오. 공통점과 차이점은 무엇입니까?

성경을 읽는 오늘날 독자들은 이사야 53장이 궁극적으로 예수 그
리스도를 가리키고 있음을 압니다. 그러나 옛날 독자들은 이 신비스러운
'종'을 하나님이 택하신 백성, 즉 이스라엘과 동일시했을 것입니다(참조, 사
41:8). 그러나 그들도 결국에는 이 특별한 예언이 이스라엘만을 의미하는
것이 아님을 깨닫게 되었을 것입니다. 왜냐하면 이사야는 하나님의 백성을
대신해 죽을 누군가를 종으로 묘사하고 있기 때문입니다.

1우리가 전한 것을 누가 믿었느냐
여호와의 팔이 누구에게 나타났느냐
2그는 주 앞에서 자라나기를 연한 순 같고
마른 땅에서 나온 뿌리 같아서
고운 모양도 없고 풍채도 없은즉
우리가 보기에 흠모할 만한 아름다운 것이 없도다
3그는 멸시를 받아 사람들에게 버림받았으며
간고를 많이 겪었으며 질고를 아는 자라
마치 사람들이 그에게서 얼굴을 가리는 것같이 멸시를 당하였고
우리도 그를 귀히 여기지 아니하였도다

예수님 시대의 유대인들은 대적을 정복하는 권세를 지닌 왕으로서
의 메시아를 고대했습니다. 그러나 이사야는 사람들의 눈을 사로잡을 "고
운 모양도 없고 풍채도 없은즉" "멸시를 받아 사람들에게 버림받는" 종에
관해 예언했습니다.

유대인들은 메시아에 관한 주님의 약속과 예언에도 불구하고, 자신
들의 메시아를 거부했습니다(참조, 요 12:38; 롬 10:16). 이방인들은 그에 관해
알지 못하므로 감명받지 못해 그분을 받아들이지 않았습니다(롬 15:21). 당

시에 예수님을 메시아로 믿은 사람은 거의 없었습니다. 오늘날 예수님을 진심으로 믿는 자들이 거의 없는 것처럼 말입니다(마 7:13~14).

하지만 이것만은 분명합니다. 그리스도의 정체가 밝혀지면, 유대인이든 이방인이든 할 것 없이 모두 큰 충격을 받을 것입니다. 많은 사람이 기대했던 구원자의 모습이 아니기 때문입니다. 솔직히 말해서 오늘날 많은 사람이 원하는 메시아의 모습도 아닙니다. 누군가는 그리스도의 정체가 밝혀지기 전에 예수님을 멸시했던 자들에게 심판이 내려져야 한다고 생각할지 모릅니다. 하지만 오늘날 종의 모습으로 오신 메시아를 거절하는 우리도 그들과 같은 죄인입니다.

> 많은 사람에게 예수님은 마른 땅에서 나온 뿌리처럼 흠모할 만한 아름다운 것이 전혀 없는 사람처럼 보일 수 있습니다(53:2). 종의 영광은 우리가 흔히 알고 있는 '영광'에 관한 개념과 달리 그분의 최종적인 승리와 결부되어 있습니다. 이로 인해 많은 사람이 그분을 멸시하고 거부하고 뒤돌아섭니다. 그들에게 필요한 구원 대신 그들이 원하는 건강과 번영을 약속하는 거짓 신들을 따르는 것입니다.

우리는 일부러 고난을 짊어지려는 사람은 없다고 생각합니다. 그러니 예수님이 우리 고난을 친히 짊어지러 오셨다는 사실을 이해할 수가 없습니다. 주님 안에서 자신의 연약함을 깨달으면, 하나님이 우리 안에서 주님의 영광을 위해 자기 아들을 통해 역사하시는 것을 깨닫고 기뻐할 수 있습니다.

Q 오늘날 사람들은 예수님을 더 매력적인 존재로 보이게 하기 위해 어떻게 포장합니까?

Q 이러한 포장은 '예수님이 이 세상에 오신 이유'와 '주님과 우리의 관계'를 어떻게 왜곡시킵니까?

2. 고난의 종은 순종함으로 대속물이 되실 것입니다(사 53:4~9)

> **Leader** 이사야의 노래는 훗날 일어날 십자가 사건이 어떤 것인지 아주 정확하게 보여 줍니다.

4 그는 실로 우리의 질고를 지고
  우리의 슬픔을 당하였거늘
  우리는 생각하기를 그는 징벌을 받아
  하나님께 맞으며 고난을 당한다 하였노라
5 그가 찔림은 우리의 허물 때문이요
  그가 상함은 우리의 죄악 때문이라
  그가 징계를 받으므로 우리는 평화를 누리고
  그가 채찍에 맞으므로 우리는 나음을 받았도다
6 우리는 다 양 같아서
  그릇 행하여 각기 제 길로 갔거늘
  여호와께서는 우리 모두의 죄악을 그에게 담당시키셨도다
7 그가 곤욕을 당하여 괴로울 때에도
  그의 입을 열지 아니하였음이여
  마치 도수장으로 끌려가는 어린 양과
  털 깎는 자 앞에서 잠잠한 양같이
  그의 입을 열지 아니하였도다
8 그는 곤욕과 심문을 당하고 끌려갔으나
  그 세대 중에 누가 생각하기를
  그가 살아 있는 자들의 땅에서 끊어짐은
  마땅히 형벌 받을 내 백성의 허물 때문이라 하였으리요
9 그는 강포를 행하지 아니하였고 그의 입에 거짓이 없었으나
  그의 무덤이 악인들과 함께 있었으며
  그가 죽은 후에 부자와 함께 있었도다

> **Leader** 고난의 종이 모든 사람을 대신하는 포괄성을 강조하고자 이사야는 "우리", "우리의", "우리는"과 같은 단어를 반복적으로 사용합니다. 이를 통해 이사야는 우리가 종의 사역의 수혜자들이며(이사야 49장 6절에서 시작된 사상임), 우리 역시 이 범죄에 관한 죄가 있음을 알리고자 합니다.

대속물은 왜 필요합니까? 아담과 하와가 죄를 선택함으로써 인류는 죄의 저주로 비틀거리게 되었습니다(롬 5:12~14). 결과적으로 죽을 운명이 되었는데, 구원의 유일한 소망은 우리에게 내려진 사형 선고가 철회되는 것입니다. 그런데 예수님이 십자가에서 죽으심으로써 우리 죗값을 갚아 주셨습니다. 하나님은 우리 죄를 완전히 없애 주시기 위해 우리에게 내려진 형벌의 짐을 자기 아들에게 지우셨습니다.

> **Leader** 이렇게 하여 예수님은 저주의 결과인 우리의 질고와 고통을 짊어지게 되셨습니다(사 53:4). 성부 하나님은 우리가 평화를 누릴 수 있도록 우리 범죄와 죄악 때문에 그가 찔리고 상하게 하셨습니다(53:5). 모든 사람이 다 양 같아서 그릇 행해 죽을 수밖에 없지만(53:6; 롬 3:23), 성부 하나님은 우리 악함의 짐을 그리스도에게 지우셨습니다. 예수님은 우리를 대신해 죄가 되실 뿐만 아니라 죄의 결과까지도 대면하셨습니다(고후 5:21). 죄의 삯은 사망이기에 그분은 살아 있는 자들의 땅에서 돌아가셨습니다(사 53:8; 롬 6:23).

자신이 지은 죗값으로 고난을 겪는다는 유대인의 통념과 달리, 예수님은 완전히 무죄하신데도 그처럼 잔혹한 형벌에 직면하셨습니다(9절). 우리를 죄에서 구원하는 데 필요한 모든 과정을 감내하기 위해 잠잠하셨습니다(7절). 그렇게 함으로써 우리 죄책과 수치의 쓴잔을 마시셨습니다. 또한 우리가 징계받을 필요가 없도록 기꺼이 징계받으셨습니다. 예수님이 이러한 일들을 견디신 이유는 그분이 죄인이어서가 아니라 우리가 죄인이기 때문입니다.

Q 우리는 자기 죄의 무게를 최소화하기 위해 어떻게 애씁니까?

Q 우리를 위한 예수님의 대속 사역은 하나님이 우리 죄를 어떻게 여기신다는 것을 보여 줍니까?

다음 두 구절은 예수님의 대속 사역이 우리에게 끼친 엄청난 영향이 무엇인지 알려 줍니다.

첫째, "그가 징계를 받으므로 우리는 평화를 누리고"(5절)는 예수님의 희생으로 말미암아 하나님과의 평화를 회복하고, 전능하신 분과의 관계가 가능하게 되었음을 나타냅니다.

둘째, 이사야는 "그가 채찍에 맞으므로 우리는 나음을 받았도다"(5절)라고 말합니다. "나음"이란 일반적으로 신체적 회복을 의미하지만, 여기서는 그리스도의 대속으로 가능한 영적 회복과 건강을 나타내기 위해 쓰였습

심화주석 지상 사역에서 (모든 사람은 아니지만) 많은 사람의 육체적 질병을 치유하신 것은 십자가에서의 더 큰 사역을 예기했습니다. 그분이 오늘날 (모든 질병은 아니지만) 육체적 질병들을 치유하신다고 해도, 그분의 더 큰 사역은 영혼을 치유하는 것이며 죄로부터 구원해 주시는 것입니다. 이것이 이사야 53장의 주제라는 것은 "허물(범죄)"(5절), "죄악들"(5, 11절), "죄악"(6절), "악인들"(9절), "범죄자들"(12절, 두 번), "죄"(12절)와 같은 단어들로 보건대 분명합니다. 종은 나라의 (그리고 온 세계의) 모든 죄를 (그리고 죄로 인해 초래된 영적인 괴로움을) 자신에게 대리해 취하셨고, 그것들을 친히 '담당하셨습니다'(히브리어로 '사발', '짐으로 옮기다.' 참조, 46:4, 7)(참조, 벧전 2:24; 3:18)."[8]

_존 A. 마틴

"그리스도께서 죄인들을 위한 무죄한 대속자라는 사실이 여기서 드러납니다. 그분을 믿는 우리에게 하나님의 의가 전가되기 위해 우리의 죄가 그분에게로 전가되었습니다."[9]

_헨리 A. 아이언사이드

**핵심교리
99**

61. 대속 제물이신 그리스도

속죄의 중심은 십자가에서 죽으심으로써 친히 죄인들을 대신하신 '예수 그리스도'이십니다. 이 진리는 무죄한 희생을 통한 죄의 덮음과 죄책감을 제거받아야 하는 인간의 필요성이라는 구약의 희생 시스템을 배경으로 합니다. 하나님의 뜻을 완전하게 계시하시고 행하신 예수님은 인간의 본성을 입으셨고, 그 본성의 요구와 필요들을 짊어짐으로써 자신을 인류와 완전히 동일시하셨지만, 죄는 없으셨습니다. 예수님은 순종을 통해 하나님의 율법을 존중하셨으며, 십자가에서의 대속적 죽음을 통해 인류를 죄에서 구원해 주셨습니다.

**심화
주석**

그 종은 위대한 정복자로 여겨질 것입니다. 즉 자신을 따르는 자들과 함께 승리의 전리품을 나누는 자로 여겨질 것입니다. 그러나 이 승리는 그 종이 죄를 담당하는 자로서 기꺼이 고난을 받고, 자신을 죽음에 쏟아부어야만 이루어질 것입니다. 그는 자신의 죽음과 부활을 통해 중보할 것입니다(사 53:12)[10]

_제임스 E. 스미스

니다.

> **Leader** 예수님은 지상 사역을 통해 타락의 증상들(질병, 고통, 죽음)을 종종 경감시켜 주셨습니다. 그러나 십자가에서 대속하심으로써 우리의 가장 큰 문제의 근원을 제거해 주셨습니다.

이사야 53장의 초점은 일시적인 나음이 아니라 그리스도의 대속의 결과로 우리가 얻게 되는 최종 승리에 있습니다. 반역의 질병에서 완전히 낫게 되면 하나님과의 평화가 현실이 될 것입니다.

> **Leader** 예수님이 우리 죄를 없애시기 위해 우리를 대신하신 덕분에 우리는 의의 평화를 누릴 수 있게 되었습니다. 예수님은 우리 죄책을 제거하셨을 뿐만 아니라 그분의 무죄함을 우리에게 주셨습니다. 대속자이신 예수님이 우리 죄를 제거하시고, 그분의 의를 우리에게 전가하신 덕분에 우리는 구원을 받게 되었습니다.

Q 우리는 어떤 면에서 길 잃은 양과 같습니까?

Q 예수님의 종으로서의 사역은 어떻게 우리를 하나님께 인도합니까?

3. 고난의 종은 높임을 받고, 승리하실 것입니다(사 53:10~12)

> **Leader** 첫 부분에서 예고한 것처럼 이사야는 자기 노래를 마치면서 우리를 위한 종의 대리적 사역을 존귀함과 이로 인한 승리로 묘사합니다. 이 구절들은 바로 앞에 나오는 메시아적 경험과 대조됩니다. 어떻게 대조를 이루는지 살펴봅시다.

10여호와께서 그에게 상함을 받게 하시기를 원하사

질고를 당하게 하셨은즉

그의 영혼을 속건제물로 드리기에 이르면

그가 씨를 보게 되며 그의 날은 길 것이요

또 그의 손으로 여호와께서 기뻐하시는 뜻을 성취하리로다

11그가 자기 영혼의 수고한 것을 보고 만족하게 여길 것이라

나의 의로운 종이 자기 지식으로 많은 사람을 의롭게 하며

또 그들의 죄악을 친히 담당하리로다

12그러므로 내가 그에게 존귀한 자와 함께 몫을 받게 하며

강한 자와 함께 탈취한 것을 나누게 하리니

이는 그가 자기 영혼을 버려 사망에 이르게 하며

*범죄자 중 하나로 헤아림을 받았음이니라
그러나 그가 많은 사람의 죄를 담당하며
범죄자를 위하여 기도하였느니라*

메시아에게 가해지는 이런 잔혹 행위를 우발적으로 일어난 일로 여기지 못하도록, 하나님이 전 과정을 직접 지휘하셨습니다. 예수님의 자발적인 대속 행위가 낳은 선함이 그분이 겪은 고난의 고통보다 훨씬 더 컸습니다. 예수님은 죄와 사망을 이기심으로써 모든 이름 위에 뛰어난 이름으로 온 땅 위에 높임을 받으십니다(빌 2:9~11).

자격 없는 우리는 예수님께 속죄와 용서를 받았습니다. 예수님이 기꺼이 우리 죄를 위한 제물이 되셨으므로(요 10:17~18), 성부 하나님이 각기 다른 세 가지 방법으로 보상해 주십니다. 이사야 53장 10절을 보십시오.

첫째, "그가 씨를 보게 되며." 여기서 '씨'는 자손 또는 후손을 가리킵니다. 예수님은 죽음의 고통을 딛고 다시 살아나 자신의 희생을 통해 새 생명을 얻은 자들을 보며 기뻐하실 것입니다(히 2:13).

> 그리스도께서는 우리가 그분의 비통함에서 어떤 유익을 얻게 될지 아셨기 때문에 견디실 수 있었습니다(사 53:11; 마 20:28). 이것은 우리를 위한 그분의 흔들리지 않는 사랑뿐 아니라, 그분과 함께 천국에서 가질 우리의 미래를 보여 줍니다.

이로 인해 교회가 탄생했으니, 십자가의 고통은 그만한 가치가 있었습니다(엡 5:27).

Q 자신이 그리스도의 십자가 사역의 보상이라는 생각을 해 본 적이 있습니까? 그러한 생각이 주님을 위해 살고자 하는 열망에 어떤 영향을 미쳤습니까?

둘째, "그의 날은 길 것이요." 부활이 확실하지 않았다면, 예수님의 높이 들리심은 불가능했을 것입니다. 그리하여 이사야는 죽음이 예수님을 무너뜨리지 못할 것이며, 무덤 너머로 그의 날들이 계속되리라고 주장했습니다. 그분이 부활의 첫 열매가 되시므로(고전 15:20) 영원히 사실뿐만 아니라, 그분 안에 있는 모든 사람 또한 영원히 살 것입니다(고전 15:21~23).

셋째, "그의 손으로 여호와께서 기뻐하시는 뜻을 성취하리로다." 주님의 기쁨은 무엇입니까? 11절은 성자 하나님에게 주어진 중심 사역이 죄인의 구속이라는 점을 우리에게 알려 줍니다. 성부 하나님의 계획은 아들로 하여금 죄인을 구원하게 하여 그를 높이시는 것입니다(골 1:14~20). 이것

"하나님이 종을 '상하게 하기를 기뻐하셨다'는 사실이 가혹하게 보일 수 있습니다. 그러나 종의 고난이 '많은 이를 의롭게 할 것'이라는 사실이 하나님의 기쁨을 설명해 줍니다. 가혹하게 보이던 것이 은혜로운 것으로 바뀌게 될 것입니다."[11]
_트렘퍼 롱맨 3세

심화주석 교회론의 관점에서 볼 때, 종의 노래들은 교회의 선교에 대한 현대적 이해에 영향을 끼칩니다. 바울은 '그리스도의 고난에 참여함'에 관해 유려하게 말했습니다(빌 3:10, HCSB). 마태의 보고에 따르면, 예수님은 자신과 제자들이 동일하다는 가장 강력한 증거는 그들이 고난받는 자들과 동일하게 되는 것에서 나타날 것이라고 가르치셨습니다(마 25:31~45).
물질적인 번영, 풍족한 호화로움, 그리고 고난의 부재가 하나님의 은혜의 주된 표시라는 아주 오래된 이단 사상이 근래 다시 부상하고 있는데, 종의 노래들은 이런 사상을 바로잡아 주는 든든한 방책입니다.[12]
_D. 래리 그렉 경
Biblical Illustrator

이 바로 인자가 잃어버린 자를 찾아 구원하려 하신 이유입니다(눅 19:10).

> 예수님은 성부 하나님의 기쁨을 이루어 드리기를 갈망하셨기 때문에, 그를 죽이고자 정죄하는 자들 앞에 섰을 때 입을 열지 않으셨습니다(사 53:7).

예수님은 성부 하나님의 기쁨을 이루어 드리기를 갈망하셨기 때문에(요 8:29), 자기 영혼을 기꺼이 버려 사망에 이르게 하셨습니다(12절). 결과적으로 예수님은 하나님의 풍성한 은혜와 자비의 도구로 영원히 살고 계십니다.

> 예수님이 장차 높이 들리실 것과 모든 족속과 시대의 죄인들을 위해 속죄하시리라는 사실은 성부에게는 기쁨이 되고, 성자에게는 만족이 됩니다.

"여호와께서 그에게 상함을 받게 하시기를 원하사 질고를 당하게 하셨은즉 그의 영혼을 속건제물로 드리기에 이르면 그가 씨를 보게 되며 그의 날은 길 것이요 또 그의 손으로 여호와께서 기뻐하시는 뜻을 성취하리로다 그가 자기 영혼의 수고한 것을 보고 만족하게 여길 것이라 나의 의로운 종이 자기 지식으로 많은 사람을 의롭게 하며 또 그들의 죄악을 친히 담당하리로다"(사 53:10~11).

그분의 영광은 성부의 명령에 따라 기꺼이 구원하고자 하는 마음과 결부되어 있기 때문에, 우리의 안전은 우리의 순종이 아닌 그분의 순종의 결과입니다.

구원받지 못해 두려워하는 불신자도 예수님의 십자가 사역이 온 백성을 향한 그분의 사랑의 표현일 뿐 아니라(롬 5:8), 성부 하나님께 드리는 최고의 헌신이라는 사실에 안심할 수 있습니다. 주님의 손길이 닿지 않는 죄인은 없습니다(사 59:1). 그리고 구원자의 손에 있는 성도의 안전은 그 누구도 빼앗을 수 없습니다(요 10:28). 그리스도의 높아지심은 우리를 향한 하나님의 사랑과 긴밀한 관계가 있으며, 그 사랑으로 성취됩니다. 예수님을 따르는 사람들은 주님이 우리 안에서 이루실 사역을 확신하고 기뻐합니다(빌 1:6).

Q 고난의 종이 자기 백성을 위해 간구하며 사신다는 사실은 우리에게 어떤 의미가 있습니까?

Q 그리스도께서 우리를 위해 기도하고 계심을 아는 것은 매일의 선택에 어떤 영향을 줍니까?

결론

하나님은 자기 아들을 고난의 종으로 내어 주실 만큼 우리를 사랑하십니다. 하나님의 사랑에 우리는 어떻게 응답하며 살아가야 할까요?

첫째, 예수님이 우리를 위해 대속물이 되신 것을 확신해야 합니다. 회개(눅 13:3)와 믿음(롬 10:9) 없이는 죄의 형벌에 직면할 수밖에 없습니다. 메시아에 관한 이사야의 노래는 구원을 받으려면 주의 이름을 부르라고 말합니다(롬 10:13).

둘째, 우리를 위한 값비싼 희생을 헛되게 해서는 안 됩니다. 기독교를 따르겠다는 결정은 예전에 하나님으로부터 독립해 살기로 선택하고 내린 결정과는 다릅니다. 그리스도의 죽음을 받아들이는 것은 그분의 생명에 굴복하는 것도 요구합니다(갈 2:20). 예수님이 모든 일에서 하나님 아버지께 순종하셨듯이, 우리도 예수님이 우리를 통해 사실 수 있도록 자신을 부인하고 주님의 뜻에 순종하며 살아가야 합니다.

셋째, 구원이 모든 사람에게 유효하다는 복음을 열심히 전해야 합니다. 만약 하나님이 우리의 악함을 단지 눈감아 주시는 데 불과하다면, 복음을 세상에 전할 이유가 거의 없을 것입니다(마 28:19~20). 그러나 이 희생의 가치가 지극히 높기 때문에 우리처럼 다른 사람들도 구원받을 수 있도록 복음을 나누어야 합니다.

그리스도와의 연결

예수님이 태어나시기 수백 년 전에 하나님이 이사야의 눈을 열어 이전에 아무도 보지 못했던 장차 오실 구세주를 자세히 보게 하셨습니다. 이사야는 신비로운 종에 관해 예언했습니다. 그분은 버림받고 멸시당하겠지만, 고난을 통해 구원을 성취하실 것입니다. 신약은 이 예언이 예수님과 그분의 사역에 관한 것임을 보여 줍니다.

하나님의 계획 우리의 사명

선교적 적용　예수님의 고난과 섬김의 수혜자로서 우리는 다른 사람들을 위한 고난과 섬김의 삶을 받아들일 수 있어야 합니다.

1. 예수님을 믿는다는 이유로 세상에서 조롱받고 거절당할 때, 어떤 태도를 취해야 할까요? 이러한 상황에서 서로 어떻게 격려할 수 있을까요?

2. 예수님이 우리 죄의 대속물이 되셨다는 메시지가 잘 전달되기 위해서는 불신자들을 위한 섬김이 어떻게 이루어져야 할까요?

3. 우리 죄를 사해 주시기 위해 고난받으시고, 우리를 섬기기 위해 자신을 희생하시고, 지금도 우리를 위해 간구하시는 주님께 드리는 찬양의 기도문을 써 보십시오.

금주의 성경 읽기
삼하 19~23장;
시 5편; 38편;
42편; 57편

Summary and Goal

이 세션에서는 주님을 따르는 자들에게 하나님의 영광이 어떤 유익을 주는지를 배울 것입니다. 하나님의 영광을 이해하면, 그분의 약속들을 확실히 받아들일 수 있게 됩니다. 하나님의 위대하심을 드러내는 것과 그분의 사랑 안에 거하는 것은 양분될 수 없습니다. 히스기야왕 시대에 유다에 가해진 앗수르의 무정한 위협에 관한 고대 이야기는 하나님이 자기 이름의 영광과 우리의 유익을 위해 우리를 구원해 주셨다는 것을 보여 줍니다. 그러니 우리는 다른 사람들도 주님의 은혜 가운데 안식할 수 있도록 하나님의 영광을 널리 알려야 합니다.

하나님, 최후 승리를 예언하시다

- **성경 본문**
  열왕기하 19:8~20, 32~37

- **세션 포인트**
  1. 세상 왕들이 일어나 하나님의 백성을 대적할 것입니다(왕하 19:8~13)
  2. 하나님의 백성은 하나님께 구원을 구하며 그 이름을 높일 것입니다
     (왕하 19:14~19)
  3. 하나님은 자기 이름과 자기 백성을 위해 승리하실 것입니다(왕하 19:20,
     32~37)

- **신학적 주제**
  하나님은 자기 이름의 영광과 우리의 유익을 위해 우리를 구원하십니다.

- **그리스도와의 연결**
  히스기야는 하나님이 자기 백성을 대적해 일어난 이방 나라로부터 그들을 구원해 자기 영광을 드러내 주시기를 기도했습니다. 하나님은 히스기야의 기도에 응답하심으로써 자기 이름을 높이셨습니다. 예수님도 자기 백성의 구원을 위해 기도하셨습니다. 그리고 자신의 죽음과 부활을 통해 대적을 물리치심으로써 백성을 구원하시고 궁극적으로 하나님의 영광을 드러내셨습니다.

- **선교적 적용**
  하나님은 우리가 하나님이 대적에게 승리하신 것을 아는 만큼, 주의 나라를 위해 살아가라고 말씀하십니다.

Session Plan

도입

이름의 가치에 관해 언급하고, 이름이 사람들의 생각에 어떤 영향을 미치는지 그리고 때때로 이름이 정체성을 어떻게 잘못 전달하는지 알려 주십시오. 하나님은 자기 이름에 관해 분명한 의도를 가지고 계십니다.

'하나님'과 '예수님'의 이름을 들으면, 가장 먼저 무슨 생각이 떠오릅니까?

하나님이 어떤 분이신지를 아는 것은 삶의 방식에 어떤 영향을 미칩니까?

하나님의 영광이 주님의 약속을 받아들일 수 있는 확신을 준다는 점에 주목하면서 이 세션을 요약하십시오.

전개

1

세상 왕들이 일어나 하나님의 백성을 대적할 것입니다
(왕하 19:8~13)

이 세션의 배경을 이해하는 데 도움이 되는 부록 5: '분열 왕국'과 부록 6: '분열 왕국 지도'를 참조하십시오. 앗수르는 북이스라엘을 정복했고(BC 722년), 이제 유다와 예루살렘을 목표로 삼았습니다. 열왕기하 19장 8~13절을 읽고, 이스라엘 역사 속 이야기에 담긴 유혹과 시련과 고난이 오늘날 우리가 직면한 현실과 비슷하다는 것을 강조해 주십시오. 그리고 나서 그리스도인이 이 세상에서 하나님의 자녀로 살아가는 것이 어려운 두 가지 이유를 설명해 주십시오.
첫째, 이 세상은 사탄이 통치하고 있습니다.

오늘날 사탄은 어떤 식으로 세상에 혼란을 일으키고 있습니까? 여기에 그리스도인은 어떻게 반응해야 할까요?

둘째, 시련이 늘 개인의 잘못으로 오는 것은 아닙니다.

당신은 시련에 부딪히면 가장 먼저 어떻게 반응합니까?

'하나님의 영광'이라는 측면에서 고난을 보면, 삶의 도전을 다루는 방식이 어떻게 달라질까요?

2

하나님의 백성은 하나님께 구원을 구하며 그 이름을 높일 것입니다
(왕하 19:14~19)

히스기야가 느꼈을 압박감을 강조하면서 본문의 상황을 설명해 주십시오. 그리고 나서 자원자에게 열왕기하 19장 14~19절을 읽게 하십시오. 하나님 이름의 영광을 향한 히스기야의 열망을 강조하십시오. 그리고 기도로 하나님께 나아갈 때 요구되는 확신을 강조하십시오. 하나님의 이름의 영광은 우리 삶에 실제로 유익을 줍니다.

히스기야의 이야기는 기도에 관해 무엇을 가르쳐 줍니까?

우리는 어떤 기도 제목으로 하나님께 나아가야 할까요?

삶의 목적의 중심이 자신이 아닌 하나님께 있음을 이해하면, 관심의 초점이 하나님의 이름을 알리는 것으로 자연스럽게 바뀌게 된다는 것을 지적해 주십시오.

하나님이 자기 영광을 나타내실 때 우리에게는 어떤 유익이 있습니까?

열왕기하 19장 20절, 32~37절을 읽으십시오. 하나님께 부르짖으면 하나님이 기꺼이 들으시고, 자기 이름과 자기 백성을 위해 기꺼이 간섭해 주심을 강조하십시오. 그러고 나서 하나님이 자기 백성을 위해 자기 이름과 말씀에 신실하심을 알려 주십시오.

왜 주님은 자기 백성을 위해 힘써 승리하고자 하십니까?

이것은 우리를 향한 하나님의 사랑과 자기 이름이 높여지기를 원하시는 하나님의 바람에 관해 무엇을 말해 줍니까?

성경 이야기에서 도출한 다음 원리들을 설명해 주십시오.
첫째, 하나님은 자기 성품과 영광에 따라 움직이십니다.
둘째, 하나님은 자기 백성을 향한 사랑과 긍휼에 따라 움직이십니다.

하나님의 긍휼하심을 배제하고, 영광받기를 원하시는 하나님의 바람에만 초점을 맞추면 어떤 문제가 발생할까요?

영광받기를 원하시는 하나님의 바람을 배제하고, 하나님의 긍휼에만 초점을 맞추면 어떤 문제가 발생할까요?

> **3**
> **하나님은 자기 이름과 자기 백성을 위해 승리하실 것입니다**
> (왕하 19:20, 32~37)

결론

하나님이 자기 영광을 추구하시는 것과 사람에게서 나타나는 자기도취적 타락의 차이를 논하면서 마무리하십시오. 하나님의 자녀라면 하나님의 이름을 전하기 위해 살아야 함을 강조해 주십시오. 이 세션에서 배운 진리를 '하나님의 계획, 우리의 사명'에서 적용해 보십시오.

6. 하나님, 최후 승리를 예언하시다

도입

이름은 우리에게 많은 것을 알려 줍니다. 이름을 들으면, 그와 관련된 이미지가 떠오르기 마련입니다. 좋은 이미지든 나쁜 이미지든 말입니다. 미국의 컨트리 가수 조니 캐시(Johnny Cash)는 "A Boy Named Sue"('수'라는 이름의 소년)라는 노래로 이름과 정체성이 불일치할 때 생길 수 있는 불편함을 익살스럽게 들려주기도 했습니다. 아마도 이런 이유로 부모들이 아기에게 딱 맞는 이름을 지어 주려고 고심하나 봅니다. 때로는 그 사람의 특별한 행동을 보고 그에게 별명을 붙여 주기도 합니다.

> 사람들은 에이브러햄 링컨의 애칭인 "정직한 에이브"(Honest Abe)와 같이 듣기 좋은 별명들은 환영하지만 불쾌감을 주는 별명들은 거부합니다. 교회에서도 '도마'보다는 '바나바'와 같은 사람으로 불리기를 선호합니다. '바울'은 멘토 같은 사람, '디모데'는 아직 배우는 사람이라는 느낌을 줍니다. '세례 요한'은 자기 생각을 잘 말하는 경향이 있음을 의미하는 것 같습니다. 그러나 '유다'와 연관된다면, 신뢰할 수 없는 사람이라는 뜻입니다. '아브라함'으로 지목된다면 믿음이 아주 큰 사람이라는 뜻일 테지만, 그 아들 '야곱'을 닮았다고 한다면 사기꾼으로 찍힌 것일 수 있습니다.

이름에는 강력한 힘이 있습니다. 이름은 그 사람에 관한 인상을 전달해 주기 때문입니다. 하나님이 자기 이름에 관해 분명한 의도를 가지고 계신 것도 바로 이 때문인 것 같습니다. 하나님의 이름은 다양한 사람들에게 각기 다른 의미로 통합니다. 그러나 올바로 이해되기만 한다면, 하나님의 이름은 그분을 경배해야 할 수많은 이유를 드러냅니다. 우리는 하나님의 이름에 따르는 모든 것을 이해할 수 있는 은혜를 입었을 뿐만 아니라, 다른 사람들에게 그 이름을 알려야 할 은혜도 입었습니다.

Q '하나님'과 '예수님'의 이름을 들으면, 가장 먼저 무슨 생각이 떠오릅니까?

Q 하나님이 어떤 분이신지를 아는 것은 삶의 방식에 어떤 영향을 미칩니까?

Session Summary

이 세션에서는 주님을 따르는 자들에게 하나님의 영광이 어떤 유익을 주는지를 배울 것입니다. 하나님의 영광을 이해하면, 그분의 약속들을 확실히 받아들일 수 있게 됩니다. 하나님의 위대하심을 드러내는 것과 그분의 사랑 안에 거하는 것은 양분될 수 없습니다. 히스기야왕 시대에 유다에 가해진 앗수르의 무정한 위협에 관한 고대 이야기는 하나님이 자기 이름의 영광과 우리의 유익을 위해 우리를 구원해 주셨다는 것을 보여 줍니다. 그러니 우리는 다른 사람들도 주님의 은혜 가운데 안식할 수 있도록 하나님의 영광을 널리 알려야 합니다.

> "하나님이 우리에게 계명을 10개만 주셨는데, 그중 하나가 그분의 이름에 관한 것이라는 점이 흥미롭지 않습니까? 이 계명에는 하나님의 이름을 속되거나 망령되게 사용하지 말라는 것 이상의 의미가 담겨 있습니다. 즉 하나님과 관계 맺은 사람은 자기 삶에서 주님의 이름을 찬미해야 한다는 것입니다. 하나님의 이름은 성품과 관계가 있으며, 하나님과의 언약 관계 안에 사는 우리는 그분의 성품을 반영할 책임이 있습니다."[1]
>
> _켄 헴필

전개

1. 세상 왕들이 일어나 하나님의 백성을 대적할 것입니다

(왕하 19:8~13)

> **Leader**
>
> 우리는 타락한 세상에서 살기에 고통과 고난에 둘러싸여 있습니다. 하나님이 우리를 에워싼 재난에서 구하여 평화와 안도감을 주시려 하는데도, 오늘날 대부분의 사람은 하나님을 거부합니다. 우리가 하나님과 동행하려 하면 할수록, 세상은 우리를 더 많이 소외시키는 것 같습니다.
>
> 히스기야의 통치 시절에 유다가 겪은 이야기는 이 세상에서 하나님의 백성으로서 어떻게 살아가야 하는지를 가르쳐 줍니다.

⁸랍사게가 돌아가다가 앗수르 왕이 이미 라기스에서 떠났다 함을 듣고 립나로 가서 앗수르 왕을 만났으니 왕이 거기서 립나와 싸우는 중이더라 ⁹앗수르 왕은 구스 왕 디르하가가 당신과 싸우고자 나왔다 함을 듣고 다시 히스기야에게 사자를 보내며 이르되 ¹⁰너희는 유다의 왕 히스기야에게 이같이 말하여 이르기를 네가 믿는 네 하나님이 예루살렘을 앗수르 왕의 손에 넘기지 아니하겠다 하는 말에 속지 말라 ¹¹앗수르의 여러 왕이 여러 나라에 행한 바 진멸한 일을 네가 들

었나니 네가 어찌 구원을 얻겠느냐 [12]내 조상들이 멸하신 여러 민족 곧 고산과 하란과 레셉과 들라살에 있는 에덴 족속을 그 나라들의 신들이 건졌느냐 [13]하맛 왕과 아르밧 왕과 스발와임 성의 왕과 헤나와 아와의 왕들이 다 어디 있느냐 하라 하니라

언뜻 보면, 이 유대 역사 이야기에 담긴 '유혹', '시련', '고난'과 같은 주제들을 포착하기가 어렵습니다. 하지만 자세히 들여다보면, 오늘날 그리스도의 제자들이 직면하는 많은 도전을 그 안에서 발견할 수 있습니다.

이 세상에서 하나님의 자녀로 살아가는 것이 어려운 이유는 무엇일까요? 이 세상은 왜 하나님의 백성을 힘들게 할까요? 우리는 두 가지 사실을 명심해야 합니다.

첫째, 이 세상은 사탄이 통치하고 있습니다. 사탄은 이 세상에서 제한된 힘을 갖습니다. 에덴동산 이후로 여자의 후손과 뱀의 후손 사이에 전쟁이 치러지고 있습니다(창 3:15). 피조물인 인간이 죄에 굴복한 탓에, 사탄은 일시적으로 "이 세상의 신"(고후 4:4)과 "공중의 권세 잡은 자"(엡 2:2)로 활동하고 있습니다.

> **Leader** 결과적으로 세상은 일시적이긴 하지만 마귀가 큰 힘을 행사하는 영역입니다(요일 5:18). 아담이 에덴동산에서 잃어버린 것을 그리스도께서 새 하늘과 새 땅을 통해 다시 세우러 오실 테지만, 지금은 사탄이 하나님의 백성을 대적하면서 세상을 계속 파괴하고 있습니다.

Q 오늘날 사탄은 어떤 식으로 세상에 혼란을 일으키고 있습니까? 여기에 그리스도인은 어떻게 반응해야 할까요?

둘째, 시련이 늘 개인의 잘못으로 오는 것은 아닙니다. 이 세상 악의 배경을 알면, 사람이 직면하는 모든 고난과 고통이 반드시 자신의 잘못 때문만은 아닌 것을 알 수 있습니다. 설사 그렇다 할지라도, 사탄은 우는 사자 같이 두루 다니며 삼킬 자를 찾습니다(벧전 5:8). 사탄은 옛적 뱀으로 하나님의 백성을 참소하지 못해 안달하는 자이기 때문입니다(계 12:10). 그러나 사탄의 공격은 대개 타락의 영향을 받은 개개인에 관한 것이 아니라, 그보다 훨씬 더 큰 전쟁의 일부분입니다.

앗수르가 히스기야와 남유다 왕국을 대적하러 왔을 때, 그들의 주요 목표는 "네가 믿는 네 하나님"(10절)이었습니다. 앗수르 왕은 거짓 신들과

"랍사게"는 사람의 이름이 아니라 직책의 이름입니다. 어떤 학자는 이 직책을 다음과 같이 정의했습니다. "앗수르의 고위 관료로, 본래는 술 따르는 자 또는 시종이었으나 나중에는 힘이 있는 궁중의 고관이 되었다. 랍사게는 산헤립의 특사였으며, 산헤립은 히스기야와 예루살렘이 이집트와 하나님에게 의지하던 것을 모두 버리고 앗수르에 굴복할 것을 요구했다"[2]

랍사게는 또다시 히스기야에게 경고했는데, 그의 메시지에는 위압적인 앗수르의 힘이 담겨 있었습니다. 신들의 도움을 받지 못해 정복당한 민족들의 목록이 이러한 경고를 지지했습니다.

그 목록은 바로 하란 근처 유브라데 강의 지류 하볼에 있는 '고산', 유브라데로 가는 통상로에 있는 하맛 북동쪽의 '레셉', BC 855년경에 앗수르에 정복된 아람 왕국 비트 아디니와 때때로 동일시되는 '에덴', 다메섹 북쪽에 있는 '하맛', 오늘날 알레포 지역과 가까운 '아르밧', 위치가 알려지지 않은 '스발와임'과 '헤나', '아와'(17:31)와 같을 것으로 생각되는 '이와'입니다. 이들 도시는 대체로 앗수르에서 팔레스타인으로 향하는 길에 있었으며, 이 도시들의 신들은 이름은 있지만 잘 알려지지 않았습니다.[3]

_앤드류 C. 볼링
HCSB Study Bible

여호와를 같은 범주에 넣는 바람에 하나님의 이름을 조롱하는 사탄의 도구로 쓰였습니다(12절). 이런 대변자들을 통해 사탄은 하나님이 자기 백성을 구원할 수 있다는 생각을 조롱했습니다(참조, 왕하 18:22~24).

> **Leader**　심지어 히스기야가 유일한 참 하나님이신 여호와께 드리는 예배를 회복하려고 노력해서 주변국의 이방 신들이 공격을 승인하고 실행했다고까지 말했습니다 (왕하 18:25).

세상 왕들이 일어나 하나님의 백성을 대적하는 이유가 바로 여기에 있습니다. 인간이 중요해서가 아닙니다. 인간의 행복이나 불행이 뱀의 후손과 여자의 후손 간의 오랜 전쟁의 향방을 바꿀 수 있어서도 아닙니다. 하나님의 이름에 의문을 제기하려고 하나님의 백성을 조롱하고, 유혹하고, 핍박하는 것입니다. 우리 삶은 하나님의 영광을 위한 전쟁터입니다. 사탄은 우리가 섬기는 하나님이 죽은 종교의 거짓 신들과 다르지 않음을 증명하려고 애씁니다.

> **Leader**　시련이나 핍박이 닥쳐올 때, 악한 자는 "하나님을 신뢰할 수 없어!"라고 소리칩니다. 뱀은 우리의 충성을 빼앗으려고 유혹할 때 우리에게 "하나님은 너를 정말 행복하게 해 주지 못해!"라고 속삭입니다. 세상이 그리스도인을 조롱할 때, 마귀는 "사랑하는 아버지라면 자녀가 이런 취급을 받도록 허락하지 않을 걸!" 하고 으르렁거립니다. 이런 일들이 우리에게 깊은 상처를 줄 수 있습니다. 하지만 이 세상 왕들이 일어나 하나님의 백성을 대적하는 주된 목적은 우리를 무너뜨리는 것이 아니라, 하나님의 왕국과 그분의 통치를 조롱하는 데 있습니다.

Q 당신은 시련에 부딪히면 가장 먼저 어떻게 반응합니까?

Q '하나님의 영광'이라는 측면에서 고난을 보면, 삶의 도전을 다루는 방식이 어떻게 달라질까요?

> *"이 세상이 내 아버지의 것이니 잘못된 것이 때로 그렇게 강하게 보일지라도 나는 하나님이 여전히 통치자이신 것을 잊지 않으리라."[4]*
> _멀트비 D. 뱁콕

심화주석　히스기야는 부친 아하스와 달리 통치 내내 여호와를 신뢰했습니다(BC 715~686년). 그는 산당들을 제거하고, 우상 숭배의 상징물들을 파괴하고, 예루살렘에서의 예배를 강화함으로써 철저한 개혁을 도입했습니다. 아하스로부터 속국의 지위를 물려받긴 했지만, 히스기야는 사르곤(참조, 사 20:1)과 그의 후계자 산헤립에 반기를 들었습니다. 역사가는 히스기야에게 최고의 찬사를 주었습니다(왕하 18:5).[5]

_케네스 A. 매튜스

2. 하나님의 백성은 하나님께 구원을 구하며 그 이름을 높일 것입니다(왕하 19:14~19)

> **Leader**
>
> 히스기야가 느꼈을 압박감을 상상할 수 있겠습니까? 히스기야는 주의 계명들을 존중하려고 노력했지만, 그는 아무런 해결책도 보이지 않는 절망적인 상황에 처했습니다. 하나님이 개입하시지 않는 한 유다의 멸망은 자명한 일이었습니다. 이와 같은 절망적인 상황에서 히스기야가 어떻게 반응했는지 살펴봅시다.

¹⁴히스기야가 사자의 손에서 편지를 받아보고 여호와의 성전에 올라가서 히스기야가 그 편지를 여호와 앞에 펴 놓고 ¹⁵그 앞에서 히스기야가 기도하여 이르되 그룹들 위에 계신 이스라엘의 하나님 여호와여 주는 천하 만국에 홀로 하나님이시라 주께서 천지를 만드셨나이다 ¹⁶여호와여 귀를 기울여 들으소서 여호와여 눈을 떠서 보시옵소서 산헤립이 살아 계신 하나님을 비방하러 보낸 말을 들으시옵소서 ¹⁷여호와여 앗수르 여러 왕이 과연 여러 민족과 그들의 땅을 황폐하게 하고 ¹⁸또 그들의 신들을 불에 던졌사오니 이는 그들이 신이 아니요 사람의 손으로 만든 것 곧 나무와 돌 뿐이므로 멸하였나이다 ¹⁹우리 하나님 여호와여 원하건대 이제 우리를 그의 손에서 구원하옵소서 그리하시면 천하 만국이 주 여호와가 홀로 하나님이신 줄 알리이다 하니라

> **Leader**
>
> 이전의 왕들과 달리 히스기야는 여호와를 두려워하는 정직한 왕이었습니다. 통치 초기에 그는 거짓 신들에게 제사 지내던 이방 제단들을 무너뜨렸습니다. 앗수르 왕 산헤립으로부터 위협을 받은 히스기야는 구원을 위해 참 하나님의 권능에 전적으로 의지했습니다. 그는 선지자 이사야에게 조언을 구했고(19:5~7), 하나님의 구원을 확신했습니다. 그리고 자신의 믿음을 실천에 옮겼습니다. 성전으로 가서 여호와께 부르짖으며 구원을 간구한 것입니다.

히스기야는 하나님께 유다의 구원을 간구했습니다(19절). 그의 기도가 하나님 이름의 완전성을 강조하고 있음에 주목하십시오. 그의 기도는 크게 세 부분으로 나뉩니다. 먼저 하나님의 권능을 찬양하고, 유다가 직면한 문제를 말한 다음, 하나님께 도움을 호소했습니다.

히스기야는 산헤립이 살아계신 하나님을 비방한 사실에 분개하며(17절) 천하만국이 주 여호와가 홀로 하나님이신 줄을 알게 되기를 바랐습니다(19절). 이전에 앗수르에 멸망했던 이방 나라들과 달리, 이스라엘의 하나님은 나무나 돌로 만들어진 신이 아니십니다. 히스기야왕은 백성의 구원을 바라는 만큼 하나님이 높임받으시기를 간절히 바랐습니다.

이런 기도는 하나님의 영광이 우리 삶에 실제로 유익하리라는 확신이 있어야 드릴 수 있습니다. 우리가 "나라가 임하시오며 뜻이 하늘에서 이루어진 것같이 땅에서도 이루어지이다"(마 6:10)라고 기도하는 것은 하나님 나라의 확장을 통해 하나님의 이름을 알리는 것보다 더 만족스러운 것은 없다는 확신 때문입니다.

> **Leader**
> 빛으로 사람들을 안전한 곳으로 인도하는 등대처럼, 하나님은 일부러 우리의 관심을 끄십니다. 왜냐하면 주의 선한 빛이 없이는 사람들이 구원과 풍성한 생명을 얻을 수 없기 때문입니다.

'하나님이 우리의 필요를 채워 주시는 것'과 '하나님이 받으시기에 합당한 영광'은 불가분의 관계입니다. 하나님의 영광이 높아질수록 하나님의 백성에게 유익이 있습니다.

Q 히스기야의 이야기는 기도에 관해 무엇을 가르쳐 줍니까?

Q 우리는 어떤 기도 제목으로 하나님께 나아가야 할까요?

> **Leader**
> 우리는 삶의 모든 상황에서 어떤 반응이 우리가 천지를 다스리시는 오직 한 분 참 하나님의 존재를 인정하는 것인지, 그리고 우리가 하나님을 완전히 의존하고 있음을 인정하는 것인지를 항상 질문해야 합니다. 우리는 기도할 때, 가장 먼저 하나님의 나라를 구해야 합니다(마 6:33).

삶의 목적의 중심이 우리 자신이 아닌 하나님께 있음을 알면, 관심의 초점이 '하나님께 은혜를 받는 것'에서 '하나님의 이름을 드러내는 것'으로 자연스럽게 바뀌게 될 것입니다. 히스기야처럼 우리도 주님의 선하심과 은혜에 관한 증거로서 우리 삶에서 펼치실 주님의 역사를 구해야 합니다. 우리의 가장 큰 소망은 주님의 이름을 영원히 찬송하는 것입니다(단 2:20).

Q 하나님이 자기 영광을 나타내실 때 우리에게는 어떤 유익이 있습니까?

> "히스기야는 자신과 백성을 위해 자유를 원했지만, 그러한 상황 속에서도 여호와께 영광을 올려 드려야 하는 이스라엘의 책임을 절대 놓지 않았습니다."[7]
> _폴 R. 하우스

핵심교리 99

24. 하나님의 영광

'하나님의 영광'이란 하나님이 하신 일이 볼 수 있게 드러나는 것, 다시 말해서 하나님이 자신의 완전한 성품을 자신의 일을 통해 나타내시는 방식입니다. 또한 하나님의 영광은 하나님의 뛰어난 명성을 가리키는 말로, 우리가 하나님의 이름을 찬양해야 하는 이유 중 하나입니다. 또 하나님의 영광은 하나님의 본질적인 아름다움으로, 하나님의 속성들과 성품들에서 드러나는 하나님의 밝음과 아름다움을 말합니다. 성경은 인류가 하나님의 창조 목적인 하나님을 영화롭게 하는 것을 저버렸기 때문에 하나님의 영광에 이르지 못했다고 말합니다(롬 3:23).

심화토론

• 왜 우리는 하나님이 자기 영광을 원하신다는 것을 잘 이해하지 못할까요?

• 하나님의 영광이 우리 삶에서 가장 중요하다는 것을 이해하려면 어떻게 해야 할까요?

3. 하나님은 자기 이름과 자기 백성을 위해 승리하실 것입니다
(왕하 19:20, 32~37)

[20]아모스의 아들 이사야가 히스기야에게 보내 이르되 이스라엘 하나님 여호와의 말씀이 네가 앗수르 왕 산헤립 때문에 내게 기도하는 것을 내가 들었노라 하셨나이다

히스기야가 주님께 받은 응답은 '우리가 주의 나라를 구하며 기도하면, 하나님이 기꺼이 기도에 응답해 주신다'는 사실을 상기시켜 줍니다. 하나님은 우리 주님께 부르짖을 때 기꺼이 들어주실 뿐만 아니라, 자기 이름과 자기 백성을 위해 기꺼이 개입하십니다.

[32]그러므로 여호와께서 앗수르 왕을 가리켜 이르시기를 그가 이 성에 이르지 못하며 이리로 화살을 쏘지 못하며 방패를 성을 향하여 세우지 못하며 치려고 토성을 쌓지도 못하고 [33]오던 길로 돌아가고 이 성에 이르지 못하리라 하셨으니 이는 여호와의 말씀이시라 [34]내가 나와 나의 종 다윗을 위하여 이 성을 보호하여

구원하리라 하셨나이다 하였더라 [35]이 밤에 여호와의 사자가 나와서 앗수르 진영에서 군사 십팔만 오천 명을 친지라 아침에 일찍이 일어나 보니 다 송장이 되었더라 [36]앗수르 왕 산헤립이 떠나 돌아가서 니느웨에 거주하더니 [37]그가 그의 신 니스록의 신전에서 경배할 때에 아드람멜렉과 사레셀이 그를 칼로 쳐죽이고 아라랏 땅으로 그들이 도망하매 그 아들 에살핫돈이 대신하여 왕이 되니라

막다른 길로 내몰린 유다가 승리할 수 있는 유일한 소망은 하나님이 역사하시는 것뿐이었습니다. 이사야가 예고한 대로(왕하 19:7), 하나님이 자기 백성을 지키기 위해 싸우심으로써 산헤립은 패배하고 말았습니다. 다윗에게 주셨던 약속에 따라(34절) 하나님은 자기 백성을 힘써 보호하셨습니다. 앗수르 군사 18만 5천 명의 갑작스러운 죽음은(35절) 하나님의 권능뿐 아니라 자기 백성을 돌보고자 하시는 하나님의 확고한 결단력을 보여 줍니다. 여럿을 죽게 하시든 자기 아들을 죽게 하시든, 하나님은 겸손히 천국을 구하는 자들을 구원하는 데 필요한 것은 무엇이든지 행할 준비가 되어 있으십니다.

Q 왜 주님은 자기 백성을 위해 힘써 승리하고자 하십니까?

Q 이것은 우리를 향한 하나님의 사랑과 자기 이름이 높여지기를 원하시는 하나님의 바람에 관해 무엇을 말해 줍니까?

첫째, 하나님은 자기 성품과 영광에 따라 움직이십니다. 하나님의 영광은 그분의 권능을 계시할 뿐만 아니라 그분의 흔들리지 않는 성품과 신뢰성도 반영합니다. 여기서 나타난 하나님의 보호하심과 이전에 하나님이 다윗에게 주셨던 약속들(참조, 삼하 7장)을 연결해서 생각해 보면, 하나님이 행동하시지 않는 것은 자기 성품과 신뢰성을 해치는 것이 됩니다. 하나님은 자신이 하신 약속대로 다윗의 왕위가 메시아를 통해 영원토록 계속될 것을 보증하셨습니다. 그때까지 자기 백성을 보존해 약속을 성취하고자 하신 것입니다. 이분이 에덴동산에서 구속자를 약속하셨던 바로 그 하나님이십니다. 그러니 그때나 지금이나 주님의 의도는 같습니다. 하나님의 이름은 예나 지금이나 흠 잡을 데 없으신 그분의 행실과 결부되어 있습니다.

> 그리스도께서 하나님 나라의 영원한 보좌를 세우심으로써 하나님이 다윗에게 주셨던 약속을 성취하셨습니다(눅 1:30~33). 이로 인해 그리스도 안에 있는 모든 사람은 구약의 유대인들이 그들의 영웅적인 왕으로 인해 누렸던 것과 동일한 하나님의 신실하심을 누릴 수 있게 되었습니다. 다윗의 왕권이 이스라엘의 보존을 보증했던 것처럼, 예수님의 왕권은 우리가 그 안에서 영원히 안전함을 보증해 줍니다. 십자가에서의 희생적인 죽음으로 인해 성부 하나님이 성자 그리스도께 모든 이름 위에 뛰어난 이름을 주셨습니다. 하나님의 찬란한 영광이 그분을 통해 영원히 드러날 것입니다(빌 2:9~11). 하나님은 그리스도께 속한 자들을 결코 버리지 않으실 것입니다. 그렇게 하면 갈보리의 희생을 모독하는 것이 되기 때문입니다. 성자에게 보증하셨던 영광으로 인해 성부 하나님은 자기 백성에게 영원한 생명을 주시겠다는 약속을 열심히 지키십니다.

Leader

둘째, 하나님은 자기 백성을 향한 사랑과 긍휼에 따라 움직이십니다. 하나님이 자기 영광을 추구하시는 것에만 초점을 맞추게 되면, 우리를 향한 주님의 사랑과 긍휼에 의심을 품게 될 수 있습니다. 그러므로 하나님의 사랑과 긍휼을 모순된 성품으로 보지 말고, 보완적인 성품으로 봐야 합니

"전투에서 이기는 기도에 자양분을 주는 그리스도인의 비전은 가능성을 상상하는 것이 아니라 필연성, 즉 '세계 전도에서 하나님의 승리(혹은 하나님이 세계 전도에서 반드시 승리하신다는 사실)'를 붙잡는 것입니다."[10]

존 파이퍼

심화주석 히스기야왕의 통치와 관련해서 가장 주목할 만한 고고학적 발견 중 하나가 산헤립의 연대기에 있습니다. 산헤립의 연대기는 원기둥 또는 각기둥에 기록되었습니다. 전해지는 한 각기둥에 따르면, 산헤립은 유다 도시 중 46개를 무자비하게 파괴했고, 20만 150명의 포로를 잡아갔으며, 유다 왕 히스기야를 새장에 갇힌 새처럼 예루살렘에 가두었습니다. 이후 산헤립은 굴욕을 당한 히스기야에게 많은 조공을 바치게 했습니다.

앗수르 연대기가 히스기야를 이렇게 언급한 것은 매우 주목할 만합니다. 평소와 달리 이 연대기는 산헤립이 예루살렘을 정복했다고 자랑하지 않습니다. 모든 자료, 앗수르에서 나온 자료들조차 예루살렘이 해를 입지 않았음을 증명해 주고 있습니다. 그러나 유다의 다른 도시들은 예루살렘처럼 운이 좋지 않았습니다. BC 7세기의 앗수르 성벽 부조는 유다 요새 중 하나인 라기스의 몰락을 묘사했습니다. 여기에는 앗수르 군사가 라기스를 약탈하고 완전히 불태운 후, 유다 사람들을 포로로 잡아가는 장면이 그려져 있습니다.[11]

제프 S. 앤더슨
Biblical Illustrator

다. 자기 백성을 향한 하나님의 사랑과 긍휼은 주님의 영광의 궁극적인 표현이기에, 우리를 향한 하나님의 흔들림 없는 헌신을 의심할 필요가 없습니다. 하나님은 사랑이시므로(요일 4:8) 우리에게 아낌없이 사랑을 베풀고자 하십니다(신 7:7~9). 하나님은 우리를 기뻐하십니다(습 3:17). 어찌나 기뻐하시는지 하늘에 있는 천사들이 주님의 은혜의 선물을 살펴볼 정도입니다(벧전 1:10~12).

> **Leader**
구속 사역이 하나님의 영광을 독특한 방식으로 성취했다고 해서 사랑과 긍휼이 배제되었던 것은 아닙니다. 십자가 사역은 하나님의 확고한 사랑과 긍휼에 관해 어떤 의심의 여지도 두지 않습니다(요 15:13). 우리가 하나님의 자녀라 일컬음 받을 수 있다는 사실이 놀랍습니다(요일 3:1). 성부 하나님은 그리스도께서 믿음을 통해 우리 마음에 거하기를 원하실 뿐만 아니라, 우리가 우리를 향한 그리스도의 위대한 사랑의 깊이와 넓이를 온전히 알기를 원하십니다(엡 3:17~19).

Q 하나님의 긍휼하심을 배제하고, 영광받기를 원하시는 하나님의 바람에만 초점을 맞추면 어떤 문제가 발생할까요?

Q 영광받기를 원하시는 하나님의 바람을 배제하고, 하나님의 긍휼에만 초점을 맞추면 어떤 문제가 발생할까요?

> **Leader**
"보라 아버지께서 어떠한 사랑을 우리에게 베푸사 하나님의 자녀라 일컬음을 받게 하셨는가, 우리가 그러하도다 그러므로 세상이 우리를 알지 못함은 그를 알지 못함이라"(요일 3:1).

"믿음으로 말미암아 그리스도께서 너희 마음에 계시게 하시옵고 너희가 사랑 가운데서 뿌리가 박히고 터가 굳어져서 능히 모든 성도와 함께 지식에 넘치는 그리스도의 사랑을 알고 그 너비와 길이와 높이와 깊이가 어떠함을 깨달아 하나님의 모든 충만하신 것으로 너희에게 충만하게 하시기를 구하노라"(엡 3:17~19).

결론

우리는 다른 사람들을 무시한 채 자기만을 위해 사는 사람들을 좋아하지 않습니다. 그러나 하나님이 자기 영광을 추구하시는 것은 인간애에 악영향을 끼치는 자기도취적 타락과는 근본적으로 다릅니다. 사람이든 물건이든 하나님보다 더 영광스러울 수는 없기에 하나님을 높이지 않으면 그러한 것들이 우상이 될 것입니다. 게다가 하나님은 선한 본성으로(약 1:13) 사랑을 구체화하시는 분이기 때문에(요일 4:16) 주님의 영광을 찬양하는 것은 모든 사람에게 보편적인 유익이 되며, 특히 그리스도인에게 큰 유익이 됩니다.

그러므로 하나님의 자녀들은 자기 욕망이나 계획을 위해 살기보다 하나님의 이름을 알리기 위해 살아야 합니다. 하나님이 우리를 위해 존재하시는 것이 아니라 우리가 하나님을 위해 존재합니다. 하나님의 영광을 위해 창조되었으므로(사 43:7), 그 목적에 맞게 산다면 자유와 평화와 기쁨을 누릴 것입니다. 삶의 목적의 중심을 '자신'에서 '하나님'으로 옮기면 우리 삶은 누구보다도 영광스러우신 하나님을 가리키는 영광의 표지가 될 수 있습니다(마 5:16).

그리스도와의 연결

히스기야는 하나님이 자기 백성을 대적해 일어난 이방 나라로부터 그들을 구원해 자기 영광을 드러내 주시기를 기도했습니다. 하나님은 히스기야의 기도에 응답하심으로써 자기 이름을 높이셨습니다. 예수님도 자기 백성의 구원을 위해 기도하셨습니다. 그리고 자신의 죽음과 부활을 통해 대적을 물리치심으로써 백성을 구원하시고 궁극적으로 하나님의 영광을 드러내셨습니다.

하나님의 계획 우리의 사명

선교적 적용 하나님은 우리가 하나님이 대적에게 승리하신 것을 아는 만큼, 주의 나라를 위해 살아가라고 말씀하십니다.

1. 그리스도를 믿음으로써 세상에서 누리는 만족과 평안이 그리스도를 전하는 사명의 문을 어떻게 열 수 있을까요?

2. 하나님께 도움을 구하는 기도뿐 아니라 하나님의 영광이 알려지기를 바라는 기도를 하려면, 삶에서 어떤 것들을 바꿔야 할까요?

3. 원수들을 이기시는 하나님의 승리는 우리가 하나님 나라를 위한 사명으로 살아가는 데 어떤 영향을 주나요?

Summary and Goal

이 세션은 하나님의 선지자 호세아의 삶을 통해, 특히 그의 결혼을 통해 하나님이 자기 백성을 추적하기 위해서 어떤 고생도 마다하지 않으신다는 것을 보여 줍니다. 우리의 불성실함에도 불구하고 하나님은 여전히 우리를 사랑하시며, 우리가 주님과 올바른 관계를 맺고 유지하도록 기꺼이 대가와 희생을 치르십니다. 하나님은 자신의 사랑 때문에 우리같이 불성실한 사람들을 계속 뒤쫓으십니다. 그리고 하나님은 이런 모습들을 통해 우리가 어떻게 하나님의 사랑에 관한 복음을 가지고 다른 사람들을 추적해야 하는지 본보기를 제시해 주십니다.

하나님,
이스라엘
백성을
추적하시다

7

- **성경 본문**
  호세아 1:2~9; 2:14~23; 3:1~5

- **세션 포인트**
  1. 하나님은 우리가 불성실한 신부인데도 우리를 찾으십니다(호 1:2~9)
  2. 하나님은 우리에게 영원한 사랑을 약속하십니다(호 2:14~23)
  3. 하나님은 우리가 노예 상태에서 벗어날 수 있도록 대가를 치르십니다
     (호 3:1~5)

- **신학적 주제**
  우리를 향한 구원 계획은 하나님의 사랑하시는 마음 안에 있습니다.

- **그리스도와의 연결**
  호세아와 고멜의 관계는 하나님과 이스라엘 백성의 관계를, 그리고 하나님과 우리의 관계를 상기시켜 줍니다. 하나님의 백성은 불성실하고 하나님이 아닌 다른 것들을 사랑하기도 하지만, 하나님은 한결같이 우리를 사랑하십니다. 바로 이 사랑 때문에 하나님은 예수님을 보내시어 우리 죄를 대신해 죽게 하시고, 우리를 하나님께 돌아오게 하셨습니다.

- **선교적 적용**
  하나님은 큰 대가를 치르시면서까지 우리를 추적하시는 하나님에 관한 복음을 가지고 다른 사람들을 추적하라고 우리를 부르십니다.

**Session
Plan**

도입

결혼식 날의 의미와 그날이 왜 기념할 만한 날이 되는지에 관해 이야기하면서 이 세션을 시작하십시오.

기혼자라면, 자신의 결혼식에서 가장 기억에 남는 것은 무엇입니까? 미혼자라면, 타인의 결혼식에서 봤던 가장 기억에 남는 장면은 무엇입니까?

남녀가 결혼할 때 신실함에 관해 가지는 일반적인 기대와 호세아가 문제가 많은 결혼 생활을 어떻게 시작하게 되었는지를 대비해 주십시오. 그런 다음 이 세션을 요약하십시오.

전개

1

**하나님은 우리가
불성실한 신부인데도
우리를 찾으십니다**
(호 1:2~9)

호세아의 사역은 말로 선포하는 것을 넘어서 특별한 메시지를 자기 삶으로 살아 내는 것이었다는 점에 주목하십시오. 그러고 나서 호세아 1장 2~9절을 읽으십시오. 하나님의 명령이 지닌 충격적인 속성을 설명한 후, 고멜의 두 자녀가 사생아였다는 것을 본문이 어떻게 암시하는지 알려 주십시오.

하나님은 왜 호세아를 불성실한 여인과 결혼하게 하셨을까요?

하나님의 메시지를 말로만 전하는 것으로는 왜 충분하지 않았을까요?

결혼에 관한 하나님의 설계에 관해 이야기해 주십시오. 그리고 호세아에게 주신 명령이 하나님이 자기 백성과 맺길 원하시는 아주 친밀한 관계에 관해 무엇을 말해 주는지 설명해 주십시오.

호세아가 삶에서 경험한 것들은 주님의 말씀을 전하는 방식에 어떤 영향을 미쳤을까요?

2

**하나님은 우리에게
영원한 사랑을
약속하십니다**
(호 2:14~23)

호세아의 결혼과 사역에서 볼 수 있는 하나님의 사랑에 관한 이해가 우리 문화에서 말하는 사랑과 어떻게 극명하게 대조되는지를 강조해 주십시오.

우리 문화는 사랑을 어떻게 정의합니까?

그것은 하나님의 사랑과 어떻게 다릅니까?

우리 문화의 사랑에 관한 정의가 십자가에서 예시되는 성경적인 사랑의 정의와 어떻게 다른지 구별해 주십시오. 호세아 2장 14~23절을 읽고, 하나님의 추적하시는 영원한 사랑을 담은 본문에 관한 생각을 발표하게 하십시오.

호세아 2장 14~23절에 있는 하나님의 약속 가운데 어떤 것이 당신에게 다가옵니까? 그 이유는 무엇입니까?

하나님이 자기 백성에게서 사랑을 거두지 않으시리라는 것을 아는 것이 왜 중요할까요?

고멜이 노예 상태에 빠지게 된 배경 상황을 설명해 주십시오. 그러고 나서 자원자에게 호세아 3장 1~5절을 읽게 하십시오. 부록 4: '새 언약'을 이용해 다윗에 관한 언급이 성경의 언약들과 어떻게 연관되는지 보여 주십시오. 또한 부록 1: '분열 왕국에서 예수님 바라보기'에 근거해 호세아와 예수님을 연결해 보십시오. 고멜을 추적하는 호세아의 마음 상태가 복음 메시지와 어떻게 관련되는지 지적해 주십시오.

첫째, 고멜은 노예 상태에 있었습니다.

3

**하나님은 우리가
노예 상태에서
벗어날 수 있도록 대가를
치르십니다**
(호 3:1~5)

죄가 우리를 자유롭게 하는 것이 아니라 우리를 노예로 삼는 올가미라는 것을 어떻게 알 수 있습니까?

죄에 관한 이런 견해는 세상의 견해와 어떻게 다릅니까?

둘째, 고멜에게 호세아는 구원자였습니다.
셋째, 호세아가 고멜을 위해 값을 치렀습니다.
서너 명씩 조를 나누어 학습자용 교재에 있는 표의 질문에 답하게 하십시오. 잠시 후 전체 모임에서 그에 관해 이야기를 나누게 하십시오.

결론

하나님이 그들을 추적하시면서 보여 주셨던 사랑을 다른 사람들에게 전할 수 있도록 도전하십시오. 복음의 메시지로 다른 사람들을 추적하는 것은 많은 노력이 필요한 일임을 말해 주십시오. 이것은 우리가 노예 상태에 있을 때 자기 아들을 보내심으로써 하나님이 우리를 위해 치르신 엄청난 대가를 떠올리게 합니다. 이 세션에서 배운 진리를 '하나님의 계획, 우리의 사명'에서 적용해 보십시오.

**Session
Content**

7. 하나님, 이스라엘 백성을 추적하시다

도입

기혼자라면 결혼한 날을 떠올려 보십시오. 어떤 것이 기억납니까? 무엇 때문에 긴장했었나요? 어떤 사람들이 참석했습니까? 배우자가 어떤 옷을 입었는지 기억나나요? 결혼한 날은 특별한 날로 마음과 기억에 새겨지기 마련이므로 이런 질문들에 대답하기가 쉽습니다.

> 결혼한 날에 대한 기억이 다른 날보다 선명한 이유는 그날이 인생의 제2막을 시작하는 출발점이 되기 때문입니다.

Leader

Q 기혼자라면, 자신의 결혼식에서 가장 기억에 남는 것은 무엇입니까? 미혼자라면, 타인의 결혼식에서 봤던 가장 기억에 남는 장면은 무엇입니까?

안타깝게도 많은 결혼이 이혼으로 비극적인 결말을 맺습니다. 하지만 자신이 결혼 생활에 실패하리라고 기대하며 식장에 들어서는 사람은 없습니다. 또한 불성실을 기대하며 언약 관계로 들어가는 사람도 없습니다.

> 두 사람이 함께하는 인생 앞에 펼쳐진 아름다운 소망과 꿈을 상상해 보기 전에 잠시 하나님의 선지자 호세아의 이야기를 생각해 봅시다. 그는 의식이 온전히 깨어 있는 상태에서 문제가 많은 결혼 생활을 시작했습니다. 그에게 결혼은 기쁨의 약속이자 고통의 약속이었습니다. 하나님은 호세아의 결혼을 통해 자기 백성에 대한 사랑과 구속의 참된 속성을 보여 주고자 하셨는데, 여기에는 엄청난 대가가 따르기 때문입니다.

Leader

Session Summary

이 세션은 하나님의 선지자 호세아의 삶을 통해, 특히 그의 결혼을 통해 하나님이 자기 백성을 추적하기 위해서 어떤 고생도 마다하지 않으신다는 것을 보여 줍니다. 우리의 불성실함에도 불구하고 하나님은 여전히 우리를 사랑하시며, 우리가 주님과 올바른 관계를 맺고 유지하도록 기꺼이 대가와 희생을 치르십니다. 하나님은 자신의 사랑 때문에 우리같이 불성실한 사람들을 계속 뒤쫓으십니다. 그리고 하나님은 이런 모습들을 통해 우리가 어떻게 하나님의 사랑에 관한 복음을 가지고 다른 사람들을 추적해야 하는지 본보기를 제시해 주십니다.

심화토론

- 성경에서 하나님이 자기 백성에게 주신 가장 충격적인 명령은 무엇입니까?
- 하나님이 호세아에게 명령하신 것 중에 가장 충격적인 내용은 무엇입니까?

전개

1. 하나님은 우리가 불성실한 신부인데도 우리를 찾으십니다

(호 1:2~9)

> **Leader**
>
> 성경에서 '선지자'는 어떤 의미입니까? 구약에서 하나님의 선지자란 대변자입니다. 그들은 백성 앞에 서서 하늘의 권위를 가지고 "주님이 이렇게 말씀하신다"라고 선포합니다. 일반적으로 선지자의 메시지는 백성들에게 회개를 촉구하는 내용이었습니다.
>
> 그러나 호세아가 맡은 선지자의 역할은 말로 선포하는 것 이상이었습니다. 하나님의 계획은 이 선지자로 하여금 걷고 말하고 숨 쉬는 것으로 메시지를 전하게 하는 것이었습니다. 호세아 1장 2절에서부터 하나님은 그에게 그런 부르심의 삶을 살게 하셨습니다.

²여호와께서 처음 호세아에게 말씀하실 때 여호와께서 호세아에게 이르시되 너는 가서 음란한 여자를 맞이하여 음란한 자식들을 낳으라 이 나라가 여호와를 떠나 크게 음란함이니라 하시니 ³이에 그가 가서 디블라임의 딸 고멜을 맞이하였더니 고멜이 임신하여 아들을 낳으매 ⁴여호와께서 호세아에게 이르시되 그의 이름을 이스르엘이라 하라 조금 후에 내가 이스르엘의 피를 예후의 집에 갚으며 이스라엘 족속의 나라를 폐할 것임이니라 ⁵그날에 내가 이스르엘 골짜기에서 이스라엘의 활을 꺾으리라 하시니라 ⁶고멜이 또 임신하여 딸을 낳으매 여호와께서 호세아에게 이르시되 그의 이름을 로루하마라 하라 내가 다시는 이스라엘 족속을 긍휼히 여겨서 용서하지 않을 것임이니라 ⁷그러나 내가 유다 족속을 긍휼히 여겨 그들의 하나님 여호와로 구원하겠고 활과 칼이나 전쟁이

하나님은 호세아의 세 자녀가 이상한(부정적인) 이름을 갖게 하셨습니다. 그들을 만나는 모든 사람이 그들의 특이한 이름의 이유를 물을 것입니다. 예언이 담긴 이름을 통해 이스라엘을 향한 하나님의 계획이 온 나라에 알려지게 될 것입니다.

첫째 아이의 이름은 '이스르엘'('하나님이 흩으시다')입니다. 이것은 과거 이스라엘의 대학살이 일어났던 장소를 떠올리게 하며(왕하 10:11), 장차 있을 훨씬 더 큰 대학살을 예고합니다. 여기에 예고된 대학살은 BC 722년 앗수르가 북이스라엘을 정복할 때 성취될 것입니다.

둘째 아이의 이름은 부정을 상징하는 '로루하마'입니다. 이것은 '사랑받지 못하는 자'를 의미합니다. "다시는 이스라엘 족속을 긍휼히 여기지 않겠다"는 구절은 우상 숭배와 언약의 총체적인 불충으로 인해 하나님이 북이스라엘을 거부하실 것을 예고합니다. 하나님의 은혜로 유다는 한 세기 반 동안 더 살아남았지만, 결국 BC 586년에 멸망합니다(왕하 25:1~26; 대하 36:15~21).

셋째 아이의 이름은 거부를 상징하는 '로암미'입니다. 이것은 '내 백성이 아니다'라는 뜻입니다.[2]

_더글러스 K. 스튜어트
NIV Zondervan Study Bible

나 말과 마병으로 구원하지 아니하리라 하시니라 [8]고멜이 로루하마를 젖뗀 후에 또 임신하여 아들을 낳으매 [9]여호와께서 이르시되 그의 이름을 로암미라 하라 너희는 내 백성이 아니요 나는 너희 하나님이 되지 아니할 것임이니라

호세아는 그가 맺게 될 관계에 대해 가식적이지 않았습니다. 그는 처음부터 이 결혼이 부정으로 가득하리라는 것을 알았습니다.

> 호세아는 상대적으로 평화로운 시절에 살았습니다. 솔로몬의 통치 후 BC 10세기에 이스라엘은 두 왕국으로 분열되었습니다. 북이스라엘과 남유다는 자주 경쟁하며 불화했습니다. 그러나 이 시기는 물질적인 면에서 볼 때, 상대적으로 좋은 때였습니다. 인접한 나라들은 서로 전쟁하기 바빴습니다. 그래서 대부분 두 왕국만 따로 남겨졌습니다.

> 그러나 번영과 함께 타락이 몰려왔습니다. 이스라엘은 주님께 불충했습니다. 바로 이런 환경에서 하나님은 호세아에게 충격적인 명령을 내리십니다.

Leader

하나님이 호세아에게 내리신 명령은 매우 충격적이었습니다. 왜냐하면 결혼의 신실함에 관해 하나님이 주셨던 많은 명령과 반대되는 것이었기 때문입니다. 게다가 호세아는 미가 선지자처럼 불성실에 관해 예언하라는 명령을 받은 것이 아니었습니다. 그 대신 그는 불성실한 아내와 결혼해 사생아들을 돌보고 부양하면서 그러한 불성실을 수십 년 동안 경험하게 되었습니다.

> 본문을 자세히 살펴보면, 이 결혼에서 태어난 자녀들을 기술하는 방식에서 뚜렷한 차이점을 발견할 수 있습니다. 먼저 3절을 주목해 보십시오. "고멜을 맞이하였더니 고멜이 임신하여 아들을 낳으매"라고 되어 있습니다. 그러나 6절과 8절을 보십시오. "고멜이 또 임신하여 …낳으매"라고 되어 있습니다. 첫아이는 호세아의 자녀지만, 둘째와 셋째는 고멜의 계속되는 외도의 결과임을 엿볼 수 있습니다. 바로 여기서 우리는 하나님이 자기 선지자에게 주신 명령이 충족되는 것을 보기 시작합니다. 그는 불성실한 아내와 결혼해야 했고, 사생아로 태어난 아이들을 돌보고 양육하면서 그 불성실을 수년, 아니 수십 년 동안 되새겨야만 했습니다. 왜 호세아는 고멜과 결혼을 해야만 했을까요? 왜 그는 제단에 서서 고개를 떨구고 이 같은 시련의 인생을 내려다봐야만 했을까요? 왜 그가 하나님 백성의 불성실함을 그냥 말로써 예언하는 것으로는 충분치 않았을까요?

Leader

Q 하나님은 왜 호세아를 불성실한 여인과 결혼하게 하셨을까요?

Q 하나님의 메시지를 말로만 전하는 것으로는 왜 충분하지 않았을까요?

하나님은 결혼을 계획하실 때, 서로 아주 친밀하게 희생적인 사랑을 나누도록 관계를 설정하셨습니다. 이를 통해 그리스도와 교회가 함께 걷고 대화하고 생생하게 숨 쉬는 관계임을 보여 주고자 하셨습니다(엡 5:32).

하나님은 호세아에게 고멜처럼 불성실한 아내를 맞으라고 명령하심으로써 하나님이 자기 백성과 갖고자 하는 매우 인격적인 관계를 보여 주셨습니다. 나아가 그러한 관계가 언제나 신실하신 하나님에게는 얼마나 고통스럽고 희생적인 것인지를 보여 주셨습니다.

> **Leader**
결혼식에서 고멜과 나란히 섰을 때 호세아는 어떤 기분을 느꼈을까요? 아마도 그는 하나님이 이스라엘과 언약 관계를 맺으실 때 느끼셨던 것과 비슷한 기분을 어렴풋이나마 느꼈을지도 모릅니다. 현재 일과 미래 일을 아는 것은 고통스럽지만, 우리는 하나님의 크신 사랑으로 전진할 수밖에 없습니다.

결과적으로 호세아 선지자는 이를 통해 하나님의 말씀을 권위 있게 전할 뿐만 아니라, 하나님이 주님께 불성실한 백성을 추적하면서 느끼셨을 고통을 가슴으로 느끼며 진리를 선포할 수 있었습니다.

Q 호세아가 삶에서 경험한 것들은 주님의 말씀을 전하는 방식에 어떤 영향을 미쳤을까요?

> *"이 이야기는 하나님이 자신을 위해 당신에게 무엇을 요구하실 것인지에 관한 것이 아닙니다. 오히려 하나님이 당신을 위해 하신 일에 관한 것입니다. 불성실한 아내를 향한 참된 남편의 불굴의 사랑이 어떤 것인지를 알려면 호세아를 살펴봐야 합니다. 이때 우리와 동일시해야 할 대상은 선지자 호세아가 아니라 음녀 고멜입니다."[3]*
> _낸시 거스리

2. 하나님은 우리에게 영원한 사랑을 약속하십니다(호 2:14~23)

호세아는 불성실한 행위를 반복하는 아내에게 한 남자로서 사랑과 신실함을 보여 주었습니다. 호세아가 이러했는데, 하물며 하나님은 어떠시겠습니까? 하나님은 불성실한 행위를 반복하는 자기 백성에게 뜨거운 사랑과 신실함을 보여 주셨습니다.

하나님의 사랑은 우리 문화에서 사랑이라 부르는 것과 극명한 대조를 이룹니다. 잠시 생각해 보십시오. 우리는 사랑이란 말을 얼마나 하찮게 남발하곤 합니까? 오늘만 해도 얼마나 많은 것을 사랑하며 그것에 대해 말했습니까?

Q 우리 문화는 사랑을 어떻게 정의합니까?

Q 그것은 하나님의 사랑과 어떻게 다릅니까?

20. 은혜로우신 하나님

하나님은 자격 없는 자에게 과분한 호의를 베풀기를 기뻐하시는 성품을 지니셨습니다(엡 2:8~9). 죄인을 향한 주님의 은혜는 그리스도를 통해 주셨던 구원에서 가장 분명하게 드러납니다. 죄를 보면, 인간은 구원받을 자격이 없습니다. 우리 모두가 하나님께 등을 돌렸으므로 결과적으로 죽어 마땅합니다(롬 6:23). 그런데도 하나님은 죄인을 죄 가운데 버려두지 않으시고, 예수님의 죽음과 부활을 통해 우리 죄를 사하고 용서해 주심으로써 은혜를 보여 주셨습니다(고후 5:21).

"이것은 구약의 복음 이야기입니다. 그리스도보다 7세기 앞서 해석된 성탄절의 의미입니다. 하나님이 오셔서 우리를 부드럽게 부르시며 우리에게 완전한 소망과 안전을 약속하십니다. 하나님은 어느 누구와도 다시 시작하십니다. 가장 친밀하고 기쁨이 가득한 관계를 우리에게 제공하십니다."[4]
_존 파이퍼

우리는 스포츠, 영화, 연예인, 애완동물, 음식, 게임 등 아주 많은 것을 사랑합니다. 사랑에 대해 깊이 생각하지 않으며 '사랑'이란 말을 남발합니다. 그래서 이제 사랑은 일상적인 말이 되어 버렸습니다. 이 말이 쓰이는 방식을 보면, 사랑은 느낌이나 감정입니다. 그래서 우리는 음식의 맛에서부터 결혼하고 싶은 사람에 이르기까지 사랑에 쉽게 빠지고 또 쉽게 깨뜨립니다.

이러한 사고방식에 따르면, 사랑은 헌신이 아니라 개인적인 취향과 기호라는 불안한 토대에 기초한 것이 됩니다. 우리는 하나님에게서 사랑의 참된 정의를 발견할 수 있습니다. 그것은 말로 세워진 정의가 아니라 행동으로 빚어진 정의이며, 예수님의 십자가 사역으로 예증된 정의입니다.

"사랑은 여기 있으니 우리가 하나님을 사랑한 것이 아니요 하나님이 우리를 사랑하사 우리 죄를 속하기 위해 화목 제물로 그 아들을 보내셨음이라"(요일 4:10).

하나님은 호세아가 고멜에게 했던 것처럼 우리가 불성실할 때도 우리를 사랑으로 추적하실 뿐만 아니라 영원한 사랑을 약속하십니다. 자기 백성을 향한 하나님의 사랑의 약속은 호세아의 결혼 이야기와 불가분의 관계입니다. 호세아가 아내를 계속해서 추적하며 사랑하도록 부름받았던 것처럼, 하나님은 자기 백성에게 헌신하셨습니다.

[14] 그러므로 보라 내가 그를 타일러
거친 들로 데리고 가서 말로 위로하고
[15] 거기서 비로소 그의 포도원을 그에게 주고
아골 골짜기로 소망의 문을 삼아 주리니
그가 거기서 응대하기를
어렸을 때와 애굽 땅에서 올라오던 날과 같이 하리라
[16] 여호와께서 이르시되 그날에 네가 나를 내 남편이라 일컫고 다시는 내 바알이라 일컫지 아니하리라 [17] 내가 바알들의 이름을 그의 입에서 제거하여 다시는 그의 이름을 기억하여 부르는 일이 없게 하리라 [18] 그날에는 내가 그들을 위하여 들짐승과 공중의 새와 땅의 곤충과 더불어 언약을 맺으며 또 이 땅에서 활과 칼을 꺾어 전쟁을 없이하고 그들로 평안히 눕게 하리라 [19] 내가 네게 장가들어 영원히 살되 공의와 정의와 은총과 긍휼히 여김으로 네게 장가들며 [20] 진실함으로 네게 장가들리니 네가 여호와를 알리라
[21] 여호와께서 이르시되 그날에 내가 응답하리라
나는 하늘에 응답하고 하늘은 땅에 응답하고
[22] 땅은 곡식과 포도주와 기름에 응답하고

또 이것들은 이스르엘에 응답하리라
²³내가 나를 위하여 그를 이 땅에 심고
긍휼히 여김을 받지 못하였던 자를 긍휼히 여기며
내 백성 아니었던 자에게 향하여 이르기를
너는 내 백성이라 하리니
그들은 이르기를 주는 내 하나님이시라 하리라 하시니라

> 하나님의 사랑에 감정이 없는 것이 아닙니다. 본문과 신구약의 수많은 구절이 자
> 기 백성을 향한 하나님의 깊은 애정을 보여 줍니다(신 7:8~9; 사 54:8~10; 렘 31:3;
> 롬 8:31~39; 요일 4:8~11).
>
> "여호와께서 다만 너희를 사랑하심으로 말미암아, 또는 너희의 조상들에게 하신
> 맹세를 지키려 하심으로 말미암아 자기의 권능의 손으로 너희를 인도하여 내시
> 되 너희를 그 종 되었던 집에서 애굽 왕 바로의 손에서 속량하셨나니 그런즉 너
> 는 알라 오직 네 하나님 여호와는 하나님이시요 신실하신 하나님이시라 그를 사
> 랑하고 그의 계명을 지키는 자에게는 천 대까지 그의 언약을 이행하시며 인애를
> 베푸시되"(신 7:8~9).
>
> "옛적에 여호와께서 나에게 나타나사 내가 영원한 사랑으로 너를 사랑하기에 인
> 자함으로 너를 이끌었다 하였노라"(렘 31:3).
>
> "사랑하지 아니하는 자는 하나님을 알지 못하나니 이는 하나님은 사랑이심이라
> 하나님의 사랑이 우리에게 이렇게 나타난 바 되었으니 하나님이 자기의 독생자
> 를 세상에 보내심은 그로 말미암아 우리를 살리려 하심이라 사랑은 여기 있으니
> 우리가 하나님을 사랑한 것이 아니요 하나님이 우리를 사랑하사 우리 죄를 속하
> 기 위하여 화목제물로 그 아들을 보내셨음이라 사랑하는 자들아 하나님이 이같
> 이 우리를 사랑하셨은즉 우리도 서로 사랑하는 것이 마땅하도다"(요일 4:8~11).
>
> 하나님의 사랑은 우리가 생각하는 것보다 훨씬 더 깊습니다. 하나님의 사랑과 모든
> 참된 사랑은 사랑받는 대상을 위한 의지적인 추구와 필연적인 희생을 포함합니다.

본문에서 우리는 하나님이 자기 백성을 버리지 않고 끝까지 추적하
시는 분임을 발견할 수 있습니다. 하나님이 이끄시고, 취하시며, 베푸십니
다. 주의 백성은 하나님의 주도적인 사랑에 응답해야 할 사람들입니다. 우
리도 마찬가지입니다.

> 하나님은 불충한 백성들을 버리실 만도 한데, 계속해서 자기 백성을 추적하고 사
> 랑하십니다. 우리가 하나님께 나아간 것이 아니라, 하나님이 우리를 찾아오신 것
> 입니다. 우리는 그분의 사랑에 반응했을 뿐입니다.

심화주석 "그러므로"(호 2:14)라는 단어는 선지자들의 글에서 대개 죄의 고발에 따른 심판을 선언할 때 시작하는 말입니다. 여기서는 12~13절의 고발에 뒤이어 구원이 선포됩니다. 이스라엘의 죄는 '심판'뿐 아니라, 하나님의 언약적 약속으로 인해 '구원'으로 끝날 것입니다. 히브리어 단어 "미드바르"는 '광야'(3절) 또는 '황무지'를 의미할 수 있습니다. 심판의 장소인 '광야'가 또한 구원의 장소가 될 것입니다.

"말로 위로하고"(14절)는 문자적으로 '그녀의 마음에 말하다'를 의미합니다. 이 표현은 다른 곳에서는 요셉이 자신에게 악을 행했던 형제들을 위로하고, 그들에게 은혜와 용서를 확신시켜 줄 때 사용되었습니다(창 50:21; 참조, 창 34:3; 삿 19:3; 사 40:2). 이스라엘이 하나님을 잊어버렸다 할지라도 주님은 이스라엘을 광야로 데려가 그들이 "어렸을 때"처럼 새롭게 하고 믿음을 회복시켜 주실 것입니다(참조, 호 13:5).

"아골"은 '환난'을 의미하며, 아간이 이스라엘에 초래했던 어려움을 암시합니다(수 7:24~26; 참조, 사 65:10). 이 구절들은 2절과 평행을 이룹니다. 여호와께서 호세아의 세대는 더 이상 자신의 아내가 아니며 자신은 더 이상 이스라엘의 남편이 아니라고 선언하셨을지라도, 언약을 새롭게 하실 때가 올 것입니다. 변화된 이스라엘은 여호와가 자기 '남편'임을 다시 선언할 것이며, 주님은 자기 '아내' 이스라엘에 영원한 헌신을 확신시켜 주실 것입니다.[5]

_E. 레이 클렌드넨
HCSB Study Bible

그런데 여기서 또 한 가지 중요한 사실은 하나님이 약속하신 사랑에
는 시간제한이 없다는 것입니다. 우리는 영원한 주의 백성이 될 것입니다.
또한 주님 안에서 영원히 안전하게 거할 것입니다. 하나님은 우리에게 사
랑을 약속하셨고, 그 약속은 결코 철회되지 않을 것입니다.

Q 호세아 2장 14~23절에 있는 하나님의 약속 가운데 어떤 것이 당신에게 다가
옵니까? 그 이유는 무엇입니까?

Q 하나님이 자기 백성에게서 사랑을 거두지 않으시리라는 것을 아는 것이 왜 중
요할까요?

3. 하나님은 우리가 노예 상태에서 벗어날 수 있도록 대가를 치르십니다(호 3:1~5)

호세아의 아내 고멜은 호세아서 1장과 3장 사이의 어느 시점에서 떠
났습니다. 언제 떠났는지, 왜 떠났는지, 이때 처음 떠난 것인지 정확한 상황
은 알 수 없습니다. 어쩌면 평상시 행동이었을지도 모릅니다. 하나님과의
관계에서 많은 사람이 그러는 것처럼, 고멜은 남편에게 헌신하고자 했으나
결국 예전 삶으로 돌아가고 싶은 유혹을 강하게 느꼈습니다.

> 어쩌면 고멜은 남편의 사랑이 눈에 보이는 것처럼 실제로 참되고 신실하고 희생
> 적인지 정말로 믿지 못했는지도 모릅니다. 남편이 결국에는 제정신을 찾고 등을
> 돌릴 것이라고 생각하며 불안해했을지도 모릅니다. 그런 의구심과 불안감이 너
> 무 강해져서 신실한 사랑을 의심하며 살기보다는 그냥 도망치는 편이 더 낫다고
> 생각했을 수도 있습니다.

결국 고멜은 호세아의 집을 나와 노예 상태로 돌아갔습니다.

[1]여호와께서 내게 이르시되 이스라엘 자손이 다른 신을 섬기고 건포도 과자를
즐길지라도 여호와가 그들을 사랑하나니 너는 또 가서 타인의 사랑을 받아 음
녀가 된 그 여자를 사랑하라 하시기로 [2]내가 은 열다섯 개와 보리 한 호멜 반으
로 나를 위하여 그를 사고 [3]그에게 이르기를 너는 많은 날 동안 나와 함께 지내
고 음행하지 말며 다른 남자를 따르지 말라 나도 네게 그리하리라 하였노라 [4]이
스라엘 자손들이 많은 날 동안 왕도 없고 지도자도 없고 제사도 없고 주상도 없
고 에봇도 없고 드라빔도 없이 지내다가 [5]그 후에 이스라엘 자손이 돌아와서 그

들의 하나님 여호와와 그들의 왕 다윗을 찾고 마지막 날에는 여호와를 경외하
므로 여호와와 그의 은총으로 나아가리라

생생하고 강렬한 이야기입니다. 호세아는 아내에게 차이고 버림받
을 때조차 신실한 남편이었습니다. 그러니 언제든 그녀에게서 등을 돌릴
수 있는 권한이 있었습니다. 반면에 고멜에게는 자기 상황을 바꿀 만한 어
떠한 힘도 없었습니다. 이에 남편은 사랑하는 아내의 자유를 위해 사랑으
로 값을 치렀습니다. 이것은 여러 가지 면에서 복음 메시지와 관련이 있습
니다.

첫째, 고멜은 노예 상태에 있었습니다. 그녀가 떠났다는 것이 문제가
아니라, 노예 상태가 되었다는 것이 더 큰 문제였습니다.

> **Leader** 고멜은 자신의 생활 방식 때문에 노예 상태가 되었습니다. 고멜에게는 자기 상황
을 바꿀 만한 힘이 없어 다른 사람들에게 휘둘렸습니다.

고멜처럼 우리도 세상의 온갖 행태와 방식에 노예가 되어 있습니다.
우리는 자기 본성과 선택으로 인해 죄에 묶여 벗어날 수 없는 상태에 있습
니다. 그러나 우리는 이러한 사실을 잘 인정하려 하지 않습니다. 왜냐하면
통제받지 않는 것을 자유로 여기는 시대에 살고 있기 때문입니다.

> **Leader** 고멜처럼 우리도 죄 많은 자기 욕망 때문에 스스로 노예 상태가 되었습니다. 누군
가가 간섭하지 않는 한, 우리의 운명은 영원히 정해질 것입니다. 죄의 결과로 영
원히 구속되고 말 것입니다.

Q 죄가 우리를 자유롭게 하는 것이 아니라 우리를 노예로 삼는 올가미라는 것을
어떻게 알 수 있습니까?

Q 죄에 관한 이런 견해는 세상의 견해와 어떻게 다릅니까?

둘째, 고멜에게 호세아는 구원자였습니다.

> **Leader** 호세아는 아내를 그녀가 받아 마땅한 처분에 맡겨도 되었습니다. 그러나 그렇게
하지 않았습니다. 주님은 그에게 고멜에게 "가라"고 명령하셨습니다. 왜냐하면
그녀가 원한다고 해도 그에게로 돌아올 길이 없었기 때문입니다.

고멜이 남편에게 돌아올 힘이 없을 때 호세아가 그녀를 찾아갔던 것
처럼, 예수님도 우리를 찾아오셨고, 우리를 해방시켜 주셨습니다. 우리의
자유는 우리를 구속하고 있던 사슬에 맞서 싸운 노력의 결과로 얻은 것이
아닙니다. 우리를 찾아올 정도로 사랑하신 분 덕분에 얻은 것입니다. 우리

심화주석 바알에게 바치는 제사에는
두 가지 종류가 있었습니다.
첫째, 선물로 드리는 제사. 농부는 가
축의 고기뿐 아니라 들과 포도원과
나무의 첫 열매를 바알에게 바쳤습
니다. 바알이 땅의 궁극적인 소유자
이며 주관자라고 여겼기 때문입니다
(호 2:5).
둘째, 연합을 위해 드리는 제사. 예배
자가 신과 함께 식사함으로써 신과
의 연합을 강화했습니다. 함께 식사
하는 동안, 인간은 포도주를 마시고
(암 2:8하) 포도주에 적신 건포도 과
자를 먹었습니다(호 3:1, NIV).[8]
_제임스 트래비스
Biblical Illustrator

가 내내 불성실했음에도 불구하고, 하나님은 신실함으로 우리의 유익을 위해 자기 생명을 내어 주셨습니다.

셋째, 호세아가 고멜을 위해 값을 치렀습니다.

> **Leader** 호세아가 고멜을 되산 이유는 감정이나 감상에 젖어서가 아니었습니다. 그는 자유가 쉽게 얻어지는 것이 아니라는 것을 잘 알고 있었습니다.

호세아는 사랑하는 아내를 자유롭게 해 주기 위해 값을 치를 만반의 준비를 하고 찾아왔습니다. 그런데 우리의 자유를 위해서는 훨씬 더 큰 대가가 치러져야 했습니다. 하나님의 정의는 반역한 죄인에게 죽음을 대가로 요구합니다. 그래야 공의가 실현될 수 있기 때문입니다. 그래서 예수님은 자기 자신을 대가로 지불하셨습니다. 그분이 자신의 생명을 포기하셨기에 우리가 자유로워질 수 있었던 것입니다.

이 모든 과정은 한 낱말, '구속'으로 요약할 수 있습니다. '구속한다'는 것은 문자 그대로 되사는 것입니다. 이것이 바로 호세아가 고멜을 위해 행했던 일이자, 예수 그리스도께서 십자가에서 우리를 위해 행하셨던 일입니다.

'구원자'라는 뜻의 이름을 가진 선지자 호세아가 예수님과 그분의 사역과 닮은 점을 열거하십시오.	고멜을 향한 호세아의 사랑을 아는 것은 우리를 향한 하나님의 사랑에 감사하는 마음에 어떤 영향을 미칩니까?

결론

하나님으로부터 자유라는 선물을 받은 우리는 이제 어떻게 살아가 야 할까요?

구원자이자 구속자이신 예수님이 우리를 죄와 사망의 노예 상태에서 벗어나게 하고자 치르셨던 대가를 생각하면, 우리는 어떻게 살아가야 합니까? 우리는 호 세아와 고멜 이야기의 결말을 알지 못합니다. 고멜이 그녀의 불충한 과거에도 불 구하고 자신을 한결같이 사랑한 호세아의 진심을 깨닫고 돌아와 그와 행복하게 살았는지 알지 못합니다. 그러나 우리는 하나님이 우리에게 원하시는 것이 무엇 인지는 분명히 알 수 있습니다.

하나님이 우리를 찾아오셔서 자신을 내어 주어 큰 대가를 치러 주신 덕분에 우리도 똑같이 다른 사람들을 찾아가서 사랑할 수 있게 되었습니 다. 사랑을 받았으므로 마땅히 사랑을 베풀어야 합니다(요일 4:11).

호세아의 경우에서 볼 수 있는 것처럼 다른 사람을 위한 사랑은 감정 적인 애착이 아니며, 대가나 희생이 요구됩니다. 다른 사람들을 찾아가서 복음의 메시지를 나누는 일에는 큰 희생이 따를 수 있습니다. 재정적인 자 원, 관계적인 형평, 우선순위의 재정립 등이 요구될 수 있습니다. 치러야 할 희생이 너무 커 보일 때는, 우리가 노예 상태에 있을 때 자기 아들의 귀중한 피로 우리를 영원한 어둠과 형벌에서 건져 내고자 하신 하나님의 큰 희생 을 기억하면 도움이 될 것입니다.

그리스도와의 연결

호세아와 고멜의 관계는 하나님과 이스라엘 백성의 관계를, 그리고 하나님과 우리의 관계를 상기시켜 줍니다. 하나님의 백성은 불성실하고 하나님이 아닌 다른 것들을 사랑하기도 하지만, 하나님은 한결같이 우리를 사랑하십니다. 바로 이 사랑 때문에 하나님은 예수님을 보내시어 우리 죄를 대신해 죽게 하시고, 우리를 하나님께 돌아오게 하셨습니다.

하나님의 계획 우리의 사명

선교적 적용 하나님은 큰 대가를 치르시면서까지 우리를 추적하시는 하나님에 관한 복음을 가지고 다른 사람들을 추적하라고 우리를 부르십니다.

1. 우리가 불성실할 때조차 우리를 추적하신 하나님에 대한 감사를 어떻게 표현하면 좋을까요?

2. 하나님의 영원하고 신실하신 사랑이 그리스도 안에 있는 하나님의 영광을 선포하는 사명을 감당하는 데 어떤 도움을 줄까요?

3. 죄의 노예로 살아가는 사람들에게 예수님의 자유를 선포하기 위해 교회/공동체는 어떤 희생을 치러야 할까요?

금주의 성경 읽기
시 108~109편;
대상 23~26장

Summary and Goal

이 세션에서 우리는 백성들이 아무런 관심을 보이지 않을 때조차 하나님은 어떻게 해서든 자기 백성을 추적하기 위해 애쓰신다는 것을 볼 것입니다. 하나님은 어떤 죄인이라도 하나님께 이끄시기 위해 추적하시는 분입니다. 요나는 하나님의 부르심을 거절하고, 그의 원수들로부터 도망했던 선지자였습니다. 요나와 달리 예수님은 하나님의 부르심에 순종하고, 그분의 원수들에게 달려가셨습니다. 또한 우리가 아직 죄인 되었을 때에 우리를 위해 죽으셨습니다. 하나님은 그분의 백성이 된 우리에게 다른 사람들을 추적해 주님의 사랑과 복음을 나누라는 사명을 주셨습니다.

- **성경 본문**

  요나 1:1~5, 15~17

  요나 2:7~3:5

  요나 4:1~4

- **세션 포인트**

  1. 하나님이 불순종하는 선지자를 추적하셨습니다(욘 1:1~5, 15~17)

  2. 하나님이 요나와 니느웨 백성을 용서하셨습니다(욘 2:7~3:5)

  3. 하나님이 요나가 화가 났던 이유를 밝혀 주셨습니다(욘 4:1~4)

- **신학적 주제**

  구원은 하나님께 속했습니다.

- **그리스도와의 연결**

  요나는 하나님의 부르심을 거절하고, 자기 원수들로부터 도망했던 선지자입니다. 반면에 예수님은 하나님의 부르심을 받고, 그의 원수들에게로 달려가셨습니다. 예수님은 우리가 아직 죄인 되었을 때, 우리를 위해 죽으셨습니다.

- **선교적 적용**

  하나님은 우리에게 회개와 믿음을 통해 용서받을 수 있다는 소식을 전할 때는 집단적 사고방식을 버리고, 마음의 벽을 허물라고 말씀하십니다.

하나님, 니느웨 백성을 추적하시다

8

| 엘리야와 바알 선지자들 | 엘리야의 핍박 | 나아만의 치유 | 하나님을 만난 이사야 | 이사야의 예언 | 유다를 구원하시는 하나님 |

Session Plan

도입

저자가 가출을 시도했던 이야기를 예로 들어 사람들이 자신이 직면한 상황에서 도망치는 이유를 알려 주십시오.

가출해 본 적이 있습니까? 언제, 어떤 일로 가출하게 되었습니까?

하나님의 계획과 목적으로부터 도망치고 있다고 느낀 적이 있습니까? 우리는 왜 도망치곤 할까요?

요나서는 하나님에게서 도망친 요나에 관한 것이 아니라, 니느웨 백성을 찾으시는 하나님에 관한 것이라는 점을 연결해서 설명한 후, 이 세션을 요약하십시오.

전개

1
하나님이 불순종하는 선지자를 추적하셨습니다
(욘 1:1~5, 15~17)

요나 1장 1~5절을 읽으십시오. 선지자 요나의 배경과 그가 니느웨 백성에게 선포하기를 꺼렸던 이유에 대해 설명해 주십시오.

왜 요나는 니느웨 백성에게 주님의 말씀을 전하는 일을 꺼렸을까요?

하나님이 주신 사명을 요나처럼 못마땅하게 여긴 적이 있습니까?

요나가 말씀을 선포하지 않고 도망간 것은 니느웨 백성의 안 좋은 성품 때문이 아니라, 하나님의 은혜로운 성품 때문이었다는 점을 분명히 알게 해 주십시오. 하나님이 폭풍을 사용해 요나를 추적하셨던 이야기를 들려주고, 요나 1장 15~17절을 읽으십시오. 이 이야기의 어디쯤에서 니느웨 백성처럼 하나님의 메시지를 필요로 하면서도 하나님을 대적하는 자신의 모습을 볼 수 있는지 보여 주고, 어떤 점에서 예수님이 요나보다 더 나은지 설명해 주십시오. 부록 1: '분열 왕국에서 예수님 바라보기'를 참고해, 예수님은 죄인들에게 달려가셨지만, 요나는 도망갔다는 사실을 지적해 주십시오.

요나 이야기에서 당신은 요나에 가깝습니까? 아니면 니느웨 백성에 가깝습니까? 양쪽에서 모두 배우는 것이 왜 중요할까요?

선지자 요나가 회개해야 하는 역설적인 상황을 보여 주십시오. 그러고 나서 요나 2장 7~10절을 읽으십시오. 부록 1: '분열 왕국에서 예수님 바라보기'를 참고해 요나와 예수님 사이의 연관성을 다시 언급해 주십시오. 요나가 큰 물고기 뱃속에서 구원된 사건은 무덤에서 다시 살아나신 예수님의 부활을 예견합니다.

당신이 하나님의 뜻에 맞게 행하도록 하나님은 당신 삶에서 어떤 훈련을 시키셨습니까?

만약 당신이 요나라면, 큰 물고기 뱃속에 들어갔다 나온 후 관점이 어떻게 바뀌었을까요?

자원자에게 요나 3장 1~5절을 읽게 하십시오. 심판과 그 결과에 관한 선지자의 메시지의 단순성을 강조하십시오. 하나님의 말씀을 전하기에 스스로 부적합하다고 느낄 수 있지만, 하나님의 말씀은 살아 있고 힘이 있기에 확신을 가지고 복음을 제시할 수 있다고 격려해 주십시오.

요나의 단순한 선포가 일으킨 엄청난 결과에 놀라움을 느낀다면, 또는 그렇지 않다면 그 이유는 무엇입니까?

2
하나님이 요나와 니느웨 백성을 용서하셨습니다
(욘 2:7~3:5)

요나 4장 1~4절을 읽으십시오. 4절의 주님의 질문과 성경의 다른 곳에 기록된 하나님의 질문들을 비교하십시오.

하나님은 요나가 하나님의 질문에서 무엇을 깨닫기를 원하셨습니까?

왜 하나님께 화가 났는지 주님이 물으신다면 어떻게 대답하겠습니까?

요나에게 우상은 원수를 향한 증오심이었다는 점을 지적해 주십시오. 용서나 용서의 결여에 관한 예수님의 비유를 들려준 후, 다음 문장으로 주의를 주십시오. "우리는 은혜를 받을 때는 하나님의 은혜를 사랑하지만, 원수를 사랑하시는 하나님은 못마땅해한다."

3
하나님이 요나가 화가 났던 이유를 밝혀 주셨습니다
(욘 4:1~4)

결론

요나의 이야기에서 드러난 우리에 관한 슬픈 진실을 알려 주십시오. 그러고 나서 요나의 이야기가 어떻게 끝나는지 확실히 알 수 없다는 점을 지적한 후 "내 이야기는 어떻게 끝날까?"에 관해 생각해 보게 하십시오. 이 세션에서 배운 진리를 '하나님의 계획, 우리의 사명'에서 적용해 보십시오.

8. 하나님, 니느웨 백성을 추적하시다

심화토론

• 집이나 어떤 상황에서 도망가고 싶어 하는 충동은 하나님을 향한 신뢰에 관해 무엇을 말해 줍니까?

도입

가출을 시도해 본 적이 있습니까?

> Leader :....
성인이 되어 독립하는 것에 관해 말하는 것이 아닙니다. 엄마 아빠가 초콜릿 케이크를 안 사준다고 토마스 기차 가방에 과자와 장난감을 싸들고 나가는 일곱 살짜리 꼬마 같은 경우를 말하는 것입니다.

저는 해 봤습니다. 애완용 원숭이를 기르고 싶었는데, 부모님과 의견 충돌이 있었기 때문입니다. 저는 기를 자신이 있었는데, 부모님은 단호하게 거절하셨습니다. 그래서 원숭이를 차별하는 부모님의 억압으로부터 자유로운 곳으로 도망쳤습니다. 그러나 곧 저의 생각에 여러 가지 허점이 있음을 깨닫게 되었습니다.

Q 가출해 본 적이 있습니까? 언제, 어떤 일로 가출하게 되었습니까?

Q 하나님의 계획과 목적으로부터 도망치고 있다고 느낀 적이 있습니까? 우리는 왜 도망치곤 할까요?

> Leader
요나의 이야기만큼 유명한 도망 이야기는 또 없을 것입니다. 자신의 의견을 확신한 선지자는 하나님의 지시를 거역하고 하나님의 뜻과 손이 미치지 않는, 그가 상상할 수 있는 최대한 먼 곳으로 도망갔습니다. 그러나 이 이야기는 하나님에게서 도망친 한 사람에 관한 이야기라기보다는 불순종에 빠진 인간을 끝까지 찾으시는 하나님에 관한 이야기입니다.

우리는 요나의 이야기를 할 때 선지자에 초점을 두는 경향이 있지만, 요나서의 진짜 주인공은 하나님이십니다. 요나는 앙심을 품었지만, 하나님은 자비로우셨습니다. 요나는 도망갔지만, 하나님은 추적하셨습니다. 요나는 화를 냈지만, 하나님은 용서하셨습니다. 하나님은 사악한 니느웨 백성을 추적하셨습니다. 또한

:.... 불순종한 선지자 요나도 추적하셨습니다.

Session Summary

이 세션에서 우리는 백성들이 아무런 관심을 보이지 않을 때조차 하나님은 어떻게 해서든 자기 백성을 추적하기 위해 애쓰신다는 것을 볼 것입니다. 하나님은 어떤 죄인이라도 하나님께 이끄시기 위해 추적하시는 분입니다. 요나는 하나님의 부르심을 거절하고, 그의 원수들로부터 도망했던 선지자였습니다. 요나와 달리 예수님은 하나님의 부르심에 순종하고, 그분의 원수들에게 달려가셨습니다. 또한 우리가 아직 죄인 되었을 때에 우리를 위해 죽으셨습니다. 하나님은 그분의 백성이 된 우리에게 다른 사람들을 추적해 주님의 사랑과 복음을 나누라는 사명을 주셨습니다.

전개

1. 하나님이 불순종하는 선지자를 추적하셨습니다 (욘 1:1~5, 15~17)

> **Leader**
>
> 사람이 하나님에게서 도망칠 수 있을까요? 하나님은 사람과 같지 않으십니다. 그분의 손이 닿지 않는 곳이 없고, 그분의 눈은 온 땅을 살피십니다. 그러나 요나는 선지자임에도 불구하고, 하나님의 부르심을 못마땅하게 여겨 아주 멀리 도망쳤습니다. 아담과 하와처럼, 요나도 도망쳐 숨었습니다. 하나님은 아담과 하와에게 그러셨던 것처럼, 요나의 문제도 그냥 지나치지 않으셨습니다.

[1]여호와의 말씀이 아밋대의 아들 요나에게 임하니라 이르시되 [2]너는 일어나 저 큰 성읍 니느웨로 가서 그것을 향하여 외치라 그 악독이 내 앞에 상달되었음이니라 하시니라 [3]그러나 요나가 여호와의 얼굴을 피하려고 일어나 다시스로 도망하려 하여 욥바로 내려갔더니 마침 다시스로 가는 배를 만난지라 여호와의 얼굴을 피하여 그들과 함께 다시스로 가려고 뱃삯을 주고 배에 올랐더라 [4]여호와께서 큰바람을 바다 위에 내리시매 바다 가운데에 큰 폭풍이 일어나 배가 거의 깨지게 된지라 [5]사공들이 두려워하여 각각 자기의 신을 부르고 또 배를 가볍게 하려고 그 가운데 물건들을 바다에 던지니라 그러나 요나는 배 밑층에 내려가서 누워 깊이 잠이 든지라

요나가 하나님의 말씀을 들은 것은 이번이 처음이 아니었습니다. 하나님은 요나에게 북이스라엘 왕국에 임할 하나님의 은혜와 축복을 선언하게 하신 적이 있습니다(왕하 14:25).

> "이스라엘의 하나님 여호와께서 그의 종 가드헤벨 아밋대의 아들 선지자 요나를 통하여 하신 말씀과 같이 여로보암이 이스라엘 영토를 회복하되 하맛 어귀에서부터 아라바 바다까지 하였으니 이는 여호와께서 이스라엘의 고난이 심하여 매인 자도 없고 놓인 자도 없고 이스라엘을 도울 자도 없음을 보셨고 여호와께서 또 이스라엘의 이름을 천하에서 없이 하겠다고도 아니하셨으므로 요아스의 아들 여로보암의 손으로 구원하심이었더라"(왕하 14:25~27).

그러나 이번 메시지는 달랐습니다. 하나님은 요나를 이스라엘 백성이 아닌 적대 관계의 이방 민족 니느웨 백성에게 보내셨습니다. 그리고 번영의 소식이 아닌 임박한 심판의 소식을 전하게 하셨습니다.

> 처음에 요나는 임무를 받고 기뻐했을 것입니다. 세상 사람들 모두가 앗수르의 잔혹함을 알게 될 테니 말입니다. 그들은 당대의 '불량배 집단'이었습니다. 그들은 다른 민족들을 정복할 때, 잔인하게 공격하며 심하게 탄압했습니다. 2절에서 니느웨는 "큰 성읍"으로 묘사됩니다. 확실히 그랬습니다. 앗수르 제국의 중심 도시였던 니느웨는 거의 13km에 달하는 성벽으로 둘러싸여 있었습니다. 12만 명이 거주했을 정도로 큰 도시였습니다(욘 3:2).

요나에게는 하나님의 백성을 대적하는 원수들을 대면할 기회인 데다 심판을 선포할 좋은 기회였습니다. 이스라엘 백성이 그토록 바라고 기도해 왔던 심판입니다. 하나님의 말씀대로 요나는 "일어났습니다." 그런데 이후 요나는 니느웨로 직행하지 않고, 엉뚱한 곳으로 가는 배의 표를 샀습니다.

Q 왜 요나는 니느웨 백성에게 주님의 말씀을 전하는 일을 꺼렸을까요?

Q 하나님이 주신 사명을 요나처럼 못마땅하게 여긴 적이 있습니까?

> 니느웨는 이스라엘의 동쪽에 있었고, 지중해는 서쪽에 있었습니다. 요나는 문자 그대로 정반대 방향으로 갔습니다. 하나님이 그에게 가라고 하신 곳에서 가능한 한 멀리 가고자 한 것입니다. 그러나 요나가 반대 방향으로 향한 것은 니느웨 백성의 성품이 아니라, 그를 보내신 하나님의 성품 때문이었습니다.

요나는 하나님에 관해 잘 알고 있었습니다. 하나님이 은혜와 긍휼과 자비가 넘치는 분이시며, 하나님이 니느웨 백성에게 경고하시는 것은 그들로 하여금 회개하게 하기 위함이라는 것도 알았습니다. 요나는 그 일이 어떻게 끝날지 알 수 있었습니다. 그가 니느웨로 가서 주님의 말씀을 전하면, 니느웨 백성이 회개할 것이고, 하나님은 그들을 용서하실 거라는 사실을 알았던 것입니다. 심판은 없을 것입니다. 멸망도 없을 것입니다. 그러나 니느웨를 향한 요나의 증오심이 그들에게 하나님의 메시지를 전하지 못하도록 막았습니다.

> **요나처럼 우리도 하나님의 성품을 잘 압니다. 하나님은 주님을 부르는 모든 자에게 긍휼과 은혜를 베푸시는 분이라는 것을 압니다. 그러나 때때로 우리는 그러한 은혜를 받기에 합당하지 않은 사람들을 생각합니다(마치 합당함이 하나의 자격인 듯 말입니다). 그들에게 주님의 말씀을 전하지 않는다면, 우리는 그들을 판단하고 심판하고 있는 것입니다.**

하나님은 니느웨 백성을 포기하고 싶지 않으셨던 것처럼 요나가 자기 멋대로 가게 내버려 두고 싶지 않으셨습니다. 요나가 하나님에게서 도망치자, 하나님은 엄청난 폭풍을 동원해 요나를 추적하셨습니다. 하나님이 바다 위에 내리신 폭풍이 어찌나 거셌던지 단련된 선원들조차 두려움에 떨며 종교를 찾을 정도였습니다. 죽음 앞에서는 무신론자가 없듯이, 하나님이 내리신 폭풍을 맞은 배에서 무신론자는 찾아볼 수 없었습니다.

결국 요나가 아는 사실을 선원들도 알게 되었습니다. 즉 이 폭풍이 우연히 일어난 것이 아니라 요나의 불순종 때문에 일어난 것이라는 사실을 말입니다. 요나는 자기 불순종을 인정하고, 선원들에게 방향을 바꾸어 육지로 가 달라고 부탁할 수도 있었습니다. 하나님에게서 도망치는 것을 그만두기로 결심했기 때문입니다(어쨌든 무의미한 노력일 뿐이니까요). 그런데 요나는 하나님의 뜻에 굴복하기에는 너무나 교만하고 증오로 가득 차 있었습니다. 그는 차라리 죽으려고 했습니다.

¹⁵요나를 들어 바다에 던지매 바다가 뛰노는 것이 곧 그친지라 ¹⁶그 사람들이 여호와를 크게 두려워하여 여호와께 제물을 드리고 서원을 하였더라 ¹⁷여호와께서 이미 큰 물고기를 예비하사 요나를 삼키게 하셨으므로 요나가 밤낮 삼 일을 물고기 뱃속에 있으니라

> **여기서 지금까지 진행된 이야기를 잠시 요약해 봅시다. 하나님의 원수들이 있습니다. 그리고 사람들에게 회개하라는 경고 메시지를 전하라고 주님이 선택하신 하나님의 사자가 있습니다. 그 사자가 하나님의 뜻에 순종하기를 꺼리며 도망갑**

심화 주석

요나는 하나님께 순종하지 않고, 오히려 사람들에게 자신을 배 밖으로 던져서 죽여 달라고 요청했습니다. 그러나 요나의 죄 고백에도 불구하고, 이 이방인들은 한 사람을 죽게 하는 것에 대해 도덕적인 가책을 느껴 노를 저어 뭍으로 가고자 했습니다. 그러나 곧 선택의 여지가 없음을 알고, 여호와께서 사람의 생명에 관한 책임을 묻지 않으시기를 기도한 후에 요나를 바다로 던졌습니다. 이 이방인들의 정직성과 영적 민감성은 이 책을 읽는 이스라엘 독자들에게 충격을 주었을 것입니다. 히브리인이 아니면 하나님의 자비를 받을 자격이 없다고 믿는 그들의 믿음에 대치되기 때문입니다. 이것은 요나가 배워야 할 교훈입니다.

바다가 조용해지자 이방인 선원들은 "여호와를 크게 두려워했습니다"(욘 1:16). 여호와를 경외하고 예배했다는 뜻입니다. 이방인들에게 말씀을 선포해야 할 사명에서 도망가던 요나는 의도치 않게 이방인 선원 모두를 회심시켰습니다.

요나를 삼켰던 "큰 물고기"(17절)가 고래라고 확실하게 말할 수는 없습니다. 요나처럼 고래 뱃속에서 살아 나온 선원의 허풍 섞인 이야기들이 지난 몇 세기 동안 널리 있어 왔지만, 어떤 이야기도 입증된 적이 없습니다. "밤낮 삼 일"(17절)은 사흘 만에 다시 살아나신 그리스도의 부활과 병행을 이룹니다(마 12:40).³

_조 스프링클
HCSB Study Bible_

니다. 그러다가 물고기에 삼켜 삼 일 밤낮을 지냅니다. 요나의 이야기는 바로 이런 이야기입니다.

그러나 이것은 우리 이야기가 아닙니다. 우리 이야기는 우리가 하나님의 원수였다는 것입니다. 하나님은 또 다른 자, 곧 더 나은 자를 세우셔서 회개와 용서의 메시지를 전하게 하셨습니다. 그분은 자기 생명을 바치면서까지 하나님의 뜻에 전적으로 순종하셨습니다. 그분도 삼켜져 삼 일 밤낮을 보냈습니다. 다만 물고기가 아닌 무덤에 삼켜지셨습니다. 그런 후에 승리를 거두셨습니다. 예수님은 두 번째 요나이면서 더 나은 요나이십니다. 우리는 예수님 덕분에 용서함을 받은 원수들입니다.

Q 요나 이야기에서 당신은 요나에 가깝습니까? 아니면 니느웨 백성에 가깝습니까? 양쪽에서 모두 배우는 것이 왜 중요할까요?

2. 하나님이 요나와 니느웨 백성을 용서하셨습니다(욘 2:7~3:5)

큰 물고기 뱃속은 우선순위를 재평가하기에 좋은 장소입니다.

> 물고기가 요나에게 그런 환경이 되어 주었습니다. 완벽한 아버지이신 하나님은 제때 꼭 필요한 징계를 주신다는 사실을 인정하는 것은 하나님의 완벽한 부성을 신뢰하는 것이기도 합니다. 우리 삶에 그런 징계가 있다는 것은 하나님의 관심이 부족하신 증거가 아니라 오히려 사랑하심의 증거입니다.

니느웨 백성처럼 요나도 하나님께 불순종했습니다. 그는 회개하고 용서를 구해야 했습니다. 어떤 의미에서 요나는 하나님이 니느웨 백성에게 주셨던 메시지를 자신에게 선포해야 했습니다. 실제로 그는 그렇게 함으로써 이전에는 화가 났던 하나님의 은혜의 성품을 이제는 감사할 수 있게 되었습니다. 요나서 2장 7~9절은 물고기 뱃속에서 드린 그의 기도를 기록하고 있습니다.

[7]내 영혼이 내 속에서 피곤할 때에 내가 여호와를 생각하였더니 내 기도가 주께 이르렀사오며 주의 성전에 미쳤나이다 [8]거짓되고 헛된 것을 숭상하는 모든 자는 자기에게 베푸신 은혜를 버렸사오나 [9]나는 감사하는 목소리로 주께 제사를 드리며 나의 서원을 주께 갚겠나이다 구원은 여호와께 속하였나이다 하니라 [10]여호와께서 그 물고기에게 말씀하시매 요나를 육지에 토하니라

Q 당신이 하나님의 뜻에 맞게 행하도록 하나님은 당신 삶에서 어떤 훈련을 시키셨습니까?

Q 만약 당신이 요나라면, 큰 물고기 뱃속에 들어갔다 나온 후 관점이 어떻게 바뀌었을까요?

> **Leader**
> 회개한 요나에게 하나님은 니느웨로 가서 주님의 메시지를 선포하라는 명령을 다시 내리십니다. 이번에는 하나님이 좀 더 분명하게 말씀해 주셨습니다. 요나는 하나님이 그에게 하신 말씀을 있는 그대로 전해야 했습니다.

[1]여호와의 말씀이 두 번째로 요나에게 임하니라 이르시되 [2]일어나 저 큰 성읍 니느웨로 가서 내가 네게 명한 바를 그들에게 선포하라 하신지라 [3]요나가 여호와의 말씀대로 일어나서 니느웨로 가니라 니느웨는 사흘 동안 걸을 만큼 하나님 앞에 큰 성읍이더라 [4]요나가 그 성읍에 들어가서 하루 동안 다니며 외쳐 이르되 사십 일이 지나면 니느웨가 무너지리라 하였더니 [5]니느웨 사람들이 하나님을 믿고 금식을 선포하고 높고 낮은 자를 막론하고 굵은 베 옷을 입은지라

요나의 선포에는 미사여구도, 재치 있는 예화도 없었습니다. 동시대 선지자들과 달리, 요나는 물리적 행동으로 자신의 메시지를 나타내지도 않았습니다. 그저 단순히 하나님의 심판을 있는 그대로 선포했을 뿐입니다. 그러나 그 효과는 실로 엄청났습니다.

> **Leader**
> 본문의 "사흘 동안 걸을 만큼"이라는 표현은 요나가 말씀을 선포하면서 도시 한쪽 끝에서 다른 쪽 끝까지 걸어가는 데 사흘 정도 걸린다는 의미입니다. 그런데 말씀의 효력이 나타나는 데는 하루밖에 걸리지 않았습니다. 하루가 끝나갈 무렵이 되자, 말씀이 니느웨 사람 모두의 마음을 찔렀습니다. 그 결과 왕이 회개의 증표로 극단적인 금식을 선포했습니다(욘 3:7~9). 심지어 동물들까지 금식했습니다. 그렇게 온 성읍이 전심으로 하나님께 돌아왔습니다.

하나님의 말씀을 전하라는 부름을 받으면 사명을 행하는 데 두려움을 느끼거나, 자신에게는 사명을 행할 자격이나 능력이 없다고 느낄 수 있습니다. 그러나 니느웨 같은 강대국의 엎드림은 하나님의 말씀이 살아 있

하나님은 우리가 그분의 부르심에 신실하게 응답할 기회를 한 번만 주시지 않습니다. 주님은 두 번째 기회를 주시는 하나님이십니다. 그리스도의 사역 때문에라도 하나님은 절대로 우리를 포기하거나 저버리지 않으십니다. 하나님의 은혜로 요나는 회개할 뿐만 아니라 사명을 훌륭히 감당했습니다. … 놀랍게도 니느웨 백성이 진심 어린 믿음으로 반응했습니다(욘 3:5). 그들은 악한 길을 포기했습니다. 하나님의 말씀이 이전에는 하나님께 관심도 없던 사람들의 마음에 믿음을 불러일으켰고(5절), 기도에 불을 붙였으며(8절), 회개를 일으켰습니다(10절). 잔인한 이방인들이 회심한 사건에서 우리는 참된 신앙이란 마음을 바꾸시는 하나님의 초자연적인 역사를 필요로 한다는 점을 다시금 배우게 됩니다.[5]

_콜린 스미스
Gospel Transformation Bible_

고 활력이 있어서 혼과 영을 찔러 쪼개기까지 할 수 있다는 사실을 다시금 일깨워 줍니다(히 4:12). 우리는 하나님의 말씀을 담대하게 전할 수 있습니다. 우리가 위대한 웅변가여서가 아닙니다. 예수 그리스도의 복음 메시지에 담긴 내적 권세로 인해 그렇게 할 수 있습니다.

또한 우리는 마음의 소망을 가지고 회개 메시지를 선포할 수 있습니다. 왜냐하면 낮은 자에서 높은 자에 이르기까지 니느웨 백성이 모두 회개하자 하나님이 보시고 심판을 누그러뜨리셨기 때문입니다. 회개하고 예수 그리스도를 통한 하나님의 은혜를 신뢰하면, 하나님이 우리에게도 동일한 일을 행하십니다. 회개하고 예수님에게 돌아오는 모든 죄인에게 하나님은 거듭해서 그렇게 행하실 것입니다.

Q 요나의 단순한 선포가 일으킨 엄청난 결과에 놀라움을 느낀다면, 또는 그렇지 않다면 그 이유는 무엇입니까?

3. 하나님이 요나가 화가 났던 이유를 밝혀 주셨습니다(욘 4:1~4)

> 요나의 회개는 충분치 않았던 것으로 보입니다. 그는 물고기 뱃속에서 회개한 후에 하나님의 말씀을 신실하게 전했습니다. 그리고 그 결과 하나님의 말씀대로 니느웨 백성이 회개했습니다.

그러나 요나는 이러한 상황에 기뻐하기보다는 화를 냈습니다. 요나는 하나님의 말씀의 권능과 은혜로우신 성품을 확신했습니다. 그러나 니느웨 백성이 회개하며 하나님께 부르짖을 때, 개인적인 미움과 편견을 이기지 못한 요나가 팔짱을 낀 채 눈을 흘기며 서 있기만 한 것은 아닌지 의심스러울 수밖에 없습니다.

[1]요나가 매우 싫어하고 성내며 [2]여호와께 기도하여 이르되 여호와여 내가 고국에 있을 때에 이러하겠다고 말씀하지 아니하였나이까 그러므로 내가 빨리 다시스로 도망하였사오니 주께서는 은혜로우시며 자비로우시며 노하기를 더디하시며 인애가 크시사 뜻을 돌이켜 재앙을 내리지 아니하시는 하나님이신 줄을 내가 알았음이니이다 [3]여호와여 원하건대 이제 내 생명을 거두어 가소서 사는 것보다 죽는 것이 내게 나음이니이다 하니 [4]여호와께서 이르시되 네가 성내는 것이 옳으냐 하시니라

4절은 수사학적인 질문입니다. 하나님이 답을 모르셔서 질문하신 게 아니었습니다.
- 아담과 하와가 처음 죄를 지었을 때, 하나님은 "네가 어디에 있느냐?"라는 질문으로 반응하셨습니다. 그러고 나서 하와에게는 "네가 어찌하여 이렇게 하였느냐?"라고 직접 물으셨습니다(창 3:9, 13).
- 욥이 항변하자 하나님은 "내가 … 할 때에 네가 어디 있었느냐?"(욥 38:4)라고 연거푸 물으셨습니다.
- 예수님은 제자들에게 "너희는 나를 누구라 하느냐?"(마 16:15)라고 물으셨습니다.

이 모든 질문은 하나님이 아직 알지 못하신 어떤 정보를 얻기 위해 하신 것이 아니었습니다. 그들이 자기 마음속에 있는 진짜 문제를 깨닫게 하려고 이러한 질문으로 압박하셨던 것입니다.

Q 하나님은 요나가 하나님의 질문에서 무엇을 깨닫기를 원하셨습니까?

Q 왜 하나님께 화가 났는지 주님이 물으신다면 어떻게 대답하겠습니까?

요나는 바로 며칠 전에 일어났던 모든 일에도 불구하고, 여전히 자기 마음속 문제와 직면하기를 꺼렸습니다. 우상에 집착했던 니느웨 백성처럼, 요나는 미움이라는 우상에 매여 있었습니다. 그는 미움을 쉽게 떨칠 수가 없었습니다. 그렇게 하지 못함으로써 그는 하나님의 은혜로운 긍휼을 머리로는 알지만 실천하지는 못한다는 사실을 드러냈습니다.

요나처럼 우리도 마음속에서 오랫동안 품어 온 편견과 미움에 직면해야 합니다. 그것 때문에 다른 사람에게 용서와 긍휼을 베풀지 못하기 때문입니다. 다른 사람에게 악의를 품는다면, 우리는 하나님 은혜의 충만함을 진실로 이해하지 못했으며 경험하지도 못한 것입니다.

훗날 신약에서 예수님은 용서받은 경험과 다른 사람을 용서하는 방식을 결부해 이야기하셨습니다(참조, 마 18:21~35). 다른 사람을 얼마나 많이, 얼마나 자주 용서해야 하는지를 묻는 베드로에게 예수님은 엄청난 빚을 탕감받았던 종에 관한 이야기를 들려주셨습니다. 그는 자기 빚이 해결되자 즉시 나갔다가 자신에게 비교적 작은 빚을 졌던 동료를 만났습니다. 그는 자기가 받은 용서를 똑같이 베풀기보다는 동료를 "붙들어 목을 잡고 이르되 빚을 갚으라"(마 18:28)라고 했습니다.

이 일을 알게 된 주인이 그 종을 불렀습니다.

"이에 주인이 그를 불러다가 말하되 악한 종아 네가 빌기에 내가 네 빚을 전부 탕감하여 주었거늘 내가 너를 불쌍히 여김과 같이 너도 네 동

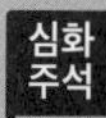 **심화 주석** 요나가 화를 냈던 한 가지 이유는 그가 생각했던 것만큼 하나님을 잘 알지 못했기 때문입니다. 그는 하나님에 관한 지식을 자랑스럽게 여겼습니다. 무엇보다 그는 유대인이었습니다. 유대인은 이방인이 소유하지 못한 하나님의 정확한 계시를 받은 민족입니다. 그들에게는 율법이 있고, 역사 속에서 행하신 하나님에 관한 기록도 있습니다. 더욱이 요나는 선지자였습니다. 보통의 유대인이 아니라 율법을 연구하고, 하나님께 지명되어 특별한 계시를 받은 자였습니다. 한마디로 하나님을 잘 아는 사람이었다는 것입니다. 그러나 그가 정말로 잘 알았습니까? 그는 하나님에 관해 알기는 알았습니다. 그것은 사실입니다. 하지만 그는 하나님이 죄에 관해 슬퍼하시는 것만큼, 죄인의 회개를 기뻐하시는 분이라는 사실은 알지 못했습니다. 그 대신 그는 그리스도의 비유에 나오듯 아버지가 탕자의 귀환을 축하하자 배신감을 느껴 부루퉁했던 첫째 아들과 같습니다. … 하나님은 심판의 하나님이십니다. 그러나 또한 자비의 하나님이시기도 합니다. 우리는 자비로우신 하나님도 알아야 합니다.[9]

_제임스 몽고메리 보이스

"하나님은 벽을 무너뜨리고, 그분의 백성이 복음을 들고 세상으로 나아가도록 인도하십니다. 회개하고 믿으면 용서받을 수 있다는 복음을 말입니다. 선교사 하나님의 부드러운 포옹에 끊임없이 노출되다 보면, 믿지 않는 자들의 고집스러운 태도가 눈 녹듯이 사라집니다."[10]

_트레빈 왁스

핵심교리
99

21. 자비로우신 하나님

'자비'란 하나님의 긍휼을 가리키는 것으로, 죄의 형벌을 사하시는 것으로 종종 나타납니다(엡 2:4~5; 딛 3:5). 인간에게 자비와 은혜는 과분합니다. 하나님의 자비와 은혜를 얻기 위해 인간이 할 수 있는 일이 아무것도 없다는 뜻에서 그렇습니다. 만약 할 수 있는 일이 있다면, 자비나 은혜는 더 이상 값없는 선물이 아닐 것입니다.

> *"요나는 종이었으나, 나는 주인이다. 그는 큰 물고기에서 살아 나왔지만, 나는 죽음에서 부활했다. 그는 멸망을 선포했으나, 나는 하나님 나라의 좋은 소식을 전파하러 왔다. 실로 니느웨 사람들은 표적 없이도 믿었지만, 나는 많은 표적을 보여 주었다. 그들은 말 외에는 아무것도 듣지 못했지만, 나는 진리를 부인할 수 없도록 하였다. 니느웨 사람들은 돌봄을 받으러 왔지만, 만물의 참 주인인 나는 위협하거나 결산을 요구하러 온 것이 아니요 용서해 주러 왔노라."[11]*
> _요한 크리소스톰

심화토론

- 회개를 촉구하는 설교를 하기에 앞서 요나가 먼저 회개해야 했던 일은 자기 점검의 중요성에 관해 무엇을 말해 줍니까?
- 정기적으로 회개하지 않으면, 다른 사람들에게 회개를 권면할 때 그 진정성이 어떻게 의심받습니까?

료를 불쌍히 여김이 마땅하지 아니하냐 하고 주인이 노하여 그 빚을 다 갚도록 그를 옥졸들에게 넘기니라 너희가 각각 마음으로부터 형제를 용서하지 아니하면 나의 하늘 아버지께서도 너희에게 이와 같이 하시리라" (마 18:32~35).

사실은 요나가 옳았습니다. 니느웨 백성은 그들의 악함으로 처벌받아 마땅했습니다. 오늘날 우리 문화에서 우리가 만나는 사람들도 하나님의 의로운 심판을 받아 마땅합니다. 우리도 마찬가지입니다. 요나도 자신의 불순종으로 처벌받아 마땅했습니다. 우상을 숭배했던 선원들도 바다에 삼켜져야 마땅했습니다. 그러나 요나가 염려했던 것처럼 하나님은 은혜롭고 긍휼하십니다. 우리는 왜 다른 사람의 곤경을 기뻐할까요? 은혜를 받을 때는 하나님의 은혜를 사랑하지만, 원수를 사랑하시는 하나님은 못마땅해하기 때문입니다.

그러나 그들이야말로 우리가 달려가 찾아야 할 사람들입니다. 우리 가운데 아주 많은 사람이 요나와 같은 상태에 있습니다. 하나님이 사랑하시는 사람들에게서 감정적으로 거리를 둔 채 말입니다. 하나님을 피해 숨을 곳이 없다는 것을 머리로는 알지만, 자꾸만 숨게 됩니다.

> Leader
>
> "사람이 마음으로 믿어 의에 이르고 입으로 시인하여 구원에 이르느니라 성경에 이르되 누구든지 그를 믿는 자는 부끄러움을 당하지 아니하리라 하니 유대인이나 헬라인이나 차별이 없음이라 한 분이신 주께서 모든 사람의 주가 되사 그를 부르는 모든 사람에게 부요하시도다 누구든지 주의 이름을 부르는 자는 구원을 받으리라 그런즉 그들이 믿지 아니하는 이를 어찌 부르리요 듣지도 못한 이를 어찌 믿으리요 전파하는 자가 없이 어찌 들으리요 보내심을 받지 아니하였으면 어찌 전파하리요 기록된 바 아름답도다 좋은 소식을 전하는 자들의 발이여 함과 같으니라"(롬 10:10~15).

결론

슬픈 요나의 이야기는 우리가 다른 사람에게 얼마나 심하게 화를 낼 수 있는지를 보여 줍니다. 문화, 인종, 질병, 배경에 따라 선을 그음으로써 하나님의 계획에 불순종하게 됩니다. 그러나 요나의 이야기에서 알 수 있듯이, 하나님은 손이 닿지 않는 이들에게 다가가길 원하십니다.

아마도 요나의 이야기에서 가장 슬픈 부분은 결말일 것입니다. 이야기가 어떻게 끝나는지 모르기 때문입니다. 요나가 정신을 차리고 회개했을까요? 그 언덕 위에서 죽었을까요? 아니면 냉소적이며 화난 상태로 이스라엘로 돌아가 다시는 하나님께 쓰임받지 못했을까요? 요나의 끝은 알 수 없지만, 우리의 끝은 여전히 우리 앞에 있습니다. 우리 이야기는 어떻게 끝날까요? 불순종의 언덕에 앉을까요? 아니면 그리스도 안에 있는 하나님의 은혜로운 성품을 기뻐하고 나눌까요?

그리스도와의 연결
요나는 하나님의 부르심을 거절하고, 자기 원수들로부터 도망했던 선지자입니다.
반면에 예수님은 하나님의 부르심을 받고, 그의 원수들에게로 달려가셨습니다. 예
수님은 우리가 아직 죄인 되었을 때, 우리를 위해 죽으셨습니다.

하나님의 계획 우리의 사명

선교적 적용   하나님은 우리에게 회개와 믿음을 통해 용서받을 수 있다는 소식을 전할 때
는 집단적 사고방식을 버리고, 마음의 벽을 허물라고 말씀하십니다.

1. 모든 민족을 제자로 삼으라고 하신 예수님의 명령에 순종하기 위해 고백해야 할 편견
   이나 사고방식은 무엇입니까?

2. 교회/공동체 차원에서 하나님 말씀의 권능에 의지할 수 있는 구체적인 방법은 무엇입
   니까?

3. 하나님은 당신이 누구에게 다가가길 원하십니까? 당신은 그에게 나아가고 있습니까?
   아니면 그에게서 달아나고 있습니까? 하나님은 그 사람을 부르기 위해 당신을 어떻게
   사용하길 원하십니까?

금주의 성경 읽기
시 131편;
138~139편;
143~145편

Summary and Goal

선지자 요엘은 사람들에게 여호와의 날에 관해 경고했습니다. '여호와의 날'이란 하나님이 그의 원수들을 심판하고, 자기 백성을 옹호하며, 세상을 회복시키시는 날입니다. 다가올 심판에 비추어 요엘은 유다 백성에게 회개를 촉구했습니다. 하나님의 영으로 회복된 신자로서 우리는 다른 사람들을 회개하게 하고, 주의 이름을 부르는 자는 누구든지 구원받으리라는 복음을 전할 사명을 받았습니다.

하나님, 유다 백성을 추적하시다

- **성경 본문**
  요엘 1:1~14
  요엘 2:12~14
  요엘 2:18, 25~32

- **세션 포인트**
  1. 하나님은 자기 백성이 자신의 죄를 슬퍼하게 하십니다(욜 1:1~14)
  2. 하나님은 자기 백성이 회개하고 돌아오게 하십니다(욜 2:12~14)
  3. 하나님은 자기 백성을 성령으로 회복시킬 것을 약속하십니다(욜 2:18, 25~32)

- **신학적 주제**
  회개란 죄를 한탄하며 죄에서 돌이켜 하나님께 나아가 용서를 구하는 것입니다.

- **그리스도와의 연결**
  요엘은 하나님의 백성에게 여호와의 날에 관해 경고했습니다. 그날은 하나님이 원수들을 심판하시고, 그분의 백성을 옹호하시며, 세상을 회복시키실 날입니다. 그날 하나님의 진노를 벗어날 유일한 방법은 그리스도에게서 찾을 수 있습니다. 그리스도께는 우리를 대신해 심판을 받으셨고, 우리는 그분의 의를 덧입었습니다.

- **선교적 적용**
  하나님은 주님의 이름을 부르는 모든 이가 구원받는다는 것을 보여 주기 위해 성령님을 보내 주셨습니다.

**Session
Plan**

도입

고대부터 사람들이 메뚜기를 두려운 존재로 느꼈던 이유를 설명해 주면서 메뚜기에 초점을 맞추어 이 세션을 시작하십시오.

가장 두려워하는 벌레는 무엇입니까? 왜 곤충들이 사람들에게 큰 두려움과 염려를 일으킬까요?

요엘서에 등장하는 메뚜기에 관해 말해 주십시오. 즉 떼를 지어 날아다니는 이 곤충이 하나님의 손에 들린 심판의 도구였다는 사실을 알게 해 주십시오. 그리고 나서 이 세션을 요약하십시오.

전개

1

**하나님은 자기 백성이
자신의 죄를 슬퍼하게 하십니다**

(욜 1:1~14)

요엘 1장 1~4절을 읽고, 요엘의 이야기가 하나님이 능동적이고 의도적으로 우리 삶에 참여하시며 심판에도 그와 같이 행하심을 보여 준다는 것을 이야기해 주십시오. 그런 다음 요엘 1장 5~14절을 읽고, 메뚜기 떼가 어떻게 사람들로 하여금 죄를 깨닫게 하는지를 설명해 주십시오.

죄를 슬퍼한다는 것은 무슨 뜻입니까?

'죄의 결과에 대해 슬퍼하는 것'과 '죄 자체를 슬퍼하는 것' 사이에는 어떤 차이점이 있습니까?

요엘 시대 사람들의 죄와 마찬가지로, 우리의 죄도 실제적이며 비통한 결과를 초래한다는 것을 강조해 주십시오. 이러한 결과는 우리가 삶에서 저지르는 죄를 깨닫고, 죄에 대해 마땅히 슬퍼하며, 나아가 행동하도록 돕습니다.

본문 후반부를 좀 더 자세히 살펴보십시오. 죄를 슬퍼하는 것에 수반되어야 할 행동은 무엇입니까?

2

**하나님은 자기 백성이
회개하고 돌아오게 하십니다**

(욜 2:12~14)

회개가 무엇이고, '돌이키는 것'과 '멈추는 것'이 어떻게 다른지를 설명해 주십시오. 자원자에게 요엘 2장 12~14절을 읽게 하십시오. 죄에서 돌이켜 하나님께로 향하는 것이 어떤 의미인지, 두 가지 측면에 초점을 맞추어 살펴보십시오.

첫째, 회개란 행동으로 표현되는 마음의 행위입니다.

왜 우리는 마음을 찢는 것보다 옷을 찢는 것에 더 솔깃할까요?

왜 회개에는 마음과 행동이 모두 수반되어야 할까요?

둘째, 회개는 은혜롭고 긍휼이 많으신 하나님이 받으십니다.

하나님의 성품을 알면 회개하는 방식에 어떤 변화가 생깁니까?

요엘 2장 18절을 읽고, 백성들이 분명히 회개했으리라는 사실에 주목하십시오. 훨씬 더 위대하고 오래 지속될 미래의 회복을 지적한 후, 요엘 2장 25~32절을 읽으십시오. 구약에 나타난 성령님의 활동에 관해 알려 준 후, 사도행전 2장에서 믿음의 공동체 전체에 성령님이 어떻게 영구적으로 내주하게 되셨는지 자세히 설명해 주십시오.

이런 방식으로 성령님이 내주하시는 것은 하나님의 성품에 관해 무엇을 말해 줍니까?

성령님이 그리스도인들 안에 사시는 것은 요엘의 예언이 성취된 것이며, 장차 있을 주님의 최후 심판 날의 증거가 된다는 것을 강조해 주십시오. 부록 4: '새 언약'을 이 용해 성령님의 내주가 새 언약의 약속과도 연결되어 있음을 보여 주십시오(다음 세션 의 주제입니다).

많은 그리스도인이 하나님의 심판에 관해 말하는 것을 힘겹게 여기는 이유는 무엇일까요?

주변 사람들에게 하나님의 심판을 알릴 수 있는 구체적인 방법에는 어떤 것들이 있을까요?

3
하나님은 자기 백성을 성령으로 회복시킬 것을 약속하십니다
(욜 2:18, 25~32)

결론

주변 사람들에게 요엘의 메시지를 나누도록 도전하십시오. 여호와의 날에 심판을 피할 길은 그리스도의 십자가뿐이라는 메시지를 나누게 하십시오. 이 세션에서 배 운 진리를 '하나님의 계획, 우리의 사명'에서 적용해 보십시오.

Session Content

9. 하나님, 유다 백성을 추적하시다

도입

> **Leader**
>
> 메뚜기(locust)는 메뚜기(grasshopper)목에 속하는 곤충입니다. 메뚜기는 나무 줄기에 허물을 남겨 놓습니다. 또한 메뚜기는 조건만 맞으면 엄청나게 번식합니다. 떼 지어 날아다니며, 농작물을 순식간에 망쳐 놓습니다. 꽤 먼 거리를 날아다니며, 머문 자리의 녹색 식물을 모두 먹어 치워 버립니다.

고대부터 사람들에게 메뚜기는 두려운 존재였습니다. 메뚜기는 떼 지어 날아다니며 농작물을 망치고 사람들의 삶을 위협했습니다. 이로 인해 사람들은 메뚜기 떼를 과학을 동원해서까지 감시하게 되었습니다. 사람들은 자신들의 삶을 위협하는 일을 막기 위해서는 무슨 일이든 합니다.

Q 가장 두려워하는 벌레는 무엇입니까? 왜 곤충들이 사람들에게 큰 두려움과 염려를 일으킬까요?

요엘 시대에는 지금처럼 농작물의 피해를 관측하고 예방하는 기관이 없었습니다. 유다 백성들의 눈앞에서 밭이 황무해지고 있었습니다. 이러한 상황에서 요엘 선지자는 사람들에게 메뚜기에 상황을 불행하게 만드는 악재 이상의 의미가 있음을 알려 줍니다. 즉 떼 지어 다니는 이 곤충이 하나님의 손에 들린 심판의 도구라는 것을 보여 준 것입니다. 백성들이 그들의 땅이 황무해져 가는 것을 지켜보며 앉아 있을 때, 요엘 선지자는 사람들에게 그들의 죄를 지적해 줄 뿐만 아니라 현재 상황이 하나님의 준엄한 심판이라는 사실을 지적해 주었습니다.

> **Leader**
>
> 그러나 이때도, 즉 전염병과 기근의 암흑기에도 회복의 소망이 있었습니다. 하나님은 그때나 지금이나 여호와의 날이 원수들에게는 심판의 날이지만, 회개하고 주님을 믿은 사람들에게는 구속의 날임을 자기 백성에게 상기시켜 주십니다.

Session Summary

　　선지자 요엘은 사람들에게 여호와의 날에 관해 경고했습니다. '여호와의 날'이란 하나님이 그의 원수들을 심판하고, 자기 백성을 옹호하며, 세상을 회복시키시는 날입니다. 다가올 심판에 비추어 요엘은 유다 백성에게 회개를 촉구했습니다. 하나님의 영으로 회복된 신자로서 우리는 다른 사람들을 회개하게 하고, 주의 이름을 부르는 자는 누구든지 구원받으리라는 복음을 전할 사명을 받았습니다.

> *"기독교의 기반은 회개입니다."[1]*
> _오스왈드 챔버스

전개

1. 하나님은 자기 백성이 자신의 죄를 슬퍼하게 하십니다

(욜 1:1~14)

> **Leader**
>
> 우리는 선지자 요엘에 관해 잘 알지 못합니다. 그러나 그가 주님께 받은 메시지는 죄의 비통한 본질을 냉철하게 일깨워 주었습니다. 요엘 시대에 전례 없는 재앙이 유다 땅을 덮쳤습니다. 그는 이것이 단순한 불행이나 우연한 사건으로 치부되지 않기를 바랐습니다. 바로 하나님의 심판이었기 때문입니다.

¹브두엘의 아들 요엘에게 임한 여호와의 말씀이라 ²늙은 자들아 너희는 이것을 들을지어다 땅의 모든 주민들아 너희는 귀를 기울일지어다 너희의 날에나 너희 조상들의 날에 이런 일이 있었느냐 ³너희는 이 일을 너희 자녀에게 말하고 너희 자녀는 자기 자녀에게 말하고 그 자녀는 후세에 말할 것이니라 ⁴팥중이가 남긴 것을 메뚜기가 먹고 메뚜기가 남긴 것을 느치가 먹고 느치가 남긴 것을 황충이 먹었도다

　　요엘의 말은 하나님이 피조세계를 다스리는 데 수동적이지 않으심을 알려 줍니다. 하나님은 삶의 가장 은밀하고 세밀한 점들까지 적극적으로 간섭하십니다.

> **Leader**
>
> 훗날 예수님은 제자들에게 염려하지 말라고 명령하시면서 이러한 진리의 긍정적인 면을 이렇게 표현하셨습니다. "그러므로 내가 너희에게 이르노니 목숨을 위하여 무엇을 먹을까 무엇을 마실까 몸을 위하여 무엇을 입을까 염려하지 말라 목숨이 음식보다 중하지 아니하며 몸이 의복보다 중하지 아니하냐 공중의 새를 보라

심지도 않고 거두지도 않고 창고에 모아들이지도 아니하되 너희 하늘 아버지께
서 기르시나니 너희는 이것들보다 귀하지 아니하냐"(마 6:25~26).
믿는 자들이 염려하지 않을 수 있는 것은 하나님이 삶의 구석구석에 깊이 간섭해
주시기 때문입니다.

하나님이 삶에 개입하시는 것이 무서운 점은 때때로 끔찍한 일들이
하나님이 심판하시는 결과로 일어난다는 것입니다. 요엘 시대 사람들이 처
한 상황은 우연의 결과가 아니었습니다. 요엘은 백성들에게 하나님의 개입
하심에 비추어 그들이 처한 현실의 진상을 인식하고, 하나님의 심판을 초
래한 그들의 죄를 슬퍼해야 한다고 말했습니다.

[5]취하는 자들아 너희는 깨어 울지어다 포도주를 마시는 자들아 너희는 울지어
다 이는 단 포도주가 너희 입에서 끊어졌음이니 [6]다른 한 민족이 내 땅에 올라
왔음이로다 그들은 강하고 수가 많으며 그 이빨은 사자의 이빨 같고 그 어금니
는 암사자의 어금니 같도다 [7]그들이 내 포도나무를 멸하며 내 무화과나무를 긁
어 말갛게 벗겨서 버리니 그 모든 가지가 하얗게 되었도다 [8]너희는 처녀가 어렸
을 때에 약혼한 남자로 말미암아 굵은 베로 동이고 애곡함같이 할지어다 [9]소제
와 전제가 여호와의 성전에서 끊어졌고 여호와께 수종 드는 제사장은 슬퍼하
도다 [10]밭이 황무하고 토지가 마르니 곡식이 떨어지며 새 포도주가 말랐고 기름
이 다하였도다 [11]농부들아 너희는 부끄러워할지어다 포도원을 가꾸는 자들아
곡할지어다 이는 밀과 보리 때문이라 밭의 소산이 다 없어졌음이로다 [12]포도나
무가 시들었고 무화과나무가 말랐으며 석류나무와 대추나무와 사과나무와 밭
의 모든 나무가 다 시들었으니 이러므로 사람의 즐거움이 말랐도다 [13]제사장들
아 너희는 굵은 베로 동이고 슬피 울지어다 제단에 수종 드는 자들아 너희는 울
지어다 내 하나님께 수종 드는 자들아 너희는 와서 굵은 베 옷을 입고 밤이 새
도록 누울지어다 이는 소제와 전제를 너희 하나님의 성전에 드리지 못함이로다
[14]너희는 금식일을 정하고 성회를 소집하여 장로들과 이 땅의 모든 주민들을 너
희 하나님 여호와의 성전으로 모으고 여호와께 부르짖을지어다

요엘은 백성들에게 현실이라는 강력한 약을 처방했습니다. 메뚜기
떼는 백성들이 자기 죄를 깨닫고, 주님께 돌아오도록 일깨우기 위한 것이
었습니다. 회개에는 죄에 대한 슬픔이 동반되어야 합니다.

 죄를 슬퍼한다는 것은 무슨 뜻입니까?

Q '죄의 결과에 대해 슬퍼하는 것'과 '죄 자체를 슬퍼하는 것' 사이에는 어떤 차이점이 있습니까?

> 백성들은 자기 죄의 결과를 눈으로 확인할 수 있었습니다. 땅은 황폐해졌고, 들은 파괴되었습니다. 생계의 근원과 세속적인 기쁨의 원천을 모두 빼앗긴 것입니다.

요엘 시대 백성들의 죄처럼, 우리의 죄도 실제적이며 비통한 결과들을 초래합니다. 이러한 일들을 단지 실수의 결과일 뿐이라고 생각하고 싶은 유혹을 받을 수도 있지만, 이것은 훨씬 더 큰 문제입니다. 이러한 상황들은 우리에게 내리시는 하나님의 징계의 증거입니다. 이처럼 곤란하고 때때로 처참하기까지 한 상황들에서 하나님의 역사를 발견하기 전까지는 자신이 삶에서 저지른 죄를 인식하지 못하고 제대로 슬퍼하지도 못할 것입니다.

> '죄의 결과에 대해 슬퍼하는 것'과 '죄 자체를 슬퍼하는 것' 사이에는 차이가 있습니다. 전자는 우리를 후자로 나아가게 합니다. 우리가 죄를 슬퍼해야 하는 가장 큰 이유는 그것이 우리 삶에서 행해졌기 때문이 아니라, 하나님의 마음과 영광 앞에서 행해졌기 때문입니다.

하나님은 우리 아버지이십니다. 죄를 지음으로써 하나님의 지혜와 방법에 관한 믿음이 부족하다는 것이 드러납니다. 그러므로 죄는 하나님께 인격적인 모독입니다. 우리는 주님의 대사로 보냄받은 세상에서 주님과 주님에 관해 저지르고 있는 죄에 대해 슬퍼해야 합니다. 그런데 죄에 대한 슬픔은 단순한 감정적인 반응을 넘어 요엘 시대에 그랬던 것처럼 행동을 요구합니다.

Q 본문 후반부를 좀 더 자세히 살펴보십시오. 죄를 슬퍼하는 것에 수반되어야 할 행동은 무엇입니까?

2. 하나님은 자기 백성이 회개하고 돌아오게 하십니다(욜 2:12~14)

> '회개하다'라는 단어를 보면 어떤 이미지가 떠오릅니까? 길거리에서 "회개하라! 종말이 다가오고 있다!"라고 목청껏 소리 지르는 미치광이 설교자가 떠오른다면, 이것은 회개의 의미를 오해하고 있다는 것을 보여 줍니다. 또한 우리는 종종 '회개하다'가 '그만두다'를 의미한다고 생각합니다. 그것이 우상 숭배든, 불륜이든,

> "죄에 관한 슬픔과 비탄은 단지 진노에 대한 두려움에서만 비롯되어서는 안 됩니다. 만약 그것 외에 다른 근거가 없다면, 그 슬픔과 비탄은, 자기애에서 기인할 뿐 하나님을 향한 사랑에서 기인한 것은 아닙니다."[4]
> _조지 화이트필드

심화 주석 회개는 자기 죄에 대한 경건한 슬픔이며 죄에서 돌이키겠다는 결단입니다. 동기에 따라 여러 모양으로 잘못을 후회합니다. 죄의 결과가 불쾌했다면, 당연히 후회스러울 것입니다. 그러나 그것은 참된 회개가 아닙니다.
진정한 회개는 하나님께 잘못한 일과 하나님께 드린 상처 때문에 자기 죄를 슬퍼하는 것입니다. 이런 슬픔에는 죄를 버리겠다는 순전한 바람이 뒤따릅니다. 죄에 대한 후회는 그 죄가 개인에게 미치는 결과와 상관없이 존재합니다.[5]
_밀라드 에릭슨

탐식이든, 하고 있던 것이 무엇이든지 간에 이를 악물고 그만두어야 한다고 생각하는 것입니다. 그러나 회개에 관한 이런 해석은 성경적 사랑의 이미지를 놓치게 합니다. 회개는 돌이키는 것이지, 그만두는 것이 아닙니다.

돌이키는 것은 그만두는 것과는 다릅니다. 그만두는 것보다 더 넓은 개념입니다. 그만두더라도 여전히 새로운 방향을 향할 수 있습니다. 죄의 행동을 그만두는 것이 중요하긴 하지만, 그것은 회개에 절반밖에 이르지 못한 것과 같습니다. '회개한다는 것'은 단순히 그만두는 것이 아닙니다. 그만두는 것으로는 충분하지 않기 때문입니다. 회개는 돌이키는 것입니다. 그만둘 뿐만 아니라 돌이키기까지 하는 것은 하고 있던 행동보다 더 나은 것을 선택한다는 것입니다. 달리 말하자면, 회개는 단지 무엇에서 벗어나는 것이 아니라, 무엇을 향해 나아가는 것입니다.

요엘 시대에 하나님은 백성이 죄짓기를 그만둘 뿐만 아니라, 기쁨과 만족의 유일한 참 근원으로 돌이켜야 한다고 말씀하셨습니다.

[12]여호와의 말씀에 너희는 이제라도 금식하고 울며 애통하고 마음을 다하여 내게로 돌아오라 하셨나니 [13]너희는 옷을 찢지 말고 마음을 찢고 너희 하나님 여호와께로 돌아올지어다 그는 은혜로우시며 자비로우시며 노하기를 더디하시며 인애가 크시사 뜻을 돌이켜 재앙을 내리지 아니하시나니 [14]주께서 혹시 마음과 뜻을 돌이키시고 그 뒤에 복을 내리사 너희 하나님 여호와께 소제와 전제를 드리게 하지 아니하실는지 누가 알겠느냐

> 우리는 성경 전체에서 요엘처럼 백성들에게 하나님께 회개하고 돌아오라고 부르짖는 외침을 발견할 수 있습니다. 구약에서 선지자들은 민족의 죄가 한창일 때 회개를 촉구했습니다(사 1:4, 16~31; 암 4:6~11). 회개는 세례 요한의 핵심 메시지였습니다(마 3:2). 회개는 예수님의 비유에 등장하는, 돌아온 탕자의 모습입니다(눅 15:11~32). 그리고 회개는 오순절 날, 예수님이 십자가에서 죽으셨다가 죽은 자 가운데서 다시 살아나셨다는 사실을 들은 사람들이 무엇을 해야 할지 물었을 때, 베드로가 사람들에게 준 답이기도 합니다(행 2:37~40).

요엘서의 이 본문에서 우리는 회개의 진정한 의미를 두 가지 측면에서 살펴볼 수 있습니다.

첫째, 회개란 행동으로 표현되는 마음의 행위입니다.

> 본문에서 마음이 분명히 강조된 것을 볼 수 있습니다. 요엘은 백성들에게 온 마음을 다해 하나님께 돌아올 것을 요청하며, 옷만 찢지 말고 자기 마음을 찢어야 한다고 상기시켰습니다.

회개의 겉모습은 만들어낼 수 있습니다. 간단한 행동을 통해 죄에 대해 슬퍼하는 듯 보이게 할 수 있습니다. 눈물을 흘리거나 금식하거나 옷을 찢는 것입니다. 이와 같은 행동은 애도와 슬픔을 나타내는 성경적 표현 방법이기 때문입니다. 하지만 마음에서 우러나온 것이 아니라면, 그것은 회개가 아니라 위선일 뿐입니다.

반면 온 마음을 다한 참된 회개는 반드시 행동으로 나타나기 마련입니다(약 2:20~26; 참조, 갈 5:6). 진심에서 우러나온 것은 언제나 실제적인 방식으로 드러나기 때문입니다.

> **Leader** 오늘날 우리에게 요구되는 회개의 행동은 옷을 찢거나 금식하는 것을 의미하지 않을 수 있습니다. 그보다 더 중요한 것은 옛 습관과 태도에서 돌이키고, 부당하게 대했던 사람들에게 적극적으로 용서를 구하며, 마음속 깊은 곳에서 일어난 일과 일치하는 변화된 삶의 방식으로 살아가는 것입니다.

Q 왜 우리는 마음을 찢는 것보다 옷을 찢는 것에 더 솔깃할까요?

Q 왜 회개에는 마음과 행동이 모두 수반되어야 할까요?

둘째, 회개는 은혜롭고 긍휼이 많으신 하나님이 받으십니다.

> **Leader** 자신이 부당하게 대했던 사람에게 잘못을 인정하며 겸손히 다가가는 일에는 위험 요소가 따릅니다. 그가 어떻게 반응할지 알 수 없기 때문입니다. 따뜻하게 맞아 줄 수도 있지만, 비웃을 수도 있습니다. 화해를 원할 수도 있지만, 앙심을 품을 수도 있습니다. 우리는 요엘서에서 하나님께 돌이킬 때는 그런 위험이 없다는 것을 배울 수 있습니다.

하나님께 회개하러 나아갈 때, 우리는 주님의 반응을 염려할 필요가 없습니다. 주님은 용서하고 사랑하기를 참지 않으실 것입니다. 하나님은 우리가 주님의 자비를 받을 자격이 있음을 증명할 때까지 우리를 '영적 근신'에 처하시는 분이 아닙니다. 오히려 주님에게 나아오는 모든 이에게 자비와 은혜를 기꺼이 값없이 베푸시는 분입니다.

> **Leader** 하나님은 모든 족속, 방언, 민족의 사람들을 추적하고 계십니다. 복음에 나타난 하나님의 은혜로운 성품을 알기 위해 다가오는 사람들을 맞이할 준비가 되어 있으십니다. 예수 그리스도의 죽음과 부활은 하나님의 은혜와 자비의 최종적인 선언입니다. 자기 아들의 희생으로 사랑하심을 보여 주신 하나님은 모든 족속과 방언과 민족의 사람들이 회개하고 돌아와 두 팔 벌리고 기다리고 계신 주님을 발견하기를 원하십니다.

 구약의 선지자들은 여호와께서 그의 백성에게 새로운 마음과 정신을 주심으로써 언약과 율법을 지킬 수 있게 하실 때를 고대했습니다(사 32:15~20; 렘 31:33; 겔 36:26~30). 그분의 '영'을 주시는 것은 그들이 죄 사함을 받을 때 일어날 것입니다. 오순절에 베드로는 주의 이름을 부르면 성령을 선물로 받고 죄가 용서된다는 것을 알려 주었습니다(행 2:21, 38~40). 예수님을 메시아요 구원자로 받아들인다면, 성령을 선물로 받을 것입니다.
요엘서에 등장하는 성령에 대한 여호와의 약속은 몇 사람에게만이 아니라 '만민' 중에 믿는 사람은 누구에게나 주시는 것입니다. 베드로는 이 선물이 이스라엘에만 국한되지 않고, "모든 먼 데 사람 곧 주 우리 하나님이 얼마든지 부르시는 자들"(행 2:39)을 위한 것임을 알았습니다. 요엘서의 이 예언은 오순절과 '이방인들의 오순절'(행 10장)에 부분적으로 성취되었으며, 교회 시대 내내 계속 성취되어 가고 있습니다(롬 10:13). 최종적인 성취는 유대인의 회심에서 일어날 것입니다(롬 11:26~27). 모세는 "여호와께서 그의 영을 그의 모든 백성에게 주사 다 선지자가 되게 하시기를 원하노라"(민 11:29)라고 말했습니다.
여호와의 날을 알리는 우주적 표지들은 신자들에게는 경외감을, 불신자들에게는 두려움을 불러일으킵니다. 이날은 구원의 날인 동시에 심판의 날입니다(계 6:12~17). [9]

_손 C. 매든
HCSB Study Bible

 하나님의 성품을 알면 회개하는 방식에 어떤 변화가 생깁니까?

3. 하나님은 자기 백성을 성령으로 회복시킬 것을 약속하십니다(욜 2:18, 25~32)

요엘서 2장 18절을 기점으로 요엘 선지자의 메시지는 '회개를 요구하는 하나님의 부르심에 관한 것'에서 '하나님의 백성에게 약속된 회복을 고대하는 것'으로 전환됩니다.

18 그때에 여호와께서 자기의 땅을 극진히 사랑하시어 그의 백성을 불쌍히 여기실 것이라

본문은 정확히 무슨 일이 있었는지 알려 주지 않지만, 이후 요엘서의 분위기가 극적으로 바뀐다는 점에서 몇몇 학자들은 그 사이에 백성들이 요엘의 메시지를 받아들였다고 믿습니다. 백성들이 회개하고, 그들의 땅에서 펼쳐지는 주님의 긍휼을 보기 시작했다는 것입니다. 2장에서 우리는 하나님의 회복 약속이 즉각적으로 성취되었을 뿐만 아니라, 본문이 하나님의 영에 의한 훨씬 더 위대하고 지속적인 회복을 가리키고 있음을 보게 됩니다.

25 내가 전에 너희에게 보낸 큰 군대 곧 메뚜기와 느치와 황충과 팥중이가 먹은 햇수대로 너희에게 갚아 주리니 26 너희는 먹되 풍족히 먹고 너희에게 놀라운 일을 행하신 너희 하나님 여호와의 이름을 찬송할 것이라 내 백성이 영원히 수치를 당하지 아니하리로다 27 그런즉 내가 이스라엘 가운데에 있어 너희 하나님 여호와가 되고 다른 이가 없는 줄을 너희가 알 것이라 내 백성이 영원히 수치를 당하지 아니하리로다 28 그 후에 내가 내 영을 만민에게 부어 주리니 너희 자녀들이 장래 일을 말할 것이며 너희 늙은이는 꿈을 꾸며 너희 젊은이는 이상을 볼 것이며 29 그때에 내가 또 내 영을 남종과 여종에게 부어 줄 것이며 30 내가 이적을 하늘과 땅에 베풀리니 곧 피와 불과 연기 기둥이라 31 여호와의 크고 두려운 날이 이르기 전에 해가 어두워지고 달이 핏빛같이 변하려니와 32 누구든지 여호와의 이름을 부르는 자는 구원을 얻으리니 이는 나 여호와의 말대로 시온산과 예루살렘에서 피할 자가 있을 것임이요 남은 자 중에 나 여호와의 부름을 받을 자가 있을 것임이니라

성령님은 구약에서도 분명히 활동하셨습니다(참조, 창 1:2; 출 35:31).

창세기 1장 2절에서 우리는 하나님의 영이 수면 위에 운행하신 것을 봤습니다. 또한 성령님은 브살렐에 임하셔서 그를 충만하게 하시고 하나님의 성막을 세울 수 있게 하셨습니다(출 35:31). 그리고 사울에게 임하셔서 그로 하여금 예언을 시작하게 하셨습니다(삼상 19:23). 사사기에는 주기적으로 나타나셔서 사사들에게 턱뼈로 적을 물리칠 수 있을 정도의 힘을 주기도 하셨습니다(삿 15:14~20).

그러나 사도행전부터는 이전과 전혀 다르게 나타납니다. 사도행전 2장에서 성령님은 개인뿐 아니라, 믿음의 공동체 전체에 임하셨습니다. 구약성경에서는 노인들에게 특별한 존경이 주어졌지만, 성령님의 임재는 "존경받을 만한 자들"에게뿐만 아니라 "온 인류"에 후히 주어질 것입니다. 높은 자에서 낮은 자까지, 부자에서 가난한 자까지, 주님이 성령님으로 그들 모두에게 임하실 것입니다. 예수님이 약속하셨듯이, 그날이 오면 성령님이 잠시 다녀가시는 것이 아니라 영원히 거하실 것입니다. 즉 예수님을 믿는 사람들 안에 영원히 거하실 것입니다.

Q 이런 방식으로 성령님이 내주하시는 것은 하나님의 성품에 관해 무엇을 말해 줍니까?

당신이 그리스도인이라면, 성령님이 당신 안에 임재해 계십니다. 당신은 요엘이 고대했던 바로 그날의 증거입니다. 나이, 성별, 인종, 사회경제적 조건과 상관없이 성령님이 내주하신다는 사실은 하나님의 관대하심과 자기 백성과 친밀한 관계를 맺고 살기를 원하시는 하나님의 바람을 보여 줍니다. 그런데 본문을 자세히 살펴보면, 성령님에 대한 약속이 "여호와의 크고 두려운 날"이라는 맥락 속에 자리하고 있습니다. 요엘이 묘사한 여호와의 날에는 성령님의 부으심뿐 아니라, 공포와 심판이 가득할 것입니다.

성령님이 내주하시는 시대에 살고 있지만, 우리에게 여호와의 날이 올 것입니다. 마침내 하나님이 원수들에게 마지막 심판을 내리시는 날 말입니다. 그러나 우리에게는 이날의 심판을 피할 길이 마련되어 있습니다. 바로 십자가입니다.

Q 많은 그리스도인이 하나님의 심판에 관해 말하는 것을 힘겹게 여기는 이유는 무엇일까요?

> _"우리는 하나님을 기뻐하도록 초청받았는데, 하나님은 자기의 부르심에 기쁨과 겸손함으로 응답하며 구원받고자 나아오는 자들에게 성령을 계속 부어 주십니다."[10]_
> _데이비드 프라이어

> _"주님은 회개하는 죄인들에게 이렇게 말씀하십니다. '두려워하지 말고 기뻐하며 즐거워할지어다 여호와께서 큰 일을 행하셨음이로다'(욜 2:21). 허송세월을 보낸 것을 부끄러워하지 않아도 됩니다. 하나님이 당신에게서 악한 군대를 제거하실 것입니다. 당신은 먹고 만족하며, 다시는 수치를 당하지 아니할 것입니다"(욜 2:19~20, 26~27).[11]_
> _데이비드 윌커슨

Q 주변 사람들에게 하나님의 심판을 알릴 수 있는 구체적인 방법에는 어떤 것들이 있을까요?

결론

오늘날 우리는 여호와의 날을 고대하며, 인류의 죄에 관한 하나님의 인내가 영원히 지속되지는 않으리라는 사실을 기억해야 합니다. 우리가 예수 그리스도의 복음을 가지고 행한 일들에 대해 결산할 날이 다가오고 있습니다. 오늘날 하나님의 심판에 관해 말하는 것이 인기가 없을지라도, 심판은 피할 수 없는 현실입니다. 따라서 하나님의 사랑에 관해 말하는 것은 좋아하면서도 죄를 심판하러 오시리라는 현실에 관해 말하는 것은 주저하는 그리스도인이 되어서는 안 됩니다. 성령의 은사를 깊이 맛보면서도 주변 사람들에게 심판을 피할 길을 알려 주지 않는 인색한 사람이 되어서는 안 됩니다. 심판을 피할 길은 분명히 있습니다. 그러니 주변 사람들에게 이 메시지를 적극적으로 전해야 합니다.

그리스도와의 연결

요엘은 하나님의 백성에게 여호와의 날에 관해 경고했습니다. 그날은 하나님이 원수들을 심판하시고, 그분의 백성을 옹호하시며, 세상을 회복시키실 날입니다. 그날 하나님의 진노를 벗어날 유일한 방법은 그리스도에게서 찾을 수 있습니다. 그리스도께는 우리를 대신해 심판을 받으셨고, 우리는 그분의 의를 덧입었습니다.

하나님의 계획 우리의 사명

선교적 적용 하나님은 주님의 이름을 부르는 모든 이가 구원받는다는 것을 보여 주기 위해 성령님을 보내 주셨습니다.

1. 죄를 슬퍼하는 모습을 어떻게 나타내야 하나님을 영화롭게 하고, 사명에 신뢰성을 얻을 수 있을까요?

2. 회개의 태도가 그리스도인의 삶을 사는 데 유익하면서도 필수적인 이유는 무엇입니까?

3. 성령님은 당신이 사람들에게 예수님을 전하는 사명을 잘 감당할 수 있도록 어떻게 준비시키셨습니까? 믿는 사람이나 믿지 않는 사람도 격려할 수 있도록 영적 은사들을 어떻게 사용할 수 있을까요?

Summary and Goal

예레미야는 태어나기 전에 하나님의 선지자로 부름받았습니다. 그의 예언은 백성들이 듣고 싶어 하는 내용과 정반대였기 때문에, 예레미야는 반대와 핍박에 직면했습니다. 그러나 이러한 난관에도 불구하고, 예레미야는 하나님의 부르심에 신실했습니다. 예레미야의 슬픔에서 하나님의 선한 마음을 볼 수 있습니다. 그 마음은 회개하지 않는 예루살렘 백성들을 보고 우셨던 예수님에게서 가장 잘 표현되었습니다. 우리는 예레미야의 이야기에서 주님의 메시지를 전하라고 우리를 부르신 하나님이 그 사명을 감당할 힘도 주신다는 사실을 배울 수 있습니다.

하나님, 예레미야를 부르시다

- **성경 본문**
  예레미야 1:4~10

- **세션 포인트**
  1. 하나님은 우리가 태어나기 전부터 우리를 위한 계획을 가지고 계십니다
     (렘 1:4~5)
  2. 하나님이 임재하시면 사명을 가로막는 장애물들을 극복할 수 있습니다
     (렘 1:6~8)
  3. 우리는 하나님의 말씀을 선포해야 합니다(렘 1:9~10)

- **신학적 주제**
  하나님은 선택하신 자들이 주의 이름으로 섬기도록 준비시키십니다.

- **그리스도와의 연결**
  예레미야는 백성을 향한 사랑이 얼마나 큰지, 하나님의 메시지를 전할 때 종종 울었습니다. 이 때문에 그는 '눈물의 선지자'로 알려졌습니다. 예레미야의 슬픔에서 하나님의 선한 마음을 엿볼 수 있습니다. 이러한 하나님의 마음은 회개하지 않으려는 예루살렘 백성들을 보고 우셨던 예수님에게서 가장 잘 표현되었습니다.

- **선교적 적용**
  하나님의 사명을 감당하며 살 때 부딪히게 되는 난관들을 극복하기 위해서는 하나님을 신뢰해야 합니다.

**Session
Plan**

도입

케이크 만들기를 배워 본 적 없는 상태에서 생일 케이크를 만들어야 하는 상황을 함께 생각해 보십시오.

어떤 일을 요청받았지만, 준비되어 있지 않음을 느낀 적이 있습니까? 그때 어떻게 반응했습니까?

예레미야처럼 어떤 일에 하나님의 부르심을 받았지만 그 일에 준비되어 있지 않을 때 느끼는 감정에 대해 나눈 후, 이 세션을 요약하십시오.

전개

1

하나님은 우리가 태어나기 전부터 우리를 위한 계획을 가지고 계십니다

(렘 1:4~5)

예레미야가 태어나기 전의 유다 상황과 그가 부름받았을 때 일어났던 영적 각성을 소개해 주십시오(부록 3: '예레미야의 생애'와 부록 5: '분열 왕국'을 이용해 당시 상황을 보여 주십시오). 그리고 나서 예레미야 1장 4~5절을 읽으십시오. 하나님이 능동적으로 우리를 지으신다는 것이 어떤 의미인지 설명해 주십시오.

우리가 하나님이 사람을 지으신다는 것을 제대로 인식하지 못하는 이유는 무엇일까요?

하나님이 정말로 우리를 지으셨다는 사실을 깨달으면, 우리 자신과 자녀들을 바라보는 시선이 어떻게 달라질까요?

예레미야처럼 우리도 하나님이 능동적으로 부르신다는 점을 지적해 주십시오. 시간이 허락한다면, 예레미야와 바울의 부르심의 유사점을 언급해 주십시오.

하나님이 우리 삶에 목적과 계획을 가지고 계시다는 사실에 대해 얼마나 자주 생각합니까?

이런 생각을 자주 하면 일상생활이 어떻게 달라질까요?

2

하나님이 임재하시면 사명을 가로막는 장애물들을 극복할 수 있습니다

(렘 1:6~8)

자원자에게 예레미야 1장 6~8절을 읽게 하십시오. 모세처럼 예레미야도 자신에게 초점을 두었지만, 하나님이 그 초점을 주님에게로 돌리셨다는 것에 주목하십시오.

하나님이 주신 사명을 위해 살려면, 자기 자신이 아닌 하나님께 초점을 맞추어야 하는 이유는 무엇입니까?

주님께 시선을 고정하지 않으면, 어떤 일이 벌어집니까?

우리의 능력이 아닌 주님의 임재가 우선임을 강조하십시오. 그러나 사명을 감당하는 데 있어서 '성공'의 의미는 신실함임을 분명히 알게 하십시오. 성공적으로 사명을 감당하는 신실함의 예로 예레미야의 이야기를 들려주십시오.

복음을 전하는 데 어떤 어려움이 있습니까?

하나님의 변함없으신 임재를 기억하는 것은 복음을 전하는 데 어떤 도움이 됩니까?

3 우리는 하나님의 말씀을 선포해야 합니다
(렘 1:9~10)

예레미야 1장 9~10절을 읽으십시오. 예레미야가 온 땅에 전할 하나님의 말씀을 받았다는 사실을 강조하십시오. 하나님께 말씀을 받음으로써 어떻게 담대해질 수 있는지 설명해 주십시오.

하나님의 말씀을 선포하는 데 방해가 되는 것은 무엇입니까?

하나님의 말씀을 선포하려면, 성경에 대한 어떤 믿음이 필요합니까?

하나님은 땅끝까지 복음을 전하라고 명령하셨을 뿐만 아니라, 전할 메시지를 공급해 주셨음을 지적해 주십시오. 그러므로 우리는 말씀을 알아야 하고, 말씀을 전해야 합니다.

결론

예레미야가 백성들의 상태를 보고 우셨던 또 다른 선지자인 예수님을 생각나게 한다는 이야기로 이 세션을 마무리하십시오. 마태복음 23장 37~39절을 큰 소리로 읽게 한 후, 죄인을 향한 하나님의 긍휼의 마음을 가질 수 있도록 개인적 또는 공동으로 기도할 것을 권면하십시오. 이 세션에서 배운 진리를 '하나님의 계획, 우리의 사명'에서 적용해 보십시오.

**Session
Content**

10. 하나님, 예레미야를 부르시다

도입

친한 친구가 생일 파티를 하는데, 그가 원하는 선물은 특별한 케이크 뿐이라고 상상해 보십시오. 사랑하는 친구를 위해 이 선물을 꼭 해주고 싶을 것입니다. 하지만 계량스푼을 사용해 밀가루의 양을 재 본 적도 없고, 버터나 초콜릿을 녹여 본 적도 없습니다. 도움이 될 만한 것은 완성된 생일 케이크 사진뿐입니다. 당신은 준비 단계에서 최종 완성품까지 모두 혼자 진행해야 합니다.

> **Leader**
> 또는 야구를 해 본 적이 없는데, 선발 유격수로 뛰어야 하는 상황을 상상해 보십시오. 아니면 피아노 연주를 배워 본 적이 없는데, 클래식 피아노 연주회를 해야 하는 상황을 상상해 보십시오. 이렇게 주어진 임무를 수행하기 위해서는 그 임무가 무엇인지를 알아야 할 뿐만 아니라, 제대로 준비되어 있어야 합니다. 부름받은 일을 감당하기 위해서는 그에 맞는 장비와 제대로 된 훈련이 필요합니다.

Q 어떤 일을 요청받았지만, 준비되어 있지 않음을 느낀 적이 있습니까? 그때 어떻게 반응했습니까?

우리는 때로 우리 삶을 위한 하나님의 뜻을 따르는 일의 의미를 생각하면서 이와 같은 종류의 두려움을 느낍니다. 우리는 세상의 빛과 소금으로 부름받았습니다. 세상에 물들지 않으면서도 세상을 사랑하고, 발이 닿는 곳마다 예수 그리스도의 복음을 전하는 자가 되기 위해서입니다. 이것은 우주에서 가장 위대한 사명입니다. 그렇기 때문에 그처럼 엄청난 목적을 수행하기에는 자신이 준비되어 있지 않다고 느낄 수 있습니다.

예레미야도 그렇게 느꼈습니다. 그러나 하나님의 선지자인 그는 주님이 자신이 선택하신 자를 아무런 준비도 되지 않은 상태로 버려두지 않으신다는 것을 배웠습니다. 우리도 이것을 배울 것입니다. 하나님은 자신이 선택하신 자들이 자기의 이름을 섬기도록 준비시키십니다.

Session Summary

예레미야는 태어나기 전에 하나님의 선지자로 부름받았습니다. 그의 예언은 백성들이 듣고 싶어 하는 내용과 정반대였기 때문에, 예레미야는 반대와 핍박에 직면했습니다. 그러나 이러한 난관에도 불구하고, 예레미야는 하나님의 부르심에 신실했습니다. 예레미야의 슬픔에서 하나님의 선한 마음을 볼 수 있습니다. 그 마음은 회개하지 않는 예루살렘 백성들을 보고 우셨던 예수님에게서 가장 잘 표현되었습니다. 우리는 예레미야의 이야기에서 주님의 메시지를 전하라고 우리를 부르신 하나님이 그 사명을 감당할 힘도 주신다는 사실을 배울 수 있습니다.

> *"때때로 하나님의 백성은 다른 이들을 위해 울고, 그들을 위해 호소하는 중보 기도를 함으로써 눈물로 씨를 뿌립니다. 또한 때때로 이사야, 예레미야, 에스겔 선지자처럼 세상의 깨어진 관계들에 긍휼함으로 울면서 눈물로 씨를 뿌립니다. 그들과 자신을 동일시하면서 잃어버린 자들을 위해 슬퍼하고, 그들의 고통에 괴로워합니다."[1]*
> _메리 윌슨

전개

1. 하나님은 우리가 태어나기 전부터 우리를 위한 계획을 가지고 계십니다(렘 1:4~5)

> **Leader**

부모는 누구나 자녀가 어떤 사람이 될지, 무슨 일을 하게 될지 꿈을 꿉니다. 대부분의 경우 부모의 꿈과 열망은 부모의 인생이나 부모가 원하는 바에 근거해 생겨납니다. 예를 들어, 운동 신경이 뛰어난 아빠라면 아기를 무릎 위에 앉히고는 장차 위대한 스포츠 선수가 되는 꿈을 꿀 것입니다. 위대한 음악가가 될 원했지만 기회를 놓친 엄마라면 자녀가 자신이 이루었던 것 이상으로 성취해 내는 꿈을 꿀 것입니다.

부모는 누구나 자녀를 위한 목적과 열망을 가지고 있습니다. 그러나 그것을 실현하기 위해서 부모가 할 수 있는 것과 해야 하는 것에는 한계가 있습니다. 그리고 그 한계는 자녀의 기질에 따라 정해집니다. 자녀가 어떤 것에 열중하는가를 발견하는 것은 양육의 한 부분입니다. 즉 자녀가 무엇을 좋아하고, 무엇을 잘하는지를 알아야 합니다. 부모는 자녀의 미래에 관해 자신이 원하는 모든 것을 꿈꿀 수 있지만, 또한 자녀가 타고난 재능과 기쁨에 부합하는 꿈을 이룰 수 있도록 자녀에 관해 공부하는 책임 있는 학생이 되어야 합니다.

그러나 하나님은 다르십니다. 자기 자녀들을 향한 열망을 가지셨을 뿐만 아니라, 그것이 실현되는 데 가장 능동적인 역할을 하십니다. 선지자 이사야에게도 그러셨습니다.

예레미야가 태어나기 전에 유다 왕국은 초강대국들 사이에 끼어 있었습니다. 이집트와 앗수르 사이에는 작은 나라들이 있었는데, 앗수르는 지난 수백 년 동안 그 나라들을 점령했습니다. 어떠한 반란도 용납되지 않았습니다. 예를 들어, 북이스라엘 왕국은 반역을 시도했다가 패망했습니다. 하나의 왕국이 지역 불량배에 의해 사라져 버린 것입니다.

유다 왕국에서는 요시야왕이 8살에 권좌에 올랐습니다. 그는 20살이 되자 나라 전체를 개혁하기 시작했습니다. 멀리 흩어져 있던 백성들에게 하나님께 돌아오고, 그들의 우상을 파괴하라고 명령했습니다. 예레미야는 영적 각성이 있던 이 시기에 부름을 받아 예언과 설교를 시작했습니다.

⁴여호와의 말씀이 내게 임하니라 이르시되 ⁵내가 너를 모태에 짓기 전에 너를 알았고 네가 배에서 나오기 전에 너를 성별하였고 너를 여러 나라의 선지자로 세웠노라 하시기로

이 짧은 두 구절에서 하나님의 성품과 권능에 대한 깊은 통찰을 얻을 수 있습니다. 때로는 그리스도인조차 자기 자신을 상황의 피해자로 여기는 경향이 있습니다. 그러나 성경이 하나님에 관해 말하는 바를 정말로 믿는다면, 하나님이 우리를 자기 뜻 가운데 지으셨으며, 주의 뜻을 성취하도록 우리를 부르신다는 점을 받아들여야 합니다.

첫째, 하나님은 능동적으로 우리를 지으십니다.

하나님은 예레미야를 처음부터 의도적으로 지으셨음을 그에게 상기시켜 주셨습니다. 이것은 예레미야에게만 국한된 것이 아닙니다. 주님은 남녀노소를 불문하고 모두의 탄생에 능동적으로 관여하십니다.

> 시편 139편에서 다윗도 자신이 하나님의 뜻 가운데 지어졌음을 인정했습니다. 이 시편은 하나님이 항상 변함없이 모든 곳에 임재하심을 노래합니다.
>
> "여호와여 주께서 나를 살펴 보셨으므로 나를 아시나이다 주께서 내가 앉고 일어섬을 아시고 멀리서도 나의 생각을 밝히 아시오며 나의 모든 길과 내가 눕는 것을 살펴 보셨으므로 나의 모든 행위를 익히 아시오니 여호와여 내 혀의 말을 알지 못하시는 것이 하나도 없으시니이다 주께서 나의 앞뒤를 둘러싸시고 내게 안수하셨나이다 이 지식이 내게 너무 기이하니 높아서 내가 능히 미치지 못하나이

다 내가 주의 영을 떠나 어디로 가며 주의 앞에서 어디로 피하리이까 내가 하늘에 올라갈지라도 거기 계시며 스올에 내 자리를 펼지라도 거기 계시니이다 내가 새벽 날개를 치며 바다 끝에 가서 거주할지라도 거기서도 주의 손이 나를 인도하시며 주의 오른손이 나를 붙드시리이다 내가 혹시 말하기를 흑암이 반드시 나를 덮고 나를 두른 빛은 밤이 되리라 할지라도 주에게서는 흑암이 숨기지 못하며 밤이 낮과 같이 비추이나니 주에게는 흑암과 빛이 같음이니이다"(시 139:1~12).

14절은 우리가 세포와 조직으로 뒤죽박죽 지어진 존재 이상임을 알려 줍니다. "내가 주께 감사하옴은 나를 지으심이 심히 기묘하심이라 주께서 하시는 일이 기이함을 내 영혼이 잘 아나이다"(시 139:14).

하나님이 인간의 인생에 그와 같이 적극적으로 간섭하신다면, 모든 인간의 삶에는 내적인 가치가 있습니다. 우리는 자기 자신과 자녀와 아직 태어나지 않은 후손을 생각할 때, 다윗과 같은 반응을 보여야 합니다. 복잡한 인간의 존재와 삶은 그 자체가 하나님의 실재와 영광을 가리키는 표지판입니다.

우리는 자기 계발의 문화 속에서 살고 있습니다. 서점에는 자기 계발서가 넘쳐 납니다. 우리는 몸과 마음과 영혼까지도 계발하고 싶어 합니다. 그 끝이 옳다면야 얼마든지 추구해도 좋을 것입니다. 예를 들어, 하나님의 영광과 존귀를 높여 드리려면 생각할 줄 알아야 합니다. 이것은 우리에게 교육이 필요하며, 끊임없이 배우는 자세가 있어야 한다는 뜻입니다.

그러나 이러한 과정에서 자기 향상에 집착하는 경우가 너무 많습니다. 자기도 모르는 사이에 정신과 신체를 우상처럼 받드느라 자기 존재의 진정한 가치를 깨닫지 못합니다(시 139:14). 하나님은 우리를 지으실 때부터 계획을 가지고 계셨습니다. 따라서 우리는 삶에서 하나님의 뜻을 드러낼 수 있어야 합니다.

Q 우리가 하나님이 사람을 지으신다는 것을 제대로 인식하지 못하는 이유는 무엇일까요?

Q 하나님이 정말로 우리를 지으셨다는 사실을 깨달으면, 우리 자신과 자녀들을 바라보는 시선이 어떻게 달라질까요?

둘째, 하나님은 능동적으로 우리를 부르십니다.

하나님은 예레미야를 태에서부터 지으셨습니다. 이것은 하나님이 그에게 선지자적 사명을 감당하는 데 필요한 신체적, 감성적 능력을 의도적으로 주셨다는 뜻입니다. 한편으로 하나님은 우리를 태에서 지으시고, 우

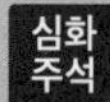

심화주석 예레미야는 유다의 마지막 다섯 왕(요시야, 여호아하스, 여호야김, 여호야긴, 시드기야 - BC 626~586년경) 때 예언을 했습니다. 예레미야서는 약속의 땅을 열방에게 증거하는 '옛 선교'가 시들어가는 것을 보는 백성에게 하나님의 선교를 가르칩니다.

예레미야가 '눈물의 선지자'로 불리는 것은 놀라운 일이 아닙니다. 그에게는 울 일이 많았습니다. 이스라엘이 굴복할 때, 하나님은 결혼하거나 자녀를 기르지 말라고 말씀하셨습니다. 다음 세대가 이스라엘의 죄악에 대한 심판으로 휩쓸리듯 포로로 붙잡혀 갈 것이기 때문입니다. 또한 그는 그의 불길한 예언 때문에 유다의 마지막 왕들 대부분으로부터 배척을 받았습니다.[3]

_The Mission of God Study Bible

심화 주석 하나님의 부르심에 예레미야는 두 가지 변명으로 반응했습니다. 그는 자신이 대중에게 말하는 사람으로서는 부적절하다고 느꼈으며(모세와 공통된 변명입니다. 출 4:10), 스스로 미성숙하다고 생각했습니다(솔로몬도 그렇게 생각했습니다, 왕상 3:7). 그의 나이는 확실하지 않지만, 스무 살은 아니었습니다. … 주님은 예레미야의 변명을 부드럽게 거부하셨습니다(참조, 모세에게는 노하셨습니다, 출 4:14). 하나님은 부르실 때, 맡겨진 임무를 수행하기 위해 필요한 것들을 갖춰 주십니다. 머뭇거리는 선지자 예레미야는 하나님의 임재 약속과 어떠한 위협 속에서도 구원하시겠다는 약속을 들을 필요가 있었습니다. "두려워하지 말라"라는 명령이 성경에 자주 등장합니다. 이것은 두려움에 관한 인간의 경험이 얼마나 공통적인지를 암시합니다. 하나님의 임재에 대한 확신이 있으면 두려움을 극복할 수 있습니다. 그러나 예레미야는 하나님의 임재에 대한 확신이 있었는데도 부르심과 계속해서 씨름했습니다(참조, 15:18; 20:7~8). [5]

_F. B. 휴이 Jr.

리가 보기에 옳다고 생각하는 대로 살게 놔두십니다. 하지만 그분은 예레미야를 부르셨을 때처럼 우리를 능동적으로 부르시기도 하십니다.

> 예레미야가 걷고, 말하고, 자기 생각을 완벽하게 표현할 수 있기 오래전부터 하나님은 그를 열방을 위한 선지자로 구별하셨습니다. 이렇게 구별하심은, 오랜 후에 다메섹으로 가는 길에 예수님을 만난 후 바울로 더 잘 알려진 사울에 대해 하나님이 말씀하신 것과 다르지 않습니다.

"이 사람은 내 이름을 이방인과 임금들과 이스라엘 자손들에게 전하기 위하여 택한 나의 그릇이라"(행 9:15).

바울이 온 교회를 핍박할 때에도 하나님은 그의 삶을 위한 계획을 가지고 계셨습니다. 그것은 당시 누구든 쉽게 짐작할 수 있던 계획이 아니었습니다. 하나님은 스스로 영광받기 위해 종종 이러한 방식으로 역사하십니다.

가장 열렬했던 핍박자가 가장 위대한 선교사가 되리라고 누가 짐작이나 했겠습니까? 살인자가 하나님의 백성을 애굽에서 구원해 내는 자가 되리라고 누가 상상이나 했겠습니까? 구유에 누인 아기가 우주의 왕이 되리라고 누가 추측이나 했겠습니까?

하나님은 예레미야에게 임무를 주시기 전에 처음부터 그의 인생을 계획하고 계셨음을 알게 하셨습니다. 하나님은 목적을 가지고 그를 지으셨고, 그분의 뜻을 이룰 수 있도록 미리 계획하신 사명을 주어 세상으로 보내셨습니다.

Q 하나님이 우리 삶에 목적과 계획을 가지고 계시다는 사실에 대해 얼마나 자주 생각합니까?

Q 이런 생각을 자주 하면 일상생활이 어떻게 달라질까요?

2. 하나님이 임재하시면 사명을 가로막는 장애물들을 극복할 수 있습니다(렘 1:6~8)

> 하나님의 지으심과 부르심에도 불구하고 예레미야는 사명을 맡는 것을 여전히 주저했습니다. 그는 주님의 사자로서 주저하던 첫 번째 사람이 아니었고, 또한 마지막 사람도 아닐 것입니다. 많은 사람이 그랬던 것처럼 예레미야는 항변할 때 초점을 잘못 맞추었습니다.

⁶내가 이르되 슬프도소이다 주 여호와여 보소서 나는 아이라 말할 줄을 알지 못하나이다 하니 ⁷여호와께서 내게 이르시되 너는 아이라 말하지 말고 내가 너를 누구에게 보내든지 너는 가며 내가 네게 무엇을 명령하든지 너는 말할지니라 ⁸너는 그들 때문에 두려워하지 말라 내가 너와 함께 하여 너를 구원하리라 나 여호와의 말이니라 하시고

예레미야가 한 말의 초점이 어디에 있는지 압니까? 6절에서 그가 주님께 대답할 때, "나는"이라는 단어를 사용한 것에 주목하십시오. 그는 자기 자신에게 초점을 맞추고 있었습니다. 자신의 결점, 능력의 한계, 미숙함에 집중한 것입니다. 수세기 전의 모세와 별반 다르지 않습니다. 모세도 하나님이 주신 사명에 자신은 말을 잘하지 못하므로 이스라엘 백성이 자기 말을 듣지 않을 것이라고 이의를 제기한 바 있습니다(출 4:1, 10).

하나님은 모세에게 그러셨던 것처럼 예레미야의 항변에 정면으로 반박하지 않으셨습니다. 말할 줄 모른다는 그의 말을 부인하지 않으셨고, "너는 네가 생각하는 것보다 더 성숙하단다" 하고 격려해 주지도 않으셨습니다. 그 대신 예레미야가 가장 먼저 봐야 할 대상에게 시선을 돌리도록 하셨습니다. 그 대상은 바로 하나님이셨습니다. 예레미야가 해야 했던 질문은 자신의 준비와 능력의 여부가 아니라, 하나님의 뜻과 권능에 관한 것이어야 했습니다. 하나님은 이미 모든 계획을 가지고 계셨고, 그것을 이루실 권능도 충만하셨습니다.

Q 하나님이 주신 사명을 위해 살려면, 자기 자신이 아닌 하나님께 초점을 맞추어야 하는 이유는 무엇입니까?

Q 주님께 시선을 고정하지 않으면, 어떤 일이 벌어집니까?

우리가 하나님께 해야 할 질문은 자신이 누구이며 어떤 능력을 가졌는가가 아닙니다. 하나님의 임재를 물어야 합니다. 하나님이 임재하시면 사명을 가로막는 장애물들을 극복할 수 있기 때문입니다.

그러나 여기서 분명히 해야 할 것이 있습니다. 하나님이 예레미야와 함께하셨다고 해서, 우리도 하나님이 함께하시기만 하면 사명을 성공적으로 감당할 수 있다는 것이 아닙니다. 그것은 '성공이란 무엇인가'를 어떻게 정의하는가에 달려 있습니다.

> 예레미야는 요시야왕의 개혁을 추진하기 위해 온 나라를 다니며 선포했습니다.

심화토론

• 왜 하나님은 예레미야를 이런 방식으로 부르셨을까요? 이것이 예레미야에게 어떻게 격려가 되었습니까?

• 본문에서 하나님의 성품과 권능에 관해 무엇을 배울 수 있습니까? 이것이 왜 중요할까요?

"주님은 선지자를 핍박과 어려움에서 벗어나게 해 주기 위해 구원하시는 것이 아닙니다. 예레미야가 심한 고초를 겪은 것을 봤듯이 말입니다. 주님은 시련에 굴복하지 않고 이겨 내기 위해 온갖 고통을 겪는 사람을 자유하게 하십니다."⁶

_제롬

"하나님이 부르시는 자는 하나님의 모든 자원을 사용할 수 있습니다. … 하나님 자신이 바로 그 자원이십니다."⁷

_헨리 T. 블랙커비 & 헨리 브란트

그는 반대에 부딪혔고, 백성들로부터 배신자로 찍히기도 했습니다. 요시야가 백성들을 위해 하나님과 맺었던 새로운 약속들은 도입되자마자 거의 깨졌습니다. 상황은 더욱 악화되어 갔습니다. 요시야가 이집트와의 전투에서 죽은 후에도 예레미야는 계속해서 회개의 필요성을 선포했고, 장차 나라가 몰락할 것이며 백성이 유배되리라고 예언했습니다. 그는 백성들 앞에 소의 멍에를 지고 나타나기도 했습니다. 그의 메시지는 거듭 거부되었지만, 그는 끈질기게 선포했습니다. 하나님의 메시지로 인해 예레미야는 자주 울었습니다. 그래서 그는 역사 속에서 '눈물의 선지자'로 기억되고 있습니다. 세상의 눈에 그가 하는 일은 아무리 해도 성공할 것 같지 않은 그런 사명이었습니다.

하나님은 결과보다는 신실함으로 성공 여부를 가리십니다. 하나님이 전하라고 하신 말씀을 사람들에게 신실하게 전한다면, 성공적인 사명이라고 할 수 있습니다. 주님께 신실했기 때문입니다.

Q 복음을 전하는 데 어떤 어려움이 있습니까?

Q 하나님의 변함없으신 임재를 기억하는 것은 복음을 전하는 데 어떤 도움이 됩니까?

3. 우리는 하나님의 말씀을 선포해야 합니다(렘 1:9~10)

> **Leader** 예레미야가 지음 받고 파송 받은 것에는 하나님의 의도가 있었습니다. 하나님은 주의 임재와 함께 그를 보내셨습니다. 그러고 나서 그의 입에 메시지를 넣어 주셨습니다.

⁹여호와께서 그의 손을 내밀어 내 입에 대시며 여호와께서 내게 이르시되 보라 내가 내 말을 네 입에 두었노라 ¹⁰보라 내가 오늘 너를 여러 나라와 여러 왕국 위에 세워 네가 그것들을 뽑고 파괴하며 파멸하고 넘어뜨리며 건설하고 심게 하였느니라 하시니라

예레미야는 "주께서 말씀하십니다"라고 말할 수 있었습니다. 그는 하나님께 받은 말씀을 온 땅에 전했습니다. 그의 메시지는 공허한 미사여구가 아니었습니다. 말씀에 권세가 있었습니다. '눈물의 선지자'는 자신이 하나님의 말씀을 말하고 있음을 알았으며, 그래서 말씀을 신뢰할 수 있었습니다. 그가 '눈물의 선지자'로 불린 이유는 말씀을 전할 때 감정이 복받쳐서 자주 울었기 때문입니다.

> 이러한 경험을 예레미야만 한 것은 아니었습니다. 구약에는 백성들을 위한 구체적인 메시지를 주님께 받았던 하나님의 선지자들에 관한 이야기가 가득합니다. 그들은 뿌리째 뽑아 허물고, 파괴해 무너뜨리고, 짓고 심기 위한 하나님의 대변자였습니다. 예레미야처럼 그들은 자기 의견이 아닌 하나님의 말씀을 당대 문화에 권위 있게 전달하기 위해 준비되어 있었습니다.

신약을 보면, 예수님의 제자들은 처음 사명을 받고 단독으로 보내졌을 때 약간의 두려움을 느꼈을 수 있습니다. 그러나 예수님은 그들을 아무런 준비 없이 내버려 두지 않으셨습니다. 하나님이 옛 선지자들을 온전히 준비시키셨던 것처럼 말입니다.

"보라 내가 너희를 보냄이 양을 이리 가운데로 보냄과 같도다 그러므로 너희는 뱀같이 지혜롭고 비둘기같이 순결하라 사람들을 삼가라 그들이 너희를 공회에 넘겨 주겠고 그들의 회당에서 채찍질하리라 또 너희가 나로 말미암아 총독들과 임금들 앞에 끌려가리니 이는 그들과 이방인들에게 증거가 되게 하려 하심이라 너희를 넘겨 줄 때에 어떻게 또는 무엇을 말할까 염려하지 말라 그때에 너희에게 할 말을 주시리니 말하는 이는 너희가 아니라 너희 속에서 말씀하시는 이 곧 너희 아버지의 성령이시니라"(마 10:16~20).

> 공통분모가 보입니까? 하나님이 필요한 때 필요한 말씀을 공급하시리라고 믿는 담대함입니다.

오늘날 그리스도인은 구약의 선지자들과 동일한 방식으로 활동하지 않습니다. 하나님이 공개적으로 선포할 메시지를 개인적으로 말씀하시지 않기 때문입니다. 하지만 그렇다고 하나님이 아무 말씀도 주시지 않는 건 아닙니다.

Q 하나님의 말씀을 선포하는 데 방해가 되는 것은 무엇입니까?

Q 하나님의 말씀을 선포하려면, 성경에 대한 어떤 믿음이 필요합니까?

성경은 살아 있으며 활력 있고 변함없는 하나님의 말씀입니다. 하나님은 땅끝까지 복음을 전하라는 사명을 주셨을 뿐만 아니라 전할 메시지도 주셨습니다. 예레미야가 하나님이 그의 입에 두신 말씀을 선포했던 것처럼, 우리도 말씀과 친밀해서 일상 대화에서도 하나님의 말씀이 흘러나

심화토론

• 하나님 대신 무엇에 시선을 가장 많이 빼앗깁니까?

• 성경에서 드러난 하나님의 자기계시를 묵상함으로써 세상이 우선시해서 생각하도록 하는 것에 대항하는 것이 왜 중요할까요?

핵심교리
99
87. 전도

모든 민족을 제자로 삼는 것은 모든 그리스도인과 모든 교회의 의무이자 특권입니다. 하나님의 성령으로 영이 거듭났다는 것은 다른 사람들을 사랑하는 사람으로 거듭났다는 뜻입니다. 따라서 모든 그리스도인이 행하는 선교적 노력은 거듭난 사람이 행해야 하는 필수적인 영적 생활에 근거하며, 그리스도의 가르침 속에 분명히 그리고 반복적으로 나타나는 명령입니다. 그리스도인의 삶의 모습을 눈앞에 보여 주고, 말로 증언함으로써, 잃어버린 자들을 그리스도께 인도하고자 끊임없이 노력하는 것은 모든 하나님의 자녀에게 주어진 의무입니다.

오도록 해야 합니다. 그러나 이런 일이 일어나기 위해서는 말씀을 알아야 하고, 말씀을 전해야만 합니다.

첫째, 하나님의 말씀을 알아야 합니다.

지금처럼 하나님의 말씀에 쉽게 접근할 수 있었던 때가 없었습니다. 말씀의 의미를 점점 더 모르겠다는 사실을 깨닫게 되기는 하지만 말입니다. 예수님을 따르길 원한다면, 말씀의 백성이 되어야 합니다. 말씀을 조심히 다루고, 사랑하며, 아끼고, 기억해야 합니다. 그렇게 할 때, 하나님의 말씀이 우리 안에 거하심을 알게 될 것입니다. 말씀이 우리 안에 자리 잡으면, 말씀이 자연스럽게 흘러나올 것입니다.

"우물물을 양동이로 퍼 올린다"라는 오랜 격언이 있습니다. 이것은 예수님이 "마음에 가득한 것을 입으로 말함이라"(마 12:34)라고 하신 말씀과 같습니다. 예수님은 말이란 마음을 반영하는 것이기에 바리새인들이 악하게 말한다고 지적하셨는데, 여기서도 같은 원리가 적용됩니다. 하나님의 말씀을 마음속 깊이 담으면, 말할 때마다 말씀이 흘러넘칠 것입니다.

둘째, 하나님의 말씀을 선포해야 합니다.

하나님의 말씀을 알고 난 다음에는 말씀을 적극적으로 선포해야 합니다. 사람들에게 거부당할 수도 있지만, 그럼에도 우리는 하나님의 말씀을 적극적으로 전해야 합니다.

하나님의 말씀은 우리의 생각을 뛰어넘고, 세상 이야기의 주제를 능가하며, 그 어떤 우선순위보다도 우선합니다. 우리 삶의 여러 분야에서 하나님의 말씀을 선포한다면, 하나님의 권능이 그분의 영광을 위해 사람들을 변화시키는 것을 보게 될 것입니다.

> "하나님의 말씀은 살아 있고 활력이 있어 좌우에 날선 어떤 검보다도 예리하여 혼과 영과 및 관절과 골수를 찔러 쪼개기까지 하며 또 마음의 생각과 뜻을 판단하나니"(히 4:12).

"베뢰아에 있는 사람들은 데살로니가에 있는 사람들보다 더 너그러워서 간절한 마음으로 말씀을 받고 이것이 그러한가 하여 날마다 성경을 상고하므로 그 중에 믿는 사람이 많고 또 헬라의 귀부인과 남자가 적지 아니하나"(행 17:11~12).

결론

예레미야는 다른 시기의 또 다른 선지자를 떠올리게 합니다. 주의 말씀을 들어야 할 백성들을 훨씬 더 깊이 생각하셨던 분 말입니다. 주의 말씀을 알지 못한 채 회개하지도 않는 백성을 향해 울며 그들이 하나님께 돌아오기를 전심으로 열망하셨던 분 말입니다. 예레미야 시대에 하나님이 백성들을 찾으셨듯이 예수님도 그들 때문에 비탄에 잠기심으로써 하나님의 깊은 마음을 보여 주셨습니다.

"예루살렘아 예루살렘아 선지자들을 죽이고 네게 파송된 자들을 돌로 치는 자여 암탉이 그 새끼를 날개 아래에 모음같이 내가 네 자녀를 모으려 한 일이 몇 번이더냐 그러나 너희가 원하지 아니하였도다 보라 너희 집이 황폐하여 버려진 바 되리라 내가 너희에게 이르노니 이제부터 너희는 찬송하리로다 주의 이름으로 오시는 이여 할 때까지 나를 보지 못하리라 하시니라"(마 23:37~39).

예수님을 따르길 원한다면, 어떤 대가를 치르더라도 하나님의 부르심에 신실해야 합니다. 나아가 주변 사람들에게 복음을 전하러 다가갈 때, 하나님의 마음으로 할 수 있도록 기도해야만 합니다.

그리스도와의 연결

예레미야는 백성을 향한 사랑이 얼마나 큰지, 하나님의 메시지를 전할 때 종종 울었습니다. 이 때문에 그는 '눈물의 선지자'로 알려졌습니다. 예레미야의 슬픔에서 하나님의 선한 마음을 엿볼 수 있습니다. 이러한 하나님의 마음은 회개하지 않으려는 예루살렘 백성들을 보고 우셨던 예수님에게서 가장 잘 표현되었습니다.

하나님의 계획 우리의 사명

선교적 적용 하나님의 사명을 감당하며 살 때 부딪히게 되는 난관들을 극복하기 위해서는 하나님을 신뢰해야 합니다.

1. 당신은 어떻게 복음을 전하도록 부름받았습니까? 교회/공동체는 그리스도인이 부르심에 순종할 수 있도록 어떻게 지원하고 격려해야 할까요?

2. 당신이 가족이나 친구나 동료에게 복음을 전하지 못하는 이유가 무엇인지 찾아보십시오. 그 이유를 무색하게 할 하나님의 약속들과 하나님에 관해 얼마나 알고 있습니까?

3. 하나님의 말씀을 신실하게 전할 수 있도록 말씀에 관한 지식과 사랑을 더 쌓으려면 어떤 습관을 기르면 좋을까요?

금주의 성경 읽기
시 119:1~88편;
왕상 3~4장;
대하 1장; 시 72편

Summary and Goal

이 세션에서 우리는 인간의 마음이 지독히도 사악해 바뀌어야 할 지경에 이르렀음을 보게 됩니다. 이 세상 누구도 율법에 온전히 순종할 수 없기에, 하나님은 새 언약을 주셨습니다. 하나님은 새 언약을, 돌이나 양피지가 아닌 백성의 마음에 쓰셨습니다. 이것은 예수님이 오실 날에 대한 약속이며, 복음 안에서 성취되었습니다. 복음 안에서 하나님은 우리 마음에 율법을 쓰실 뿐만 아니라 모든 믿는 자에게 임하시는 성령의 은사도 주십니다.

하나님,
새 언약을
주시다

11

- **성경 본문**
  예레미야 17:1~10
  예레미야 31:31~34

- **세션 포인트**
  1. 죄가 새겨져 있는 마음의 문제(렘 17:1~10)
  2. 하나님이 내주하시는 마음에 대한 약속(렘 31:31~33)
  3. 하나님을 아는 마음의 특권(렘 31:34)

- **신학적 주제**
  새 언약으로, 하나님의 법에 순종할 수 있게 도우시는 성령님이 우리 안에 임하십니다.

- **그리스도와의 연결**
  예레미야 시대의 문제는 백성들이 하나님의 율법을 가졌으나 마음의 죄성으로 인해 하나님께 순종할 수 없었다는 데 있었습니다. 예레미야는 장차 하나님이 백성들의 죄를 용서하시고, 그들의 마음에 율법을 새겨 주실 날에 관해 예언했습니다. 이 예언은 복음에서 성취됩니다. 하나님은 예수님을 통해 우리에게 용서를 베풀어 주시고, 성령님을 통해 그분의 명령에 순종할 수 있게 하십니다.

- **선교적 적용**
  하나님은 우리에게 주님의 명령에 순종하고 주님의 나라를 위한 사명으로 살아갈 때, 성령님을 의지하라고 말씀하십니다.

**Session
Plan**

도입

채소를 싫어하는 저자의 이야기로 이 세션을 시작하십시오. '채소를 먹으라'는 명령을 '채소를 사랑하라'는 명령으로 바꾸는 것의 의미에 주목하면서 이 세션을 요약하십시오.

'순종하는 모습을 보이라'는 명령과 '마음으로도 순종하라'는 명령 사이에는 어떤 차이점이 있습니까?

하나님은 왜 순종에 관한 열망과 태도를 중요하게 여기실까요?

전개

1

죄가 새겨져 있는 마음의 문제
(렘 17:1~10)

예레미야 17장 1~4절을 읽으십시오. 모두가 직면하는 가장 큰 문제는 마음 "판에 새겨진" 죄라는 점에 주목하십시오. 죄는 '행동'보다는 '본성의 상태'라는 것을 설명해 주십시오.

단순히 죄를 짓는 것이 아니라, 본질상 죄인이라는 점을 이해하는 것이 왜 중요할까요?

이것을 아는 것이 복음의 효력을 이해하는 데 어떤 영향을 미칠까요?

그러고 나서 예레미야 17장 5~10절을 읽으십시오. 첫째, 마음의 죄성 때문에 행할 수 있는 자기기만을 강조해 주십시오. 둘째, 행동에만 초점을 맞추면 마음의 죄성을 구원할 수는 없다는 것을 강조해 주십시오. 감사하게도 복음은 우리 마음에 있는 두 가지 쟁점을 모두 다루고 있습니다.

세상의 지혜는 사람들에게 "너의 마음을 신뢰하고, 너 자신을 믿어라"라고 가르칩니다. 예레미야 17장 1~10절은 이러한 사고방식에 어떻게 대립됩니까?

기분에 휘둘려 정도에서 벗어난 적이 있습니까? 그 경험에서 어떤 것을 배웠나요?

2

**하나님이 내주하시는 마음에
대한 약속**
(렘 31:31~33)

마음속 죄 문제의 중요성에 대해 설명해 주십시오. 그러고 나서 자원자에게 예레미야 31장 31~33절을 읽게 하십시오. 부록 4: '새 언약'을 참고해 새 언약에 관해 이해해야 할 두 가지를 언급하십시오.

첫째, 이 언약은 새롭습니다(하나님이 주신 제2안이 아니었습니다).

새 언약이 하나님께는 새롭지 않지만, 사람들에게는 새로웠다는 점을 아는 것이 왜 중요할까요?

둘째, 새 언약은 하나님의 백성 안에 있을 것입니다(성령님이 새 마음에 내주하실 것입
니다).

우리에게 새 마음이 있음을 아는 것은 하나님께 순종하는 데 어떤 영향을 줍니까?

3
하나님을 아는 마음의 특권
(렘 31:34)

예레미야 31장 34절을 읽으십시오. 죄가 하나님에게서 우리를 분리시키지만, 하나님
은 우리를 위한 위대한 사랑으로 우리가 자신의 참 목적으로 돌아갈 길을 마련해 주
셨습니다. 우리의 참 목적은 하나님을 아는 것이며, 온 세상에 하나님을 알리는 것입
니다.

하나님을 아는 것이 현재 당신에게 얼마나 중요합니까?

어떻게 하면 하나님을 알고자 하는 열망을 더 키울 수 있을까요?

예수님이 '하나님을 아는 것'과 '하나님이 보내신 자(실은 하나님 자신)를 아는 것'을 어
떻게 영생과 동일시하셨는지 설명해 주십시오. 우리는 복음, 곧 새 언약을 통해서 하
나님을 알 수 있고, 또 알아야만 합니다. 복음은 우리 마음의 죄 문제를 해결합니다.

하나님을 아는 지식은 하나님을 세상에 알리는 데 어떻게 도움이 됩니까?

결론

예수님의 복음을 통해 하나님을 아는 것은 동전의 양면과 같음에 주목하면서 이 세
션을 마무리하십시오. 즉 하나님과 인격적인 관계를 맺는 것과 하나님을 세상에 알
리고자 하는 열망이 한데 있습니다. 그것은 이 땅에서 우리의 본래 목적으로 돌아
가는 것입니다. 이 세션에서 배운 진리를 '하나님의 계획, 우리의 사명'에서 적용해
보십시오.

11. 하나님, 새 언약을 주시다

도입

어렸을 때, 저는 채소를 무조건 싫어했습니다.

> 강낭콩, 당근, 브로콜리⋯. 어떤 채소를 가져와도 거부했습니다. 채소의 중요성을 아시는 부모님은 제게 채소를 먹이기 위해 온갖 방법을 다 쓰셨습니다. 그런데도 저는 녹색, 노란색, 주황색의 채소 맛이 고기 맛보다 좋지 않다는 사실을 지나칠 수 없었습니다.

Leader

채소를 먹는 일은 저와 부모님 중에 누구의 의지가 먼저 꺾이는지를 시험하는 일이었습니다. 대개 저는 부모님의 명령에 따라 억지로 조금 삼키곤 했습니다.

그런데 만약 이런 상황이었다면 어땠을까요? 부모님이 "채소를 먹으렴" 하고 말씀하는 대신 "채소를 사랑하렴" 하고 말씀하셨다면 어땠을까요? 아마 대화가 달라졌을 것입니다. 부모님이 제가 순종할 수 없는 명령을 하셨기 때문입니다. 부모님 말씀에 순종하려면 억지로 삼키는 것만으로는 충분하지 않습니다. 이를 위해서는 마음의 변화가 필요합니다.

> 이런 일이 비슷한 방식으로 복음에서도 일어납니다. 하나님은 마음과 뜻과 힘을 다해 하나님을 사랑하라고 명령하실 뿐만 아니라 그렇게 할 수 있는 새 마음도 주십니다. 예레미야는 이러한 일이 실제로 일어날 그날에 관해 예언했습니다.

Leader

Q '순종하는 모습을 보이라'는 명령과 '마음으로도 순종하라'는 명령 사이에는 어떤 차이점이 있습니까?

Q 하나님은 왜 순종에 관한 열망과 태도를 중요하게 여기실까요?

Session Summary

이 세션에서 우리는 인간의 마음이 지독히도 사악해 바뀌어야 할 지경에 이르렀음을 보게 됩니다. 이 세상 누구도 율법에 온전히 순종할 수 없기에, 하나님은 새 언약을 주셨습니다. 하나님은 새 언약을, 돌이나 양피지가 아닌 백성의 마음에 쓰셨습니다. 이것은 예수님이 오실 날에 대한 약속이며, 복음 안에서 성취되었습니다. 복음 안에서 하나님은 우리 마음에 율법을 쓰실 뿐만 아니라 모든 믿는 자에게 임하시는 성령의 은사도 주십니다.

> "예수님은 나쁜 사람을 선하게 만드는 일이 아닌 죽은 사람을 살리는 일을 하십니다."[1]
> _라비 재커라이어스

전개

1. 죄가 새겨져 있는 마음의 문제(렘 17:1~10)

> **Leader**
>
> 예레미야는 역사적 음모가 벌어지던 시기에 예언했습니다. 앗수르와 이집트가 지역에서 패권을 다투고 있었습니다. 유다는 풍전등화와도 같은 상황에 처해 있었습니다. 백성들은 나라 밖의 위협을 가장 큰 문제로 인식하고 있었지만, 예레미야는 그들이 정말로 두려워해야 할 대상은 그보다 훨씬 더 가까이에 있음을 들추어냈습니다. 그것은 그들 마음속에 있는 죄였습니다.

¹유다의 죄는 금강석 끝 철필로 기록되되 그들의 마음 판과 그들의 제단 뿔에 새겨졌거늘 ²그들의 자녀가 높은 언덕 위 푸른 나무 곁에 있는 그 제단들과 아세라들을 생각하도다 ³들에 있는 나의 산아 네 온 영토의 죄로 말미암아 내가 네 재산과 네 모든 보물과 산당들로 노략을 당하게 하리니 ⁴내가 네게 준 네 기업에서 네 손을 뗄 것이며 또 내가 너로 하여금 너의 알지 못하는 땅에서 네 원수를 섬기게 하리니 이는 너희가 내 노를 맹렬하게 하여 영원히 타는 불을 일으켰음이라

본문 속 주님의 말씀은 절망적입니다. 예나 지금이나 우리 상황이 얼마나 절망적인지를 깨닫게 합니다. 유다 백성처럼 우리도 외부에서 위험 요소를 찾으려는 유혹을 받습니다. 그러나 무엇보다도 자기 자신을 먼저 돌아봐야 합니다. 죄가 "마음 판에 새겨져 있기" 때문입니다. 창세기 3장의 에덴동산 사건 이후로 계속 이런 식이었습니다.

> 성경 줄거리의 처음으로 돌아가 보면, 에덴동산에서는 모든 것이 선하고 옳았습

**심화
주석** 유다 민족의 죄는 뿌리가 너
무 깊어서 그 죄를 지울 수
가 없었습니다. "유다의 죄는 금강
석 끝 철필로 기록되되"(렘 17:1)에서
"철필"은 단단한 표면에 무언가를 새
기는 데 쓰였습니다(참조, 욥 19:24).
"금강석"은 맛소라 사본(MT)에서
"샤미르"라는 단어로 표기되었는데,
이것은 금강석처럼 뚫을 수 없을 정
도로 단단한 돌을 가리킵니다. 죄는
유다 민족의 삶에 뚫을 수 없는 단단
한 막을 만들었을 뿐만 아니라, 생각
과 의지의 원천에도 스며들었습니다.
새 언약에 거는 기대의 결실(렘 31:33)
은 고린도전서 3장 2절 이하에서 나
타납니다. … 하나님께 전적으로 의
지하는 것은 언약에 동의하는 기본
사항이었습니다. 여기서 예레미야는
유다가 바벨론이나 이집트와 정기적
으로 정치적 관계를 맺는다는 것을
고려해 일반적인 원칙을 분명히 밝히
고 있습니다(참조, 시 146:3).
… 거듭나지 않은 인간의 본성은 하
나님의 은혜가 없는 절망적인 상태
에 있습니다. 이것은 9절에서 "심히
부패한"이란 말로 묘사되었습니다.
영어 성경 NEB는 "지독하게 아픈"
(desperately sick)으로 번역했습니
다. 예레미야 15장 18절("낫지 아니
함")과 30장 12절("고칠 수 없고")을
참조하십시오. 모든 세대는 하나님
의 영과 은혜에 힘입은 영혼의 중생
이 필요합니다.[2]

R. K. 해리슨

니다. 그러나 사기꾼이 첫 번째 부부의 마음속에 있는 하나님의 말씀을 타락시켰습니다. 그들은 그 거짓말을 믿었고, 창조주의 사랑의 통치에서 벗어나 살기로 선택했습니다. 그러자 갑자기 세상이 달라졌습니다. 죄가 세상에 들어왔고, 그 결과는 치명적이었습니다. 이로 인해 우리는 여전히 비틀거리고 있습니다.

수치심이 연약함을 대체했습니다. 두려움이 사랑을 능가했습니다. 혼돈으로 질서가 깨졌습니다. 교제는 깨졌으며, 그와 함께 세상의 모든 것이 깨졌습니다. 남자와 여자는 자신의 의지적인 불순종으로 인해 하나님과 그들 사이에 커다란 틈을 만들었습니다. 피조세계도 급격히 추락했습니다. 지진, 태풍, 가뭄, 홍수 등은 궁극적으로 기상이나 환경 변화의 결과가 아닙니다. 그것들은 죄의 결과입니다. "피조물이 다 이제까지 함께 탄식하며 함께 고통을 겪고 있는 것을 우리가 아느니라"(롬 8:22).

죄에 관한 헬라어의 정의는 '빗나가다'입니다. 우리는 영원히 주님을 예배하고 기뻐함으로써 하나님을 영화롭게 하기 위해 하나님의 형상으로 창조되었습니다. 그러나 그 뜻에서 제대로 빗나가 버렸습니다. 돈이든 섹스든 다른 가짜 신들을 예배하고, 전능하신 하나님보다 햄버거가 주는 하찮은 즐거움을 기뻐하기로 선택한 것입니다. '빗나가다.' 이것이 바로 우리가 처한 광범위한 상태를 드러내는 단순한 정의입니다.

우리는 죄가 '행동'보다는 '상태'에 가깝다는 사실을 기억할 필요가 있습니다. 물론 하나님의 계시된 뜻에 어긋나는 행동을 하는 것은 죄입니다. 그러나 우리가 그렇게 행동하는 것은 우리 안에 죄성이 있기 때문입니다. 달리 말하자면, 죄를 지어서 죄인이 되는 것이 아니라 죄인이기 때문에 죄를 짓는다는 것입니다. 이것은 유전입니다. 인류의 부모로부터 내려온 영적인 의미에서 죄성의 DNA를 물려받은 것입니다.

Q 단순히 죄를 짓는 것이 아니라, 본질상 죄인이라는 점을 이해하는 것이 왜 중요할까요?

Q 이것을 아는 것이 복음의 효력을 이해하는 데 어떤 영향을 미칠까요?

[5]여호와께서 이와 같이 말씀하시니라 무릇 사람을 믿으며 육신으로 그의 힘을 삼고 마음이 여호와에게서 떠난 그 사람은 저주를 받을 것이라 [6]그는 사막의 떨기나무 같아서 좋은 일이 오는 것을 보지 못하고 광야 간조한 곳, 건건한 땅, 사람이 살지 않는 땅에 살리라 [7]그러나 무릇 여호와를 의지하며 여호와를 의뢰하는 그 사람은 복을 받을 것이라 [8]그는 물가에 심어진 나무가 그 뿌리를 강변에

뻗치고 더위가 올지라도 두려워하지 아니하며 그 잎이 청청하며 가무는 해에도 걱정이 없고 결실이 그치지 아니함 같으리라 [9]만물보다 거짓되고 심히 부패한 것은 마음이라 누가 능히 이를 알리요마는 [10]나 여호와는 심장을 살피며 폐부를 시험하고 각각 그의 행위와 그의 행실대로 보응하나니

죄가 마음에 각인된 탓에 우리는 자기기만의 놀라운 성향을 갖게 되었습니다. 자기 자신을 속이고 또 속입니다. 그러니 순종하고 싶어도 순종할 수 없고, 기도하고 싶어도 기도할 수 없으며, 친절하게 행동하고 싶어도 그렇게 할 수 없습니다. 마음에 죄가 각인되어 느낌도 신뢰할 수 없게 되었습니다.

> **Leader**
우리에게는 우리 자신보다 더 고차원적인 형태의 진리가 필요합니다. 무엇이 옳고 선한 것인지를 우리에게 알려 줄, 안정적이며 신뢰할 만한 외부의 존재가 필요합니다.

하나님의 말씀은 듣기에 거북할지라도 우리 자신에 관한 진리를 들려줍니다. 또한 죄가 마음에 각인되어 있기 때문에 구원은 행동에 초점을 둔 메시지일 수 없습니다. 마음의 주된 문제를 다루지 못하는 메시지는 내출혈에 반창고를 붙이는 것과 같습니다. 그러므로 우리는 마음으로 복음을 만나야 합니다.

> **Leader**
다행히 우리에게는 예수 그리스도의 복음이 있습니다. 예레미야가 예언한 대로 새 언약은 마음에서 우리와 만나게 될 것입니다. 우리가 우리 자신을 위해 절대 하지 않았을 일을 새 언약이 우리를 위해 하게 될 것입니다. '예수 그리스도의 복음의 언약'이라는 새 언약 안에서, 하나님은 우리에게 새 마음을 주실 것입니다. 죄로 새겨진 마음이 아니라, 하나님이 거하실 마음을 말입니다.

Q 세상의 지혜는 사람들에게 "너의 마음을 신뢰하고, 너 자신을 믿어라"라고 가르칩니다. 예레미야 17장 1~10절은 이러한 사고방식에 어떻게 대립됩니까?

Q 기분에 휘둘려 정도에서 벗어난 적이 있습니까? 그 경험에서 어떤 것을 배웠나요?

> *"비그리스도인이 지닌 교만, 아집, 무신론, 우상 숭배 등을 보면 '인간의 마음은 지독히도 사악하다'라는 사실은 전적으로 옳습니다."*[3]
> _존 웨슬리

> *"우상 숭배의 죄가 내 마음 깊은 곳에 있습니다. 이 죄로 인해 이른바 독립성이 신성화됩니다. 하나님이 되어 내 삶의 규칙과 행복의 조건을 세우고 싶어 합니다. 죄는 하나님이 '너는 …하지 말지니라'라고 하신 거룩한 말씀을 고집스럽게도 '나는 …하겠다'로 바꾸어 버립니다."*[4]
> _레트 도슨

2. 하나님이 내주하시는 마음에 대한 약속(렘 31:31~33)

> Leader

백성들이 예레미야의 메시지를 거부했던 이유 중 하나는 아마도 그들이 예레미야가 전달한 것과는 다른 종류의 좋은 소식을 듣고 싶었기 때문일 것입니다. 예레미야 시대의 사람들은 전쟁 중인 주변 국가들과의 평화의 메시지, 외적인 번영과 삶의 안정 등에 관한 메시지를 듣고 싶어 했습니다.

우리도 그들과 다르지 않습니다. 우리는 하나님께 우리 삶을 더욱 즐길 만한 것들을 주시길 요청하며, 삶에 신체적, 정서적으로 불편함이 없도록 기도하는 데 초점을 맞춥니다. 우리는 여전히 평화와 안정과 번영을 요구하고 있습니다. 이러한 요청들은 우리의 가장 깊은 문제, 즉 자기 마음의 문제를 근본적으로 깨닫지 못하는 데 기초하고 있습니다. 자기 죄의 심각성을 깨닫고, 그것이 우리 안에서 얼마나 깊이 작동하는지를 알게 된다면, 기도의 초점이 극적으로 바뀔 것입니다. 환경적인 요인들에서 우리 안에 있는 것으로 바뀌어 마음에서부터 구원을 부르짖게 될 것입니다.

예레미야가 주님께 받은 메시지는 물리적인 관점에서는 백성들의 기대를 충족시켜 주지 못할 수도 있었지만, 문제의 핵심을 찌르는 것이었습니다. 인간이 상상하는 것보다 문제가 훨씬 더 심각하기 때문에, 주님의 메시지는 인간이 꿈꿔 왔던 것보다 더 좋은 것입니다.

³¹여호와의 말씀이니라 보라 날이 이르리니 내가 이스라엘 집과 유다 집에 새 언약을 맺으리라 ³²이 언약은 내가 그들의 조상들의 손을 잡고 애굽 땅에서 인도하여 내던 날에 맺은 것과 같지 아니할 것은 내가 그들의 남편이 되었어도 그들이 내 언약을 깨뜨렸음이라 여호와의 말씀이니라 ³³그러나 그날 후에 내가 이스라엘 집과 맺을 언약은 이러하니 곧 내가 나의 법을 그들의 속에 두며 그들의 마음에 기록하여 나는 그들의 하나님이 되고 그들은 내 백성이 될 것이라 여호와의 말씀이니라

예레미야가 예언한 새 언약과 관련해서 반드시 기억해야 할 두 가지 중요한 점이 있습니다.

첫째, 이 언약은 새롭습니다.

> Leader

주님은 이것이 주님으로부터 나온 새로운 것이라고 선언하셨습니다. 하지만 이것은 우리에게 새로운 것이지, 하나님께 새로운 것이 아닙니다. 때때로 우리는 하나님의 제1안은 에덴동산이었는데, 최초의 인간이 하나님께 반역해 죄를 지었

기 때문에 하나님이 계획을 백지로 돌리셨다고 생각하는 경향이 있습니다. 이러한 시나리오에서는 예수님을 세상에 보낸다는 번뜩이는 생각이 하나님께 떠오르던 날에 새 언약, 즉 복음이 시작되었다고 봅니다. 그래서 예수님은 제2안이라는 것입니다.

그러나 이것은 사실이 아닙니다. 만약 이것이 사실이라면, 하나님은 학습해서 점진적으로 발전하는 분이라는 뜻이 될 것입니다. 또한 하나님이 처음에 판단 실수를 저질러서 허둥지둥 예지력을 보충하셨다는 뜻이 될 것입니다. 그러나 예수님의 생애와 죽음과 부활은 언제나 역사의 중심에 서 있습니다(벧전 1:20~21).

하나님의 계획은 그분께는 새로울 것이 없었지만, 백성들에게는 새로운 것이었습니다. 여러 세대를 거치면서 백성들은 하나님의 언약대로 살아 보려고 시도하다가 실패하고, 또 시도하다가 실패하는 역사를 살았습니다. 하나님은 그들을 되찾기 위해 몇 번이고 계속해서 자비를 베푸셨지만, 옛 언약은 율법을 부과할 뿐 백성들이 율법을 지킬 수 있도록 힘을 주지는 못했습니다. 그러나 이제 하나님이 자기 뜻에 관한 지식을 주실 뿐만 아니라 자기 백성의 새로워진 마음에 새 언약을 써 주실 것입니다.

Q 새 언약이 하나님께는 새롭지 않지만, 사람들에게는 새로웠다는 점을 아는 것이 왜 중요할까요?

둘째, 새 언약은 하나님의 백성 안에 있을 것입니다.

오늘날 많은 사람이 믿음을 천국에 가느냐 지옥에 가느냐의 선택쯤으로 여기고 있습니다. 지옥에 가고 싶지 않으니, 구원받아 천국에서 영원히 살기 위해 그리스도를 믿기로 선택하는 것입니다.

죄 사함과 의를 얻기 위해 그리스도를 믿는 것이 하나님께 가는 유일한 길임은 사실입니다. 그러나 그것이 복음의 전부라고 생각한다면, 진정한 의미에 한참 미치지 못하는 것입니다. '복음'이란 우리 마음이 죄로 너무 부패했기 때문에 하나님을 향해 마음을 새롭게 함이 필요하다는 메시지입니다.

그런 이유로 새 언약은 우리 안에 있습니다. 돌판이나 양피지에 쓰이지 않고, 우리의 새 마음에 쓰였습니다. 이와 관련해 바울은 고린도후서 5장 17절에서 이렇게 말했습니다. "그런즉 누구든지 그리스도 안에 있으면 새로운 피조물이라 이전 것은 지나갔으니 보라 새것이 되었도다."

이 메시지를 믿어야 옛사람이 죽고, 그리스도와 함께 영적으로 부활

심화토론

• 후회될 말을 한 후에, "어디서 그런 말이 나왔는지 모르겠어"라고 말한 적 있습니까?
• 예레미야 17장 9절은 이러한 경험을 어떻게 설명합니까?(참조, 마 15:19)

"새 마음은 성령님에 의해 강권적으로 순종하게 됩니다. 이 순종은 구속주에 의해 변화되고 그분께 사로잡힌 마음에서 우러나오는 자발적인 것입니다."[6]
_ 티모시 레인 & 폴 데이비드 트립

핵심교리 99
65. 그리스도인의 삶에서의 성령의 사역

그리스도인의 삶에서 성령님의 역사는 한 사람을 그리스도로 이끄는 구원 사역에서부터 그리스도를 점차 닮아 가도록 하는 성화에 이르기까지 계속됩니다. 또한 성령님은 그리스도인들에게 능력을 부어 주시고, 그들 안에 거하시며, 그들을 위해 중보하시고, 하나님 나라를 섬길 수 있는 특별한 은사를 주십니다. 신자들의 위로자인 성령님은 우리가 성경을 올바로 해석할 수 있도록 도우십니다.

"선지자가 우리가 받을 보상을 아주 간결하게 정의했습니다. 즉 '나는 그들의 하나님이 될 것이며 그들은 내 백성이 될 것이다'입니다. 하나님은 자기 자신을 우리 보상으로 주기로 약속하셨습니다."[7]
"하나님은 보상이십니다. 그분 안에 목적이 있고, 그분 안에 행복의 완성이 있습니다."[8]
_어거스틴

할 수 있습니다. 새 자아는 새로운 마음으로 새로워진 열망과 취향을 가지고, 새로운 주인을 맞이합니다. 더 이상 죄에 갇혀 있지 않습니다. 그 대신 성령의 임재를 통해 하나님이 우리 마음 가운데 거하시게 됩니다.

Q 우리에게 새 마음이 있음을 아는 것은 하나님께 순종하는 데 어떤 영향을 줍니까?

3. 하나님을 아는 마음의 특권(렘 31:34)

> 새 언약은 죄가 새겨진 마음에서 우리와 만납니다. 새 언약은 우리에게 하나님이 내주하시는 새 마음을 약속하며, 창조주와의 교제 안에서 살아가는 놀라운 특권을 줍니다. 이 약속을 통해 우리는 하나님을 진실로 아는 특권도 갖게 됩니다.

Leader :....

[34]*그들이 다시는 각기 이웃과 형제를 가리켜 이르기를 너는 여호와를 알라 하지 아니하리니 이는 작은 자로부터 큰 자까지 다 나를 알기 때문이라 내가 그들의 악행을 사하고 다시는 그 죄를 기억하지 아니하리라 여호와의 말씀이니라*

우리는 하나님과 친밀한 관계를 맺으며 살아가도록 창조되었습니다. 세상이 죄로 깨어지기 전에 하나님이 자기 형상으로 인간을 창조하셨던 초기 창조 시절에서 이 점을 확인할 수 있습니다. 인간이 하나님의 형상으로 창조되었다는 것은 다른 피조물들과 달리 하나님과 관계를 나눌 수 있는 능력이 있다는 것을 의미합니다. 그래서 최초의 사람은 창조주와의 완전하고 흠 없는 유대감 속에서 살 수 있었습니다.

그러나 죄가 하나님과 인간 사이를 어마어마하게 갈라놓았습니다. 죄라는 깊은 골 때문에 우리는 하나님이 지으신 진정한 목적에서 분리되었습니다. 하나님은 완전히 거룩하시기에 죄를 가까이하실 수 없습니다. 그러나 우리를 너무나 사랑하시는 하나님은 우리가 진정한 창조 목적으로 돌아갈 수 있도록 길을 마련해 주셨습니다. 하나님을 알고, 세상에 하나님을 알려야 하는 창조 목적 말입니다.

Q 하나님을 아는 것이 현재 당신에게 얼마나 중요합니까?

Q 어떻게 하면 하나님을 알고자 하는 열망을 더 키울 수 있을까요?

예수님은 하나님을 알고, 그분을 영원히 기뻐하는 것이 인류의 최대 목적임을 아셨습니다. 예수님은 요한복음 17장 3절에서 이 진리를 이렇게 말씀하셨습니다. "영생은 곧 유일하신 참 하나님과 그가 보내신 자 예수 그리스도를 아는 것이니이다." 예수님에게 영생의 참 본질은 하나님을 아는 것이었으며, 이것은 오직 복음을 통해서만 알 수 있습니다.

예수님의 진리는 영생에 관한 일반적인 생각들과 다릅니다. 우리는 '영생' 하면 황금 길이 펼쳐져 있고, 행복이 충만하며, 고통이 없는 천국을 떠올립니다. 천국에서는 눈물을 닦을 휴지나 암 치료나 장례식이 필요 없습니다. 그곳의 길은 금으로 포장되어 있고, 그리스도를 따르는 수많은 사람이 드리는 영원한 예배가 있습니다. 모든 것이 진실되고, 모든 것이 아름답습니다. 그러나 과연 그 선한 속성들이 천국을 진정한 천국으로 만드는 것일까요? 정답은 놀랍게도 "아니오"입니다.

지옥이 지옥인 이유가 그곳에 하나님이 계시지 않기 때문인 것과 마찬가지로 천국이 천국인 이유는 그곳에 하나님이 계시며, 자신을 완전히 드러내시는 곳이기 때문입니다. 바울은 고린도전서 13장 12절에서 이 점을 지적했습니다. "우리가 지금은 거울로 보는 것같이 희미하나 그때에는 얼굴과 얼굴을 대하여 볼 것이요 지금은 내가 부분적으로 아나 그때에는 주께서 나를 아신 것같이 내가 온전히 알리라."

하나님은 우리를 어떻게 완전히 아실까요? 하나님은 우리의 머리카락 수도, 가장 깊은 내면의 생각까지도 모두 알고 계십니다. 사실 하나님은 우리가 우리를 아는 것보다 우리를 더 잘 아십니다. 우리의 과거, 현재, 미래를 모두 아십니다. 하나님은 우리를 하나도 빠짐없이 완전히 알고 계십니다.

천국에서는 우리도 하나님을 이처럼 아주 잘 알게 될 것입니다. 얼굴과 얼굴을 마주하게 될 것입니다. 이 땅에서는 주님을 아무리 열심히 찾아도, 언제나 하나님이 아닌 반사된 이미지만 보게 될 것입니다. 나아가 우리의 인간성은 그것을 늘 어느 정도 왜곡할 것입니다. 하지만 천국에서는 어떤 왜곡도 없습니다. 전능하신 하나님과 완벽하고 완전하게 친밀한 교제를 나눌 수 있습니다. 천국에 이르는 길은 복음에 있습니다.

'죄로 각인된 마음'이라는 우리 문제를 복음이 해결했기에, 그리고 하나님이 우리 마음에 거하시리라는 약속을 받았기에, 우리는 하나님을 아는 마음의 특권을 누릴 수 있습니다.

Q 하나님을 아는 지식은 하나님을 세상에 알리는 데 어떻게 도움이 됩니까?

> "참된 영성이란 단지 어떤 것들에 대해 죽는 것이 아니라 지금이라는 역사 속에서 하나님을 사랑하고, 하나님께 대하여 살아 있으며, 하나님과 연합을 이루는 것입니다."[10]
> _프란시스 쉐퍼

심화 주석 예레미야는 유다가 여호와를 '알지' 못한다고 비난했습니다(렘 9:3). 주님을 아는 것이 옛 언약의 취지였습니다. 그러한 '앎'은 가장 친밀하고 인격적인 관계를 경험하는 것이었습니다. 게다가 주님을 안다는 것은 그분의 성품을 생활 방식에 반영하는 것을 의미했습니다(9:24; 22:15~16). 언약에서 '알다'라는 단어는 계약 조항에 구속력이 있음을 인정하는 전문 용어입니다. 이스라엘과 유다가 여호와의 주권을 깨닫지 못하고, 그분의 계명에 순종하지 않음으로써 언약이 깨졌습니다(11:6~8, 10).

… 옛 언약은 돌판 위에 새겨졌지만, 하나님은 새 언약을 한 사람, 한 사람의 마음에 영원히 새기실 것입니다. 이러한 새김은 율법을 암기해 아는 것보다 훨씬 더 많은 것을 의미합니다. 사람들은 하나님을 신실하게 섬기기를 원할 것입니다. 언약 관계 안에 있는 사람들의 뜻(마음, 정신)이 하나님의 뜻에 굴복할 것입니다. 여기에서 '새 사람'은 새로운 본성, 즉 하나님의 뜻을 행하려는 의지가 있는 새로운 본성을 가진 사람으로 묘사되었습니다.[11]

_제리 W. 리
Biblical Illustrator

결론

하나님을 아는 것은 동전의 양면과도 같습니다. 한 면은 하나님과 맺는 인격적인 관계입니다. 즉 에덴동산에서의 친밀함으로 돌아가는 것입니다. 이것은 천국에서 온전히 실현될 것입니다. 다른 한 면은 하나님을 알리고자 하는 열망입니다. 이것 또한 하나님이 본래 의도하셨던 인간성으로 돌아가는 것입니다. 아담과 하와는 하나님을 알았을 뿐만 아니라, 온 땅에 하나님의 영광이 드러날 수 있도록 땅을 통치해야 하는 사명을 받았습니다. 하나님이 우주를 통치하시듯 인간도 그와 같이 온 땅을 다스리도록 계획되어 있었습니다.

복음을 통해 예수님을 알아갈수록 온 세상에 하나님의 영광을 전해야 할 부담감을 기쁜 마음으로 갖게 됩니다. 하나님이 어떤 분인지 알게 되면, 가족과 이웃과 마침내는 땅끝까지 하나님을 전하고 싶어집니다.

그리스도와의 연결

예레미야 시대의 문제는 백성들이 하나님의 율법을 가졌으나 마음의 죄성으로 인해 하나님께 순종할 수 없었다는 데 있었습니다. 예레미야는 장차 하나님이 백성들의 죄를 용서하시고, 그들의 마음에 율법을 새겨 주실 날에 관해 예언했습니다. 이 예언은 복음에서 성취됩니다. 하나님은 예수님을 통해 우리에게 용서를 베풀어 주시고, 성령님을 통해 그분의 명령에 순종할 수 있게 하십니다.

하나님의 계획 우리의 사명

선교적 적용   하나님은 우리에게 주님의 명령에 순종하고 주님의 나라를 위한 사명으로 살아갈 때, 성령님을 의지하라고 말씀하십니다.

1. 비그리스도인들과 예수님의 복음에 관해 대화할 때, 죄에 관한 언급은 어떤 역할을 합니까?

2. 하나님이 성령으로 우리 안에 거하심을 믿는다면, 그리스도인으로서 어떤 모습을 보여야 합니까?

3. 하나님을 아는 특권이 우리로 하여금 어떻게 공동체와 상호작용하고, 공동체를 섬기게 합니까?

Summary and Goal

이 세션에서는 구약에서 가장 중요한 사건 가운데 하나인 예루살렘의 몰락과 하나님의 백성이 포로가 되는 이야기를 보게 될 것입니다. 마음이 완악해진 백성들과 지도자들은 하나님의 말씀을 경멸하기에 이르렀습니다. 이에 하나님은 자기 백성을 벌하심으로써 공의와 진노를 드러내셨습니다. 그러나 우리는 하나님이 공의를 드러내시는 중에도 남은 자들을 보존하시는 것을 볼 수 있습니다. 남은 자들은 메시아를 통해 만물을 새롭게 하시는 하나님의 약속에 대한 소망을 전할 것입니다.

- **성경 본문**
  역대하 36:11~21
  예레미야 38:14~18, 24~28

- **세션 포인트**
  1. 영적인 몰락은 완악한 마음에서 시작됩니다(대하 36:11~14)
  2. 영적으로 몰락하면 하나님의 말씀을 멸시하게 됩니다(렘 38:14~18, 24~28)
  3. 하나님은 영적인 몰락에 진노하십니다(대하 36:15~21)

- **신학적 주제**
  하나님은 죄인들을 끈기 있게 추적하시지만, 언젠가는 인내의 끝이 올 것입니다.

- **그리스도와의 연결**
  하나님은 자기 백성의 죄를 의로 심판하셨습니다. 그러나 여전히 신실하셔서서 다윗에게 하셨던 약속을 지키셨습니다. 남은 자를 보존하고, 왕을 세우시겠다고 하신 약속 말입니다. 궁극적으로 하나님은 자기 아들인 예수님을 통해 우리 죄를 벌하셨고, 그를 영원한 우리 왕으로 세워 주셨습니다.

- **선교적 적용**
  하나님은 우리에게 아직 시간이 남아 있을 때 하나님의 말씀을 듣고 그분의 인내와 의를 선포하라고 말씀하십니다.

예루살렘, 영적으로 몰락하다

| 엘리야와 바알 선지자들 | 엘리야의 핍박 | 나아만의 치유 | 하나님을 만난 이사야 | 이사야의 예언 | 유다를 구원하시는 하나님 |

Session Plan

도입

학교나 직장에서 집으로 돌아가는 것에 관한 이야기로 이 세션을 시작하십시오(저자나, 교사 자신이나, 자원자의 이야기를 자유롭게 나누십시오).

무엇이 집을 진짜 '집'으로 만듭니까? 무엇을 보면 다른 사람의 집이 아닌 내 집임을 확실히 알 수 있습니까?

집이 갖는 친밀함이 파괴되는 상황을 상상하고 함께 나눈 후, 이 세션을 요약하십시오.

전개

1
영적인 몰락은 완악한 마음에서 시작됩니다
(대하 36:11~14)

부록 3: '예레미야의 생애'와 인도자용 교재의 내용을 활용해, 예루살렘의 몰락에 이르기까지 유다의 역사를 설명해 주십시오. 그리고 나서 자원자에게 역대하 36장 11~14절을 읽게 하십시오. 시드기야의 행동이 그의 완악한 마음에서 나온 것임에 주목하십시오.

'마음이 완악하다'는 것은 무슨 의미입니까?

하나님의 뜻에 잠재적으로 점점 더 완악해져 가는 마음을 알 수 있게 하는 경고 사인이 무엇인지 파악하게 하고, 그에 관해 이야기를 나누십시오.

- 교만.

왜 마음이 완악해지면 곧 교만해질까요?

- 회개의 부족.
- 구별되지 못함.

마음이 완악해졌는지 알려면 왜 행동을 봐야 할까요?

2
영적으로 몰락하면 하나님의 말씀을 멸시하게 됩니다
(렘 38:14~18, 24~28)

예레미야 38장 14~18절을 읽으십시오. 우리는 하나님 말씀에 겸손하게 다가가고, 하나님이 올바른 길로 안내해 주실 것을 신뢰해야 합니다.

하나님이 말씀을 통해 불편한 진실과 맞닥뜨리게 하신 적이 있습니까? 그때 어떻게 반응했으며, 왜 그렇게 했습니까?

하나님의 정직성에 비추어 교회가 어떤 모습이어야 하는지를 가르쳐 주십시오. 자기기만에 도전하고 죄에 대면하기 위해서 우리는 서로에게 정직해야 합니다.

왜 정직이 사랑의 척도가 됩니까?

하나님의 말씀이 우리를 회개로 부르심을 강조한 후, 그 말씀에 어떻게 응답하느냐
가 중요하다는 것을 가르쳐 주십시오. 즉 우리는 하나님의 말씀을 겸손하게 인정
할 것인가, 아니면 완악한 마음으로 대할 것인가를 선택해야 합니다. 예레미야 38장
24~28절을 읽으면서 시드기야의 선택을 살펴보십시오.

역대하 36장 15~21절을 읽고, 예루살렘과 성전의 파괴와 추방에 관해 상세하게 설
명해 주십시오. 그런 다음 심판을 행하실 때 백성들이 회개로 나아오기를 기다리시
는 하나님의 인내를 강조해 주십시오.

하나님이 아무도 멸망하지 않기를 원하신다는 것을 어떻게 알 수 있습니까?

그 사실은 하나님의 심판에 대한 생각을 어떻게 달라지게 합니까?

평범한 일상이 어떻게 죄의 심판이 절대 임하지 않을 것임을 믿게 할 수 있는지 설명
해 주십시오. 실상은 하나님이 인내하고 계시는 것입니다. 구약의 선지자들처럼, 우
리도 예수님이 다시 오셔서 온 땅을 심판하실 것을 선포해야 합니다.

**오늘날 그리스도인들이 하나님의 메시지를 사람들에게 전할 때 어떻게 하면 세상의 상태를
보고 눈물 흘린 예레미야처럼 될 수 있을까요?**

3
하나님은 영적인 몰락에
진노하십니다
(대하 36:15~21)

결론

하나님의 인내가 무관심이 아님을 강조하면서 이 세션을 마무리하십시오. 이 은혜
에 대한 응답으로 우리는 불신자들이 구원받을 수 있도록 장차 있을 심판에 관해
경고해야 합니다. 그리고 죄의 속임수에 완악해지지 않도록 서로 격려해야 합니다.
이 세션에서 배운 진리를 '하나님의 계획, 우리의 사명'에서 적용해 보십시오.

**Session
Content**

12. 예루살렘, 영적으로 몰락하다

도입 옵션

조별로 다음 질문을 토론하게 하십시오.

• 일과를 마치고 집으로 돌아갈 때, 가장 기대하는 것은 무엇입니까?

도입

집에서 학교나 직장이 멉니까? 만일 그렇다면, 매일 많은 시간을 자가용이나 버스나 지하철에서 보낼 것입니다. 매일 반복되는 그 시간을 어떻게 보냅니까? 학교나 직장으로 향하는 길에는 하루 동안 그곳에서 해야 할 일들의 목록을 생각하며 보낼 수도 있습니다. 집으로 돌아가는 길에는 생각의 초점이 학교나 직장에서 자연스럽게 집으로 바뀔 것입니다.

> 마침내 익숙한 길이 나오고 집 앞에 도착합니다. 집에 도착하니 미소가 절로 나옵니다. 우리 집만의 특유의 냄새도 납니다. 집 안으로 들어가 항상 같은 자리에 옷과 열쇠를 걸어 둡니다. 거기에 걸어 놔야 내일 쉽게 다시 찾을 수 있습니다. 우리 집에 들어오니 행복합니다.

Q 무엇이 집을 진짜 '집'으로 만듭니까? 무엇을 보면 다른 사람의 집이 아닌 내 집임을 확실히 알 수 있습니까?

'집' 하면 떠오르는 온갖 즐겁고 친밀한 것들을 상상해 보십시오. 그리고 그 모든 것이 산산이 부서지는 것을 상상해 보십시오. 집을 떠날 수밖에 없습니다. 동네가 파괴되고, 집이 무너져 버렸기 때문입니다. 집을 잃은 사람들은 방향을 잃은 채 혼란스러워합니다. 마침내 하나님의 인내가 다 되었을 무렵, 이스라엘의 남은 백성이 겪어야 했던 상황이 바로 이와 같았습니다.

Session Summary

이 세션에서는 구약에서 가장 중요한 사건 가운데 하나인 예루살렘의 몰락과 하나님의 백성이 포로가 되는 이야기를 보게 될 것입니다. 마음이 완악해진 백성들과 지도자들은 하나님의 말씀을 경멸하기에 이르렀습니다. 이에 하나님은 자기 백성을 벌하심으로써 공의와 진노를 드러내셨습니다. 그러나 우리는 하나님이 공의를 드러내시는 중에도 남은 자들을 보존하시는 것을 볼 수 있습니다. 남은 자들은 메시아를 통해 만물을 새롭게 하시는 하나님의 약속에 대한 소망을 전할 것입니다.

> "선지자들은 당대 시대정신에 반하여 대중의 의견에 맞서고, 모든 정치 세력에 대항하면서 말해야 했고, 그 결과를 감수해야 했습니다. 그들은 하나님의 백성에게 닥친 재앙들을 하나님의 실패가 아닌 의로운 심판의 징후로 해석할 수 있었습니다."[1]
> _레슬리 뉴비긴

전개

1. 영적인 몰락은 완악한 마음에서 시작됩니다(대하 36:11~14)

요시야왕은 하나님의 통치와 다스림에 자신을 헌신했던 유다의 왕이었습니다. 그는 백성들이 영적인 유산을 되찾을 수 있도록 자신이 아는 모든 방법을 동원했습니다. 그러나 그가 죽고 연이은 전쟁으로 유다는 다시 위태로워졌습니다.

수년 동안 이집트와 바벨론은 줄다리기를 하듯 권력 다툼을 했습니다. 그에 따라 유다 왕들의 충성 대상도 이리저리 달라졌습니다. 시드기야가 바벨론에 의해 권좌에 오르기까지 여러 왕이 있었지만, 어느 누구도 정직하게 또는 오랫동안 통치하지 못했습니다. 시드기야는 꼭두각시 통치자로 세워졌고 의지가 약했습니다. 시드기야는 주위 조언자들의 말에 귀를 기울였습니다. 그들은 그에게 강대한 바벨론 통치자 느부갓네살에 맞서 반역할 수 있다고 속삭였습니다.

[11]시드기야가 왕위에 오를 때에 나이가 이십일 세라 예루살렘에서 십일 년 동안 다스리며 [12]그의 하나님 여호와 보시기에 악을 행하고 선지자 예레미야가 여호와의 말씀으로 일러도 그 앞에서 겸손하지 아니하였으며 [13]또한 느부갓네살 왕이 그를 그의 하나님을 가리켜 맹세하게 하였으나 그가 왕을 배반하고 목을 곧게 하며 마음을 완악하게 하여 이스라엘 하나님 여호와께로 돌아오지 아니하였고 [14]모든 제사장들의 우두머리들과 백성도 크게 범죄하여 이방 모든 가증한 일을 따라서 여호와께서 예루살렘에 거룩하게 두신 그의 전을 더럽게 하였으며

유다의 최후 몰락은 통치자의 완악한 마음에서 시작되었습니다. 여기에는 백성의 완악한 마음도 반영되어 있습니다. 본문을 보면, 시드기야가 그렇게 행동했던 진짜 이유를 알 수 있습니다. 시드기야는 민족적 자부

심화 주석 시드기야는 유다 백성들과 함께 포로로 잡혀갔습니다. 예레미야서는 시드기야의 성품에 관해 귀중한 통찰을 제공합니다. 예레미야 선지자는 시드기야에게 11년 통치 기간의 후반기에 이집트의 도움을 기대하기보다는 바벨론에 굴복하기를 거듭해서 촉구했습니다. 시드기야는 좋은 평가를 받지 못했습니다. 역대기 기자는 시드기야가 하나님의 사자인 예레미야 선지자 앞에서 스스로 "겸손하지" 않았다고 말합니다(대하 36:12; 참조, 대하 7:14). 그러나 스스로 겸손하게 하지 않는 사람은 시드기야만이 아니었습니다. 온 나라가 그와 똑같이 행동했습니다(15~16; 참조, 렘 37:2). 이러한 점에서 시드기야의 반역은 그의 정치적 조언자들에 의해 고무된 것임이 틀림없습니다. 그가 하나님의 이름으로 느부갓네살에게 서약했던 충성 맹세는 정치 조약에서 정상적이었지만, 맹세를 깨뜨린 것은 변절자로서의 모습을 강화할 뿐입니다(참조, 겔 17:11~21). 시드기야는 불충하고 신실하지 못한 태도와 반응을 드러냈고, 제사장과 백성의 모든 지도자도 그와 똑같이 행동했습니다. 시드기야는 그 백성에 걸맞은 왕이었습니다.[2]

_J. A. 톰슨

심이나 독립을 위한 고귀한 열망으로 행동한 것이 아닙니다. 그는 그저 완악한 마음에서 우러나오는 대로 행동했을 뿐입니다.

Q '마음이 완악하다'는 것은 무슨 의미입니까?

모든 영적 몰락은 갑자기가 아닌 점진적으로 진행됩니다. 그 첫 단계는 마음이 하나님의 뜻에 대해 완악해지는 것입니다. 시드기야의 마음이 완악해지는 것에서 우리의 주의를 환기시키는 몇 가지 경고 신호들을 볼 수 있습니다. 이것은 하나님의 뜻에 완악해져 갈 수 있는 우리 마음에 경계 태세를 갖게 합니다.

마음이 완악해졌다는 확실한 신호 중 하나는 교만입니다. 우리는 본문에서 통제력을 잃은 시드기야의 교만을 볼 수 있습니다. 우리는 시드기야가 어떤 상황에 처했는지 알 수 있습니다. 그는 바벨론이 세운 꼭두각시 왕에 불과했습니다. 그의 군대는 바벨론은 말할 것도 없고, 이집트에 맞서기에도 턱없이 부족했습니다. 이와 같은 명백한 사실에도 불구하고, 교만은 마음이 완악해지기 시작한 사람에게 너무나 해로울 수 있는 거짓말을 속삭였습니다. '나에게 그런 일이 일어날 리 없어.'

> 이 왕은 심판이 올 것을, 즉 자기가 한 행동이 가져올 결과를 절대로 믿지 않았습니다. 그는 "선지자 예레미야가 주님의 말씀을 전해도 그 앞에서 겸손하지 않았습니다." 우리도 시드기야처럼 행동할 수 있습니다. 오랫동안 괜찮았으니, 아무 일도 없을 거로 생각하기 때문입니다. '물론 그 사람한테 일어났던 일은 잘 알지. 하지만 나한테는 그런 일이 절대로 일어나지 않을 거야'라고 생각하는 것입니다. 마음이 완악해지기 시작하면, 자기 의를 믿도록 스스로 속이며 직접 가짜 전신 갑주를 지어 입습니다.

시드기야의 예상과 달리, 실제로 그런 일이 일어났습니다. 마음이 완악해진 사람은 누구나 이와 같은 실수를 할 수 있습니다. 스스로 높이 평가하거나 심판과 형벌을 면할 수 있다고 생각하는 사고방식을 주의하십시오. 그런 사고방식은 마음이 굳어져 가기 시작했다는 징후입니다.

Q 왜 마음이 완악해지면 곧 교만해질까요?

교만해지면 회개가 부족해집니다. 시드기야는 회개의 정의대로 "주님께 돌아갈" 기회가 얼마든지 있었습니다. 예레미야의 조언을 듣고, 주님의 말씀을 겸손히 인정할 수 있었습니다. 또한 자기 지혜에서 돌이켜 주님께 돌아감으로써 그러한 인정을 증명할 수도 있었습니다. 그러나 시드기야는 자기 길이 옳다고 확신했기 때문에 돌이킬 필요성을 느끼지 못했습니다.

> **Leader** 우리는 주님의 말씀을 인정할 수 있고, 자기 죄를 인정할 수 있습니다. 그러나 반드시 그 인정을 회개로 옮겨야만 합니다.

회개한다면, 자기 길과 자기가 주인이라는 생각에서 돌이켜야만 합니다. 그리고 예수 그리스도의 권위와 주권 아래 자신을 내려놓아야 합니다.

> **Leader** 여기서 유혹은 죄를 인정하고 심지어 가책을 느끼지만, 실제로는 그것에서 돌이키려는 적극적인 조치를 취하지 않는 것입니다. 회개를 꺼린다는 것은 하나님 일에 마음이 점점 완악해져 간다는 뜻입니다.

시드기야의 완악한 마음이 주는 또 다른 신호는 열방과 구별되는 자기 백성의 가치를 너무 가볍게 생각했다는 것입니다. 처음부터 하나님은 이스라엘 백성을 이 땅에서 구별된 백성으로 만드실 계획이셨습니다. 그들만이 주님을 위해 특별히 구별된 제사장 나라로서 하나님의 영광을 밝게 빛낼 것입니다. 그러나 시드기야 시대에는 "모든 제사장들의 우두머리들과 백성도 크게 범죄하여 이방 모든 가증한 일을"(14절) 따라 했습니다. 다른 말로 하면, 그들은 구별된 하나님의 백성이라는 지위를 버리고 주변 모든 백성의 길을 따르기 시작했습니다.

그리스도인으로서 자기 삶을 잘 살펴봐야 합니다. 예수 그리스도의 이름을 부르지 않는 사람들의 삶과 달라 보입니까? 하나님의 백성임을 드러내는 뚜렷한 행동 양식이 있습니까? 만약 그렇지 않다면, 주의하십시오. 자기 마음의 온도를 재 보십시오. 아마도 차갑게 식어 가는 중일 것입니다.

Q 마음이 완악해졌는지 알려면 왜 행동을 봐야 할까요?

"죄의 원인을 탐구해 계속 추적하다 보면 다루기 힘든 인간의 의지에 도달하고, 또한 모든 대립되는 고려 사항에 맞서 의지를 강화하는 마음의 욕망에 다다릅니다."[3]
_코넬리우스 플랜팅가 Jr.

"죄인은 하나님의 사랑을 조롱하고 경멸합니다. 이것이 그의 실패 원인이 될 것입니다. 왜냐하면 하나님은 속지 않으실 것이기 때문입니다."[4]
_조지 블라우록

핵심교리 99   **36. 죄-위반**

'어기다'(수 7:11), '잘못'(수 24:19), '허물'(렘 5:6), '반역'(애 3:42) 등으로 번역되는 영어 성경의 단어 transgression은 '바꾸다' 혹은 '지나가다'라는 뜻으로 하나님의 명백한 명령을 위반하는 행위와 연관되어 쓰이곤 합니다. 에덴동산에서 아담과 하와에게 주셨던 것처럼 하나님이 구체적인 명령을 주셨는데도 그것을 지키지 않으면 범죄하는 것입니다(롬 5:14; 딤전 2:14). 이런 의미에서 죄란 법을 어기는 행위입니다.

<table>
<tr><td>

**심화
주석**

시드기야는 예레미야가 자신의 질문에 어떤 답을 해도 죽이지 않겠다고 맹세합니다. 이 맹세는 "우리에게 이 영혼을 지으신 여호와께서 살아 계심을 두고 맹세하노니…"(렘 38:16) 하고 시작됩니다. 하나님은 생명을 주시는 분이지만, 거두기도 하십니다. 그러므로 만약 시드기야의 맹세가 거짓이라면, 하나님은 그의 생명을 취하실 수 있습니다. …

여기서 고대 전쟁이 지닌 특성에 주목할 필요가 있습니다. 당시 항복한 반역 왕들은 대부분 사지가 절단되어 죽임을 당했습니다. 그러니 시드기야에게 전망은 결코 유쾌한 것이 아니었습니다. 그러나 예레미야는 시드기야에게 하나님의 메시지에, 즉 그의 생명이 보존될 수 있는 길을 알려 주는 메시지에 귀를 기울이도록 촉구했습니다.

… 만일 예레미야가 전한 바벨론에 항복하라는 메시지가 새어나간다면, 시드기야의 상황은 더욱 어려워질 것이고 그렇게 되면 예레미야의 목숨도 지켜 주지 못하게 될 것입니다. 그래서 시드기야는 예레미야에게 한 가지 말을 일러둡니다. 누가 묻거든 예레미야가 왕에게 거의 죽을 뻔했던 지하 감옥으로 돌아가지 않게 해 달라고 간청하는 대화를 나누었다고 말하라는 것이었습니다(렘 38:26; 참조, 렘 37:15). 이 사전 경고는 시의적절했습니다. 왜냐하면 이후에 여러 고관이 예레미야에게 와서 왕과 나눈 이야기를 심문했기 때문입니다(27절). 예루살렘이 몰락할 때까지 예레미야는 감옥에 갇혀서 계속 감시를 받았습니다.[5]

_R. K. 해리슨

</td><td>

2. 영적으로 몰락하면 하나님의 말씀을 멸시하게 됩니다

(렘 38:14~18, 24~28)

> **Leader**
>
> 시드기야는 마음이 완악해졌음에도 하나님의 선지자 예레미야를 불렀습니다. 그는 하나님이 민족의 앞날에 대해 무언가를 말씀해 주실 수도 있다고 생각했습니다. 그러나 예상과 달리 그는 하나님의 선지자로부터 심판의 메시지를 받게 되었습니다.

14 시드기야왕이 사람을 보내어 선지자 예레미야를 여호와의 성전 셋째 문으로 데려오게 하고 왕이 예레미야에게 이르되 내가 네게 한 가지 일을 물으리니 한 마디도 내게 숨기지 말라 15 예레미야가 시드기야에게 이르되 내가 이 일을 왕에게 아시게 하여도 왕이 결코 나를 죽이지 아니하시리이까 가령 내가 왕을 권한다 할지라도 왕이 듣지 아니하시리이다 16 시드기야왕이 비밀히 예레미야에게 맹세하여 이르되 우리에게 이 영혼을 지으신 여호와께서 살아 계심을 두고 맹세하노니 내가 너를 죽이지도 아니하겠으며 네 생명을 찾는 그 사람들의 손에 넘기지도 아니하리라 하는지라 17 예레미야가 시드기야에게 이르되 만군의 하나님이신 이스라엘의 하나님 여호와께서 이와 같이 말씀하시되 네가 만일 바벨론의 왕의 고관들에게 항복하면 네 생명이 살겠고 이 성이 불사름을 당하지 아니하겠고 너와 네 가족이 살려니와 18 네가 만일 나가서 바벨론의 왕의 고관들에게 항복하지 아니하면 이 성이 갈대아인의 손에 넘어가리니 그들이 이 성을 불사를 것이며 너는 그들의 손을 벗어나지 못하리라 하셨나이다

본문에서 하나님의 백성과 관계된 의로운 심판이 다가오고 있음을 봅니다. 또한 시드기야에게 훨씬 더 큰 심판과 파멸을 막을 길을 알려 주시는 데서 하나님의 크신 자비를 봅니다. 백성들과 지도자들에게 하나님께 돌아올 기회를 주시고 또 주시는 데서 하나님의 놀라운 인내를 봅니다.

그러면서도 본문에서 드러난 하나님의 또 다른 특성, 곧 절대적인 정직함을 봅니다. 하나님은 말씀을 통해 우리에게 진실을 들려주실 것입니다. 듣고 싶어 하지 않아도 진실을 말씀해 주실 것입니다. 하나님의 정직은 우리에게 자비입니다. 왜냐하면 우리에게는 자기기만이라는 성향이 있기 때문입니다. 우리 안에서 역사하시는 성령님이 없이는 자기 마음을 신뢰할 수 없습니다.

> 우리는 실제로 어떤 상황에서도 자신을 최고로 생각하도록 스스로 속이는 자기

</td></tr>
</table>

기만의 달인이 될 수 있습니다. 예레미야는 이 점을 알고 있었습니다. 그런 까닭에 그는 우리를 위해 "만물보다 거짓되고 심히 부패한 것은 마음이라 누가 능히 이를 알리요마는"(렘 17:9)이라고 기록했습니다. 또한 이것은 다윗이 자기 마음을 진단해 주시길 요청했던 이유이기도 합니다.

"하나님이여 나를 살피사 내 마음을 아시며 나를 시험하사 내 뜻을 아옵소서 내게 무슨 악한 행위가 있나 보시고 나를 영원한 길로 인도하소서"(시 139:23~24). 심지어 그리스도인의 새 언약의 마음조차 죄와 씨름할 정도로 마음은 기만적입니다. 그러나 하나님은 진실하십니다. 우리 마음은 우리를 속일 수 있지만, 하나님은 정직을 버리지 않으실 것입니다. 우리 마음은 우리를 편안하게 느끼게 만들어 주려고 하지만, 하나님은 우리에게 잔인한 진실을 선물로 주실 것입니다. 우리는 자신을 신뢰할 수 없지만, 하나님이 우리가 듣고 싶어 하지 않는 것까지도 다 말씀해 주실 것을 신뢰할 수 있습니다.

오늘날 하나님의 말씀을 들으러 나아갈 때는 하나님이 무슨 말씀을 하실지 알 것 같다고 여겨서는 안 됩니다. 오히려 눈가리개를 하고 왔다고 여겨야 합니다. 자기 느낌, 자기 짐작, 자기 의견 등으로 눈이 가려졌으니 진실을 보게 해 달라고 하나님께 겸손히 청해야 합니다. 마음이 아무리 불편해도 거짓보다 진실이 낫기 때문입니다.

Q 하나님이 말씀을 통해 불편한 진실과 맞닥뜨리게 하신 적이 있습니까? 그때 어떻게 반응했으며, 왜 그렇게 했습니까?

시드기야는 예레미야에게 아무 숨김없이 말하라고 명령했고, 예레미야는 명령대로 행했습니다. 이때 예레미야는 시드기야에게 위로보다 더 좋은 선물을 주었습니다. 정직한 말을 전한 것입니다. 예레미야가 시드기야에게 그랬던 것처럼, 우리도 교회에서 서로에게 하나님의 진리를 일깨워 주는 것으로 서로 섬길 수 있습니다.

하나님은 은혜 가운데 '자기기만'이라는 질병을 치료할 약을 우리에게 주셨습니다. 하나님의 말씀에 기초한 '교회'라는 약입니다. 교회는 서로 친밀한 관계를 맺고 살아가는 곳입니다. 그래서 실제로 서로에게 다가가 선하면서도 냉엄한 진실을 말할 수 있습니다. 그런 의미에서 잠언 27장 6절 말씀은 지당합니다. "친구의 아픈 책망은 충직으로 말미암는 것이나 원수의 잦은 입맞춤은 거짓에서 난 것이니라."

그렇다면 누가 진정한 친구인지 어떻게 알 수 있습니까? 어떻게 하면

> "불신앙은 '속임수'라는 고의적인 행동을 통해 진리를 모욕합니다. 그 끝은 자기기만에 빠지는 것입니다. 불신앙은 하나님의 진리를 강탈하고 왜곡해서 하나님의 목적으로부터 멀어지게 만듭니다. 그러므로 불신앙은 자신이 알고 있는 진리의 완전한 실재를 강제로 부인할 수밖에 없습니다."[6]
> _오스 기니스

거품을 걷어 내고, 신뢰할 만한 사람을 알아볼 수 있을까요? 삶에서 거리낌 없이 정직하게 대하는 사람을 찾아야 합니다. 정직하기 힘든 때조차도 그럴 수 있는 사람 말입니다. 우리에게도 예레미야가 시드기야에게 했던 것처럼 해야 할 책임이 있습니다. 설사 상처를 줄지라도 언제든 상대에게 정직할 수 있을 만큼 서로 충분히 사랑해야 합니다.

Q 왜 정직이 사랑의 척도가 됩니까?

예레미야는 왕에게 진실을 말했습니다. 과연 시드기야는 하나님의 진리에 어떻게 반응할까요? 완악한 마음을 고집할까요? 아니면 선지자를 통해 들려주신 하나님의 말씀을 받아들이고 겸손히 주님께 돌아갈까요?

영적 몰락이 완악한 마음에서 시작된다면, 다음 단계는 하나님의 말씀에 대한 반응과 관련이 있습니다. 하나님의 말씀이 회개로 인도할 때, 겸손히 받아들일 수도 있고 무시하고 하던 대로 계속 행동할 수도 있습니다. 안타깝게도 시드기야는 후자를 선택했습니다.

[24] 시드기야가 예레미야에게 이르되 너는 이 말을 어느 사람에게도 알리지 말라 그리하면 네가 죽지 아니하리라 [25] 만일 고관들이 내가 너와 말하였다 함을 듣고 와서 네게 말하기를 네가 왕에게 말씀한 것을 우리에게 전하라 우리에게 숨기지 말라 그리하면 우리가 너를 죽이지 아니하리라 또 왕이 네게 말씀한 것을 전하라 하거든 [26] 그들에게 대답하되 내가 왕 앞에 간구하기를 나를 요나단의 집으로 되돌려 보내지 마소서 그리하여 거기서 죽지 않게 하옵소서 하였다 하라 하니라 [27] 모든 고관이 예레미야에게 와서 물으매 그가 왕이 명령한 모든 말대로 대답하였으므로 일이 탄로되지 아니하였고 그들은 그와 더불어 말하기를 그쳤더라 [28] 예레미야가 예루살렘이 함락되는 날까지 감옥 뜰에 머물렀더라

> 주님의 말씀이 멸시되긴 했지만, 예레미야는 신실한 선지자였습니다. 종종 눈물로 하나님의 말씀을 전하던 이 선지자는 도시가 함락되고, 결국에는 파괴될 것이라고 증언했습니다. 본문은 이런 일이 실제로 일어났을 때, 예레미야가 그 자리에 있었다고 분명히 밝힙니다. 예레미야는 하나님의 심판이 임하는 것을 자기 눈으로 직접 보았습니다.

3. 하나님은 영적인 몰락에 진노하십니다(대하 36:15~21)

> 하나님의 심판에 대한 요나와 예레미야의 반응은 달랐습니다. 요나는 니느웨 사람들이 회개하는 것을 보느니 차라리 죽겠다고 말했을 정도로 하나님의 심판이 니느웨에 임하기를 아주 간절히 원했습니다. 그는 하나님의 심판에 눈물 한 방울 흘리지 않았습니다. 반면, 예레미야는 주님의 마음을 그대로 담아냈습니다. 예레미야는 백성들에게 너무 늦기 전에 주님께 돌아오라고 계속해서 외쳤습니다. 그는 마지막까지 시드기야에게 하나님의 진노가 연기될 수 있는 길을 제시했습니다.

[Leader]

¹⁵그 조상들의 하나님 여호와께서 그의 백성과 그 거하시는 곳을 아끼사 부지런히 그의 사신들을 그 백성에게 보내어 이르셨으나 ¹⁶그의 백성이 하나님의 사신들을 비웃고 그의 말씀을 멸시하며 그의 선지자를 욕하여 여호와의 진노를 그의 백성에게 미치게 하여 회복할 수 없게 하였으므로 ¹⁷하나님이 갈대아 왕의 손에 그들을 다 넘기시매 그가 와서 그들의 성전에서 칼로 청년들을 죽이며 청년 남녀와 노인과 병약한 사람을 긍휼히 여기지 아니하였으며 ¹⁸또 하나님의 전의 대소 그릇들과 여호와의 전의 보물과 왕과 방백들의 보물을 다 바벨론으로 가져가고 ¹⁹또 하나님의 전을 불사르며 예루살렘 성벽을 헐며 그들의 모든 궁실을 불사르며 그들의 모든 귀한 그릇들을 부수고 ²⁰칼에서 살아남은 자를 그가 바벨론으로 사로잡아가매 무리가 거기서 갈대아 왕과 그의 자손의 노예가 되어 바사국이 통치할 때까지 이르니라 ²¹이에 토지가 황폐하여 땅이 안식년을 누림 같이 안식하여 칠십 년을 지냈으니 여호와께서 예레미야의 입으로 하신 말씀이 이루어졌더라

백성들의 영적인 몰락은 하나님의 진노를 초래했습니다. 하지만 예레미야의 눈물은 하나님이 심판을 내리기를 기뻐하지 않으신다는 사실을 상기시켜 줍니다. 하나님은 모든 사람이 회개하고 돌아오기를 바라십니다 (벧후 3:8~9).

> "사랑하는 자들아 주께는 하루가 천 년 같고 천 년이 하루 같다는 이 한 가지를 잊지 말라 주의 약속은 어떤 이들이 더디다고 생각하는 것같이 더딘 것이 아니라 오직 주께서는 너희를 대하여 오래 참으사 아무도 멸망하지 아니하고 다 회개하기에 이르기를 원하시느니라"(벧후 3:8~9).

[Leader]

신약은 구약의(모세의) 언약을 분명하게 평가합니다. 즉 더 나은 실재를 보여 주는 그림자이며, 사라지도록 의도된 어떤 것이라고 평가합니다(골 2:17; 히 8:5; 10:1). 그럼에도 불구하고 하나님의 성품은 변하지 않으며, 여기서 우리는 예언의 말씀을 통해 회개할 수 있는 모든 기회를 주고자 노력하시는 아버지의 오래 인내하시는 긍휼을 봅니다. 하나님이 그분의 종 선지자들을 보내셨지만 아무 소용이 없었기에 곧 그분의 독생자를 보내실 때가 올 것입니다(마 21:33~41). 비록 그들이 선지자들에게 그랬던 것처럼 아들을 죽일 테지만(행 7:52), 이 죽음은 하나님이 그분의 백성에게 참되고 영원한 용서를 가져다주는 수단으로 드러날 것입니다. 임시변통적인 충성의 사이클을 영원한 의로 깨뜨리실 것입니다.⁸

_마일즈 반 펠트
Gospel Transformation Bible

심화토론

• 교회는 어떻게 해서 주변 문화를 따라가게 됩니까?

바벨론의 왕 나보폴라사르가 BC 605년에 죽고, 그의 아들 느부갓네살이 바벨론 제국의 왕이 되었습니다. 그는 곧바로 고대 가나안의 여러 작은 나라들을 복속시켰고, 강제로 조공을 바치도록 했으며, 백성들을 바벨론에 포로로 잡아 갔습니다. 다니엘, 하나냐, 미사엘, 아사랴가 이때 포로로 잡혀갔습니다. 8년 뒤에 느부갓네살은 유다의 왕 여호야김이 조공을 철회한 것에 대한 응징으로 예루살렘을 공격했습니다. 예루살렘은 바벨론 역대기에서는 '유다의 도시'로 언급되어 있습니다. BC 597년 3월 16일, 바벨론이 예루살렘의 방어를 뚫기 전에 여호야김이 죽었습니다. 그의 아들 여호야긴과 대략 1만 명의 유다 사람들이 바벨론에 포로로 잡혀갔습니다. 여호야긴의 삼촌이며 요시야의 마지막 남은 아들인 시드기야가 분단국 중에 남아 있던 유다 왕국의 통치자가 되었습니다. … 시드기야도 조공을 철회함으로써 바벨론에 반역했습니다. 이러한 치명적인 결정으로 인해 바벨론의 온 군대가 예루살렘을 침공했습니다. BC 586년 예루살렘은 함락되었습니다. 바벨론은 예루살렘 성벽을 무너뜨렸고, 솔로몬 성전을 포함해 주요 건물들을 파괴했으며, 백성들을 포로로 잡아갔습니다.[9]

_W. 웨인 반 혼
Biblical Illustrator

Q 하나님이 아무도 멸망하지 않기를 원하신다는 것을 어떻게 알 수 있습니까?

Q 그 사실은 하나님의 심판에 대한 생각을 어떻게 달라지게 합니까?

유다 백성들은 종말이 오리라고는 꿈에도 생각하지 못했습니다. 하루하루 삶이 평소처럼 흘러갔기 때문입니다. 하나님의 심판에 대해 끊임없이 경고하던 선지자들의 목소리가 희미해져 갔기 때문입니다. 이처럼 베드로 시대의 사람들도 자기들 삶에서 하나님의 심판에 대한 증거를 보지 못했습니다.

> **Leader** 베드로는 예수님이 돌아오실 거라고 약속했지만, 당시 사람들은 재림의 증거를 보지 못했기에 재림을 자신들과 상관없는 일로 여기며 계속 살아갔습니다.

오늘날도 마찬가지입니다. 그리스도인들은 새 하늘과 새 땅이 열리는 새 왕국의 도래를 예고합니다. 마침내 종말이 오리라고 경고하며 예수님이 반드시 재림하신다는 관점에서 살아갑니다. 그러나 상황적 증거에 근거해 하나님이 계시지 않다고 주장하며, 공의로 땅을 심판하신다는 거대한 계획도 존재하지 않는다고 주장하는 사람들이 있습니다.

하지만 하나님의 심판이 이스라엘에 임했습니다. 그러니 예수님도 다시 오실 것입니다. 하나님이 이 땅을 심판하실 것입니다.

> **Leader** "이러므로 너희도 준비하고 있으라 생각하지 않은 때에 인자가 오리라"(마 24:44).
>
> "또한 너희가 이 시기를 알거니와 자다가 깰 때가 벌써 되었으니 이는 이제 우리의 구원이 처음 믿을 때보다 가까웠음이라 밤이 깊고 낮이 가까웠으니 그러므로 우리가 어둠의 일을 벗고 빛의 갑옷을 입자"(롬 13:11~12).
>
> "이제 후로는 나를 위하여 의의 면류관이 예비되었으므로 주 곧 의로우신 재판장이 그 날에 내게 주실 것이며 내게만 아니라 주의 나타나심을 사모하는 모든 자에게도니라"(딤후 4:8).
>
> "주께서 너희 마음을 인도하여 하나님의 사랑과 그리스도의 인내에 들어가게 하시기를 원하노라"(살후 3:5).

Q 오늘날 그리스도인들이 하나님의 메시지를 사람들에게 전할 때 어떻게 하면 세상의 상태를 보고 눈물 흘린 예레미야처럼 될 수 있을까요?

결론

이 세션에서는 하나님이 자기 백성에게 인내하시며 그들이 회개하도록 끈질기게 부르시는 모습을 살펴봤습니다. 또한 왜 하나님의 인내를 무관심으로 착각해서는 안 되는지도 알아봤습니다. 일상생활에서는 하나님의 말씀이 계시하신 진리, 즉 장차 심판의 날이 올 것이니 준비해야 한다는 진리가 잘 보이지 않습니다. 유다 왕국에 예언된 심판이 임하기까지 오랜 시간이 걸린 것처럼, 우리는 다시 오실 예수님을 오랜 시간 기다려야 할지도 모릅니다. 그러나 이것은 하나님의 인내를 강조하는 것이지, 하나님의 무관심을 강조하는 것이 아닙니다. 예나 지금이나 하나님은 모든 사람이 회개하기를 바라십니다. 매일의 삶은 하나님의 은혜로운 인내를 보여 주는 증거입니다. 한 사람이라도 더 예수님의 복음을 듣고 믿어서 장차 있을 진노를 피해 예수님께 피신할 기회가 되기 때문입니다.

> 그러므로 우리에게 영적인 몰락의 실재를 알려 주며 우리 앞에 놓인 긴급함을 강조하는 히브리서의 경고를 진지하게 받아들입시다.
>
> "형제들아 너희는 삼가 혹 너희 중에 누가 믿지 아니하는 악한 마음을 품고 살아 계신 하나님에게서 떨어질까 조심할 것이요 오직 오늘이라 일컫는 동안에 매일 피차 권면하여 너희 중에 누구든지 죄의 유혹으로 완고하게 되지 않도록 하라" (히 3:12~13).

Leader

심화토론

• 난해한 진리를 모호하지 않게 말해 주는 것이 중요한 이유는 무엇입니까?

• '불쾌한 것을 말하는 것'과 '무언가를 불쾌하게 말하는 것' 사이에는 어떤 차이점이 있습니까?

> **그리스도와의 연결**
>
> 하나님은 자기 백성의 죄를 의로 심판하셨습니다. 그러나 여전히 신실하셔서 다윗에게 하셨던 약속을 지키셨습니다. 남은 자를 보존하고, 왕을 세우시겠다고 하신 약속 말입니다. 궁극적으로 하나님은 자기 아들인 예수님을 통해 우리 죄를 벌하셨고, 그를 영원한 우리 왕으로 세워 주셨습니다.

> **하나님의 계획** 우리의 사명
>
> **선교적 적용** 하나님은 우리에게 아직 시간이 남아 있을 때 하나님의 말씀을 듣고 그분의 인내와 의를 선포하라고 말씀하십니다.
>
> 1. 교만하고, 회개하지 않고, 구별된 백성으로 살지 못하는 등 마음이 완악해지지 않도록 그리스도인들은 서로 어떻게 도울 수 있을까요?
>
> 2. 어떻게 하면 가족, 지역사회, 교회, 공동체 등에서 하나님의 말씀을 영예롭게 하며 살 수 있을까요?
>
> 3. 아무도 멸망하지 않고, 모든 이가 회개해 예수 그리스도를 믿기를 바라시는 하나님의 열망과 같은 바람이 마음속에 일어나도록 간구하는 기도문을 써 보십시오.

Summary and Goal

이 세션에서는 절망과 소망이 공존하는 에스겔서의 한 장면을 볼 것입니다. 주님은 환상 속에서 에스겔을 마른 뼈들이 가득한 골짜기로 데려가 추방된 하나님 백성의 절망적인 삶과 죽은 자를 일으키고 그의 백성을 회복시키시는 하나님의 권능을 보여 주셨습니다. 이를 통해 하나님은 에스겔 시대의 백성들에게 하나님이 그들을 고국으로 다시 돌아가게 하실 것이라는 소망을 주셨습니다. 이 세션은 우리에게 하나님의 말씀에는 우리를 살리고 하나님과의 관계를 회복시켜 주는 부활 능력이 있음을 알려 줌으로써 희망을 줍니다.

- **성경 본문**
  에스겔 37:1~14

- **세션 포인트**
  1. 하나님의 백성이 영적으로 죽고, 추방되어 흩어집니다(겔 37:1~3)
  2. 하나님의 말씀은 죽은 생명을 다시 살릴 정도로 강력합니다(겔 37:4~10)
  3. 백성을 회복시키시는 데서 하나님의 사랑과 권능이 드러납니다(겔 37:11~14)

- **신학적 주제**
  영적으로 죽은 자에게 유일한 소망은 하나님의 부활의 능력입니다.

- **그리스도와의 연결**
  하나님은 에스겔에게 마른 뼈 골짜기를 보여 주셨습니다. 마른 뼈는 우리의 죄 상태를 상기시켜 줍니다. 하나님은 죽음에서 생명을 일으키시는 자신의 권능을 에스겔에게 보여 주셨습니다. 이 권능은 죽은 자 가운데서 다시 살아나신 예수님의 부활에서 가장 충만하게 드러납니다.

- **선교적 적용**
  하나님은 자기 백성을 다시 살리고 회복시킬 것을 약속하셨습니다. 하나님의 백성은 하나님을 알고 그분을 전할 거대한 군대입니다.

하나님, 새 생명을 주시다

Session Plan

도입

아타카마 사막에 관한 정보를 활용해 황폐한 땅을 시각화해 보여 주십시오. 이 이미지를 에스겔의 환상과 연결하십시오.

가본 곳 중에 가장 황량했던 곳은 어디입니까?

왜 하나님은 에스겔에게 그런 환상을 보여 주셨을까요?

에스겔의 환상은 포로로 잡혀 있는 유대인들에게 소망의 메시지였음을 가르쳐 주십시오. 그러고 나서 이 세션을 요약하십시오.

전개

1

하나님의 백성이 영적으로 죽고, 추방되어 흩어집니다
(겔 37:1~3)

에스겔의 환상의 배경을 설명한 후 에스겔 37장 1~3절을 읽으십시오. 생명이 없는 골짜기가 어떻게 그들의 나라를 상징하게 되었는지 가르쳐 주십시오.

이스라엘의 추방과 황량한 골짜기의 모습은 아담과 하와가 에덴동산에서 추방된 것과 어떤 점에서 비슷하고, 어떤 점에서 다릅니까?

이 황량한 골짜기가 어떻게 하나님과 분리되어 영이 죽은, 그리스도를 믿기 전의 영적 상태를 예시해 주는지 설명해 주십시오.

그리스도인이 되기 전에 처해 있던 위험을 깨닫는 것은 어떤 가치가 있습니까?

그러한 위험을 알면 복음에 대한 생각이 어떻게 바뀔까요?

"이 뼈들이 능히 살 수 있겠느냐?"라는 주님의 질문과 에스겔의 대답에 주의를 기울이십시오.

에스겔은 하나님의 질문에 왜 그렇게 대답했을까요?

2

하나님의 말씀은 죽은 생명을 다시 살릴 정도로 강력합니다
(겔 37:4~10)

에스겔 37장 4~10절을 읽으십시오. 창조하고 회복시키시는 하나님 말씀의 권능을 강조하십시오.

마른 뼈들이 살아나기 전에 에스겔이 하나님의 말씀을 대언한 것이 왜 중요할까요?

에스겔의 환상이 표현하는 바, 즉 하나님의 백성의 회복을 설명해 주십시오. 이 소망은 예수 그리스도를 통해 우리에게까지 미치고 있습니다. 하나님의 백성은 주님의 말씀을 듣고, 믿음으로 살아나게 됩니다.

기독교는 부활 신앙임을 강조하십시오. 또한 하나님이 복음의 좋은 소식을 전하는 사람들을 통해 영적으로 죽은 사람들을 삶으로 인도해 주심을 지적해 주십시오.

하나님의 말씀으로 다시 살아나는 자신을 보는 것은 복음에 관한 관점을 어떻게 바꿉니까?

자원자에게 에스겔 37장 11~14절을 읽게 하십시오. 추방된 하나님 백성의 마음이 어땠을지 이야기해 주십시오.

이 환상이 백성들에게 소망을 주었을까요?

하나님이 우상 숭배에 대한 심판을 약속하고 성취하신 것이 어떻게 하나님의 신실하심을 증거하는지 가르쳐 주십시오. 그리고 에스겔의 환상이 주는 약속에 비추어 이것이 어떻게 그들의 현재 상황에 대한 소망을 주는지 알려 주십시오. 또한 부록 4: '새 언약'을 이용해 영의 약속이 새 언약과 연결되어 있음을 보여 주십시오.

이스라엘을 회복하시겠다는 하나님의 약속이 어떻게 우리에게 하나님의 신실하심에 관한 확신을 줍니까?

3
백성을 회복시키시는 데서 하나님의 사랑과 권능이 드러납니다
(겔 37:11~14)

결론

하나님은 자기 백성을 징계하실 때조차 그의 말씀과 자기 백성에게 신실하심을 이야기해 주십시오. 죽음에서 생명을 일으키심이 그리스도 안에서 우리에게 임했습니다. 훨씬 더 많은 사람이 믿음 안에서 되살아날 수 있도록 하나님에 관해 나눌 하나님의 메시지와 권능이 우리에게 있습니다. 이 세션에서 배운 진리를 '하나님의 계획, 우리의 사명'에서 적용해 보십시오.

Session Content

13. 하나님, 새 생명을 주시다

도입

칠레, 페루, 볼리비아, 아르헨티나 등 남미 여러 나라에 걸쳐 있는 아타카마 사막은 매우 황량한 곳입니다. 64만㎢ 넓이에 평균 강수량이 1년에 15㎜뿐입니다. 이러한 기후 탓에 이곳 토양은 화성의 토양과 비교될 정도입니다. 잘 자라는 식물이 없습니다. 우거진 숲도 없습니다. 생명의 흔적을 거의 찾아 볼 수 없는 황량한 곳입니다.

이런 곳에서 많은 시간을 보내는 것을 상상할 수 있겠습니까? 그런 모습을 상상할 수 있다면, 에스겔 37장에 기록된 선지자 에스겔의 환상 장면을 잘 떠올릴 수 있을 것입니다.

Q 가본 곳 중에 가장 황량했던 곳은 어디입니까?

Q 왜 하나님은 에스겔에게 그런 환상을 보여 주셨을까요?

> **Leader**
>
> 에스겔서는 선지자가 기록한 기이한 환상들로 가득합니다. 이러한 장면들은 하나님 백성의 과거와 미래를 가리켜 보여 줍니다. 에스겔 시대의 사람들에게 필요했던 것이 바로 미래를 내다보는 것이었습니다. 지난 세션에서 살펴봤듯이, 느부갓네살의 침략으로 예루살렘과 하나님의 성전이 파괴되었습니다. 그리고 약 1만 명의 유대인이 강제 추방되어 바벨론에 거주하게 되었습니다. 그들이 알고 꿈꾸던 삶은 끝났습니다. 마치 삶의 소망이나 미래가 없는 마른 뼈들의 골짜기에서 사는 것 같았습니다. 그러나 하나님께는 언제나 소망이 있습니다.

Session Summary

이 세션에서는 절망과 소망이 공존하는 에스겔서의 한 장면을 볼 것입니다. 주님은 환상 속에서 에스겔을 마른 뼈들이 가득한 골짜기로 데려가 추방된 하나님 백성의 절망적인 삶과 죽은 자를 일으키고 그의 백성을 회복시키시는 하나님의 권능을 보여 주셨습니다. 이를 통해 하나님은 에스겔 시대의 백성들에게 하나님이 그들을 고국으로 다시 돌아가게 하실 것이라는 소망을 주셨습니다. 이 세션은 우리에게 하나님의 말씀에는 우리를 살리고 하나님과의 관계를 회복시켜 주는 부활 능력이 있음을 알려 줌으로써 희망을 줍니다.

전개

1. 하나님의 백성이 영적으로 죽고, 추방되어 흩어집니다 (겔 37:1~3)

> **Leader**

계속된 경고에도 불구하고 백성들은 계속해서 우상 숭배에 빠져들었고, 회개하지 않았습니다. 하박국, 이사야, 예레미야와 같은 선지자들이 다가오는 위험에 관해 말해 주었습니다. 몇몇 통치자들은 백성들의 정신과 마음을 하나님께 돌리고자 열심히 노력하기도 했습니다. 히스기야나 요시야와 같은 통치자들은 나라에서 우상 숭배를 없애려고 시도했지만, 결국에는 우상 숭배가 이겼습니다.

BC 586년, 바벨론이 하나님이 택하신 백성들을 공격했습니다. 그들은 성전을 파괴하고, 유대인들을 포로로 잡아갔습니다. 집이 사라지고, 성전이 사라지고, 제사장들이 사라지고, 왕조도 사라졌습니다. 주님이 그의 백성에게 주셨던 은혜의 모든 표식이 사라졌습니다.

이와 같은 심각한 상황에서 하나님이 에스겔에게 예언하게 하셨습니다. 에스겔은 서른 살이었고, 백성들과 함께 바벨론으로 추방된 지 5년밖에 안 되었을 때였습니다. 에스겔 37장에 기록된 환상은 당시 백성의 영적 상태를 생생하게 보여 줍니다.

[1] *여호와께서 권능으로 내게 임재하시고 그의 영으로 나를 데리고 가서 골짜기 가운데 두셨는데 거기 뼈가 가득하더라* [2] *나를 그 뼈 사방으로 지나가게 하시기로 본즉 그 골짜기 지면에 뼈가 심히 많고 아주 말랐더라* [3] *그가 내게 이르시되 인자야 이 뼈들이 능히 살 수 있겠느냐 하시기로 내가 대답하되 주 여호와여 주께서 아시나이다*

심화 주석 에스겔은 제사장이었기 때문에 사람의 시체를 적절하게 다루는 것이 얼마나 중요한 일인지 잘 알았습니다. 수많은 뼈가 묻히지 않은 상태로 있는 모습("뼈가 가득하더라", 겔 37:1)은 에스겔에게 불순종에 대한 심판의 저주를 상기시켰을 것입니다(신 28:26).

뼈가 "아주 말랐더라"(겔 37:2)는 표현은 사람들이 오래전에 죽었음을 말해 줍니다. 그러므로 이 뼈들은 분명히 소생할 수 없는 상태입니다(왕상 17:17~24; 왕하 4:18~37; 참조, 왕하 13:21). 성경에서 '마른 뼈'는 근심하는 심령을 비유합니다(잠 15:30; 17:22).

에스겔은 하나님에게는 백성들을 죽음에서 살리실 수 있는 권능이 있음을 알고 있었습니다(왕상 17:17~24; 왕하 4:18~37; 사 26:19; 단 12:1~2). 그런데 문제는 뼈들이 너무 말랐고, 살이 썩어 버려 소생이 불가능해 보였다는 것입니다("이 뼈들이 능히 살 수 있겠느냐", 렘 37:3). [2]

_마크 F. 루커
HCSB Study Bible

> **Leader**
>
> 이 골짜기는 쥐 죽은 듯 적막했습니다. 뼈들이 가득했는데, "아주 말라서" 생기가 완전히 없었습니다. 이보다 더 절망적인 장면을 상상할 수조차 없을 정도였습니다.

이전 삶이 완전히 파괴된 채 포로로 잡혀 있는 하나님의 백성들에게 이 장면은 그들의 끔찍한 현재 상태를 떠올리게 했습니다. 이 골짜기처럼 하나님의 백성들은 심신이 모두 생기를 잃은 상태였습니다. 수년 동안 주님을 향한 백성들의 헌신은 부패해 왔습니다. 어떤 면에서 예루살렘 성의 파괴는 우상을 숭배하던 세대들에게 불가피한 종말이었습니다. 피폐한 고향, 성읍, 성전 등은 이제 그들의 마음 상태와 닮아 있습니다.

Q 이스라엘의 추방과 황량한 골짜기의 모습은 아담과 하와가 에덴동산에서 추방된 것과 어떤 점에서 비슷하고, 어떤 점에서 다릅니까?

황량한 골짜기는 포로로 잡혀 가는 이스라엘을 상징합니다. 이것은 또한 그리스도를 믿기 전의 마음 상태를 상기시킵니다. 우리는 창조주 하나님에게서 추방되어 죄 가운데 죽었으며 하나님과 분리되어 있습니다.

"그는 허물과 죄로 죽었던 너희를 살리셨도다 그때에 너희는 그 가운데서 행하여 이 세상 풍조를 따르고 공중의 권세 잡은 자를 따랐으니 곧 지금 불순종의 아들들 가운데서 역사하는 영이라 전에는 우리도 다 그 가운데서 우리 육체의 욕심을 따라 지내며 육체와 마음의 원하는 것을 하여 다른 이들과 같이 본질상 진노의 자녀이었더니"(엡 2:1~3).

> **Leader**
>
> 본문에서 인간의 상태를 묘사하기 위해 쓰인 단어, "죽었던"(1절)에 주목하십시오. 만약 이 단어가 우리 상황의 심각성과 끔찍함을 표현하지 못한다면, 분명히 그 어떤 것도 그렇게 하지 못합니다. 이 단어는 우리 상황이 끔찍할 뿐만 아니라 소망이 전혀 없음을 잘 표현해 줍니다.

물론 이런 상황 가운데 있을 때는 이것이 얼마나 안 좋은지 알지 못합니다. 어떤 이들은 이런 깨달음이 없는 것은 그런 위험이 없기 때문이라고 지적합니다. 그러면서 '내가 위험에 빠진 것 같지는 않아. 인생이 잘만 돌아가는 것 같거든' 하고 생각합니다. 그러나 절망적인 현실을 알지 못한다고 해서 상황이 덜 위험해지는 것은 아닙니다. 사실 그게 더 위험하게 만듭니다.

Q 그리스도인이 되기 전에 처해 있던 위험을 깨닫는 것은 어떤 가치가 있습니까?

"하나님의 백성은 주님의 약속을 알았습니다. 하지만 '악의 파멸과 하나님이 열방을 축복하심과 다윗 왕국의 기쁨'은 하나님 백성이 낯선 땅에서 주님의 노래를 부르고자 분투하며 사는 단조로운 일상 세계와는 전혀 다른 세계처럼 보였습니다."[3]

_콜린 스미스

Q 그러한 위험을 알면 복음에 대한 생각이 어떻게 바뀔까요?

> 포로로 잡혀 있는 이스라엘의 상황은 끔찍했습니다. 생기도 없고, 소망도 없었습
Leader 니다. 우리도 이스라엘처럼 죄로 인해 하나님에게서 멀리 떨어져 있었습니다. 모
:.... 든 인간은 그리스도 없이는 황량한 골짜기에 있는 마른 뼈들과 같습니다.

에스겔이 이 장면에 직면했을 때, 주님은 그에게 "이 뼈들이 능히 살
수 있겠느냐?" 하고 물으셨습니다. 죽음을 목격한 에스겔은 하나님이 기적
을 베푸셔야만 그 뼈들이 살아날 수 있다는 것을 알았습니다. 뼈들에게는
아무리 살아나고 싶어도 상황을 바꿀 만한 힘이 없었습니다. 마른 뼈들이
살아날 수 있을까요? 그것은 주님만이 아시고, 오직 주님만이 하실 수 있
습니다.

Q 에스겔은 하나님의 질문에 왜 그렇게 대답했을까요?

2. 하나님의 말씀은 죽은 생명을 다시 살릴 정도로 강력합니다

(겔 37:4~10)

> 이스라엘 백성은 육체적으로, 영적으로 황량함 가운데 살고 있었습니다. 그러나
Leader 하나님은 죽음의 골짜기에서도 생명을 일으키실 수 있습니다.

⁴또 내게 이르시되 너는 이 모든 뼈에게 대언하여 이르기를 너희 마른 뼈들아
여호와의 말씀을 들을지어다 ⁵주 여호와께서 이 뼈들에게 이같이 말씀하시기
를 내가 생기를 너희에게 들어가게 하리니 너희가 살아나리라 ⁶너희 위에 힘줄
을 두고 살을 입히고 가죽으로 덮고 너희 속에 생기를 넣으리니 너희가 살아나
리라 또 내가 여호와인 줄 너희가 알리라 하셨다 하라 ⁷이에 내가 명령을 따라
대언하니 대언할 때에 소리가 나고 움직이며 이 뼈, 저 뼈가 들어 맞아 뼈들이
서로 연결되더라 ⁸내가 또 보니 그 뼈에 힘줄이 생기고 살이 오르며 그 위에 가
죽이 덮이나 그 속에 생기는 없더라 ⁹또 내게 이르시되 인자야 너는 생기를 향
하여 대언하라 생기에게 대언하여 이르기를 주 여호와께서 이같이 말씀하시기
를 생기야 사방에서부터 와서 이 죽음을 당한 자에게 불어서 살아나게 하라 하
셨다 하라 ¹⁰이에 내가 그 명령대로 대언하였더니 생기가 그들에게 들어가매 그
들이 곧 살아나서 일어나 서는데 극히 큰 군대더라

*"이 뼈들이 능히 살 수 있겠느냐?'
하고 침통한 질문이 던져질 때, 이
환상은 교회 안에서의 미지근함과
영적 무기력 상태를 묘사한
것으로 여겨질 수 있습니다."[4]*
_찰스 스펄전

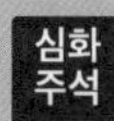 **심화
주석** 몸에 '생기'를 불어넣으면,
몸이 살아납니다(참조 시
119:25; 요 6:63). "사방에서부터"(겔
37:9) 오는 바람은 아마도 몸에 들어
가는 '생기'의 전방위적 힘을 가리킬
것입니다. 바람이 사방팔방에서 들
어가기 때문입니다. 이 장면은 세계
를 주거 가능한 곳으로 바꾸면서 하
나님의 영이 원재료들 위로 운행했던
(창 1:2) 창조 사건을 떠올리게 합니
다. 몸을 만들고, 몸에 생기를 채우는
과정은 창세기 2장 7절에 있는 아담
의 창조 과정을 닮았습니다. "이 죽음
을 당한 자에게 불어서"(9절)와 "생
기를 그 코에 불어넣으시니"(창 2:7)
에 동일한 동사(히브리어로 나파흐)
를 사용한 것은 이러한 연관성을 확
실하게 합니다. 두 경우 모두 몸에 영
이 들어가기 전까지는 몸이 살지 못
했습니다('바람,' '생기,' '영' 등의 단어
는 히브리어와 그리스어에서 동일하
게 사용됩니다).[5]

_마크 F. 루커
HCSB Study Bible

<table>
<tr><td>

심화 주석

뼈들이 다시 살아날 수 있다는 어떤 암시도 터무니없게 보일 것입니다. 그러나 에스겔은 뼈 골짜기에서 그 광경을 바라볼 때, "인자야 이 뼈들이 능히 살 수 있겠느냐?"(겔 37:3)라는 질문을 들었습니다. 선지자는 죽음에 직면한 무력한 인간을 인식하며 절제되면서도(참조, 겔 24:15~27; 아내의 죽음) 신비로운 하나님의 권능을 존중하는 대답을 했습니다. 만약 뼈들이 살아날 수 있다면, 그것은 하나님만이 아실 문제이며 생명을 부여하는 것은 하나님만이 하실 수 있는 일임을 알았기 때문입니다(3절).

그리하여 하나님이 그에게 마른 뼈로 죽은 자들에게 선포하라고 하셨을 때, 터무니없는 것처럼 보였음에도 불구하고 순종했습니다(참조, 요 11:43). 그가 전하고자 한 메시지는 단순했습니다. "너희 마른 뼈들아, 여호와의 말씀을 들을지어다"(4절). 그것은 뼈들에 생기, 생명, 힘줄, 살, 피부 등을 주시겠다는 약속의 말씀으로 이를 통해 하나님이 여호와임을 알 수 있게 하기 위함이었습니다(5~6절).[6]

_라마 유진 쿠퍼 Sr._

</td></tr>
</table>

주님이 말씀하시니 골짜기에 생명이 깃들었다는 점이 중요합니다. 하나님의 말씀은 권능으로 가득합니다. 태초에 하나님의 말씀이 바로 무에서 유를 창조했습니다. 존재하는 모든 것, 눈에 보이는 모든 것이 하나님의 창조적 말씀의 결과입니다.

에스겔 시대의 백성은 하나님이 선지자들을 통해 들려주시는 말씀에 귀를 기울이지 않았습니다. 그러나 이 골짜기에서 에스겔은 생명을 회복하시는 하나님 말씀의 능력을 봤습니다.

Q **마른 뼈들이 살아나기 전에 에스겔이 하나님의 말씀을 대언한 것이 왜 중요할까요?**

에스겔이 하나님의 명령에 따라 대언하자 어떤 일이 일어났습니까? 우선 소리가 났습니다. 처음에는 작게 우르릉거리는 소리였지만, 그 소리가 점점 커졌습니다. 마른 뼈들이 형체를 알아볼 수 있을 정도로 맞추어지면서 뼈끼리 부딪히는 소리가 났습니다. 그러고는 새로 맞춰진 뼈들에 살이 덮이면서 철썩하는 소리가 났습니다. 그런 후에 생기가 바람처럼 골짜기 안으로 불어왔습니다.

이 환상은 무엇을 나타냅니까? 바로 하나님 백성의 회복입니다.

> 크리스천 조지는 다음과 같이 설명합니다.

Leader

"회복에 관한 에스겔의 환상은 고대 예언을 반영한 것이었습니다. 즉 이스라엘의 포로기 끝 무렵에는 하나님의 백성이 주님이 약속하신 구원을 다시 한 번 보게 될 것이라는 예언 말입니다. 주님의 이름이 다시 한 번 영광받으실 것입니다. 포로로 잡혔던 나라가 보호하시는 목자의 품에서 언젠가는 다시 연합하게 될 것이라는 점은 특별한 약속이며 모든 이의 마음의 소망입니다. 하나님의 백성이 고국으로 돌아와 자유롭게 믿음을 실천할 수 있는 날이 올 것입니다."[7]

그런데 회복의 소망은 바벨론에 사는 포로들에게만 해당되는 것이 아닙니다. 회복을 경험하는 동일한 소망, 곧 예수 그리스도를 통해 주어지는 소망이 우리에게 있습니다. 우리가 어떻게 되살아났습니까?

신약성경에서 바울은 하나님의 말씀을 듣고 믿음으로써 영적으로 다시 살아난다고 말했습니다. "그러므로 믿음은 들음에서 나며 들음은 그리스도의 말씀으로 말미암았느니라"(롬 10:17).

선포된 하나님 말씀을 들으면, 우리 안에서 어떤 일이 일어나기 시작합니다. 죄로 인해 오랜 시간 돌처럼 딱딱해져 있던 마음이 갑자기 부드러워지기 시작합니다. 그래서 마침내 우리도 하나님 앞에 새롭게 설 수 있게 됩니다.

> **Leader** 예수님이 우리에게 이렇게 말씀하셨습니다. "바람이 임의로 불매 네가 그 소리는 들어도 어디서 와서 어디로 가는지 알지 못하나니 성령으로 난 사람도 다 그러하니라"(요 3:8).

기독교는 부활 종교입니다. 부활은 먼저 예수님께 있고, 그다음 예수님을 믿는 모든 사람에게 있습니다. 복음을 믿으면, 성령님이 우리 삶 가운데 영적인 호흡을 불어넣어 주십니다(요 3:8). 한때 소망 없이 죽어 있던 마른 뼈들의 골짜기처럼, 우리도 하나님의 강력한 말씀을 통해 다시 살아날 수 있음을 압니다.

하나님의 말씀은 죽음에서 생명을 일으킬 만큼 강력합니다. 그런데 여기서 주목할 것은 하나님이 뼈들에게 직접 말씀하지 않으셨다는 것입니다. 그 대신 에스겔에게 대언하라고 명령하셨습니다. 에스겔은 하나님이 죽음에서 생명을 일으키시는 데 쓰이는 도구가 되었습니다. 에스겔 선지자는 바로 자기 눈앞에서 그런 일들이 일어나는 것을 보는 놀라운 특권을 누렸습니다.

복음서의 좋은 소식을 기꺼이 나눌 때, 우리도 비슷한 경험을 할 수 있습니다. 마른 뼈들의 골짜기에 선포했던 선지자처럼, 우리도 죄로 인해 죽어 가는 사람들에게 생명의 말씀들을 전하도록 명령받았습니다(롬 10:14~15). 우리 앞에 펼쳐진 현실을 보십시오. 우리에게는 황량함과 죽음이 가득한 현실을 바꿀 힘이 없습니다. 그러나 우리는 하나님 말씀을 계속해서 전해야 합니다. 하나님이 복음의 메시지를 믿는 사람들을 다시 살리시는 모습을 보는 놀라운 특권이 우리에게 있습니다.

> **Leader** 하나님이 우리에게 말씀을 주셨으니, 우리는 기꺼이 그 말씀을 전해야 합니다. 바울이 우리에게 이 일의 필요성을 일깨워 주었습니다.

"그런즉 그들이 믿지 아니하는 이를 어찌 부르리요 듣지도 못한 이를 어찌 믿으리요 전파하는 자가 없이 어찌 들으리요 보내심을 받지 아니하였으면 어찌 전파하리요 기록된 바 아름답도다 좋은 소식을 전하는 자들의 발이여 함과 같으니라"(롬 10:14~15).

> **Leader** 우리가 주님의 말씀을 전할 때 어떤 일이 벌어질까요? 그것은 하나님만이 아십니다. 우리는 주님의 이름을 부르는 사람은 누구나 죄와 사망의 포로에서 구조되어 구원받을 수 있음을 신뢰하며 복음의 소망을 신실하게 선포하도록 부름받았습니다.

"믿음에는 절망적인 죽음이 느껴지는 곳에서 삶의 가능성을 보는 특권이 있습니다."[8]
_알렉산더 매클래런

"죽은 자를 살리는 것은 하나님의 특권입니다."[9]
_암브로시우스

핵심교리 99 · **96. 부활**

구약과 신약은 모두 신자들이 어느 날 죽은 자 가운데서 살아나는 육신의 부활을 경험할 것이라고 가르칩니다(사 26:19; 겔 37:12~14; 요 11장). 부활의 약속은 죽은 자 가운데서 다시 사신 그리스도 안에서 발견되며, 그리스도의 재림 때 약속이 이루어질 것입니다. 그리스도께서 부활의 첫 열매가 되셨기에 그리스도인들은 자신들의 부활도 본질적으로 비슷하리라고 확신할 수 있습니다. 즉 전인적으로 영광스럽게 부활하리라고 말입니다(빌 3:20~21; 롬 8:22~23). 장차 일어날 부활의 소망은 그리스도인에게 그리스도의 죽음과 부활로 사망이 패했다는 확신을 줍니다.

Q 하나님의 말씀으로 다시 살아나는 자신을 보는 것은 복음에 관한 관점을 어떻게 바꿉니까?

3. 백성을 회복시키시는 데서 하나님의 사랑과 권능이 드러납니다(겔 37:11~14)

> Leader

에스겔의 눈앞에서 장면이 완전히 바뀌었습니다. 황량하던 곳이 북적이는 곳이 되었습니다. 죽음의 땅에서 생명이 흘러넘쳤습니다. 골짜기에 가득했던 마른 뼈들이 거대한 군대로 변신했습니다. 이들의 부활은 하나님의 사랑과 권능의 분명한 증거였습니다. 타국에 추방된 이스라엘의 집에 이런 일이 일어날 것입니다.

[11] 또 내게 이르시되 인자야 이 뼈들은 이스라엘 온 족속이라 그들이 이르기를 우리의 뼈들이 말랐고 우리의 소망이 없어졌으니 우리는 다 멸절되었다 하느니라 [12] 그러므로 너는 대언하여 그들에게 이르기를 주 여호와께서 이같이 말씀하시기를 내 백성들아 내가 너희 무덤을 열고 너희로 거기에서 나오게 하고 이스라엘 땅으로 들어가게 하리라 [13] 내 백성들아 내가 너희 무덤을 열고 너희로 거기에서 나오게 한즉 너희는 내가 여호와인 줄을 알리라 [14] 내가 또 내 영을 너희 속에 두어 너희가 살아나게 하고 내가 또 너희를 너희 고국 땅에 두리니 나 여호와가 이 일을 말하고 이룬 줄을 너희가 알리라 여호와의 말씀이니라

이스라엘과 남겨진 자들의 현실은 마른 뼈 골짜기와 같았습니다. 그들에게는 더 이상 고국이 없었습니다. 수도가 파괴되었으며, 하나님의 임재를 상징하는 성전도 사라져 버렸습니다. 이런 상황에서 백성들이 영적 본질에 관한 질문을 계속할 수 있었을까요?

그들은 하나님이 약속을 저버리신 것은 아닌지 의아했을 것입니다. 아마 그러셨는지도 모릅니다. 어쩌면 임재를 단번에 영원히 철회하셨는지도 모릅니다. 이번에는 유예 기간이 없을지도 모릅니다. 모세와 같은 구원자도 없을지 모릅니다.

Q 이 환상이 백성들에게 소망을 주었을까요?

이 환상이 백성들에게 전하는 메시지 가운데 하나는 '하나님은 말씀

을 지키시는 분이다'라는 것이었습니다. 하나님은 수세기 전에 신명기에 기록된 것처럼 언젠가 자신의 인내가 다할 것이라고 말씀하셨습니다. 또한 자기 백성이 우상 숭배에 빠지면, 단호하게 행할 것이라고 말씀하셨습니다 (신 28:32~33).

그들이 포로로 잡혀간 것은 하나님의 심판을 보여 주는 증거만이 아닙니다. 그것은 신실하심의 증거이기도 합니다. 만일 하나님이 심판의 약속을 지키지 않으신다면, 아마 다른 약속들도 지키지 않으실 것입니다. 그러나 하나님은 말씀한 대로 행하시며 자기 말씀을 지키는 분이시기에 백성들은 이 환상을 보고, 하나님이 자신의 약속들을 여전히 지키실 것을 알 수 있었습니다. 여기서 하나님은 포로로 잡히는 것이 끝이 아니라는 새 약속을 해 주셨습니다.

하나님은 그들을 버리지 않으셨습니다. 하나님은 그들을 돌아오게 하실 것입니다. 편안함이나 안락함에 관한 약속은 없었습니다. 포로로 지내는 기간이 짧을 것이라는 약속도 없었습니다. 하지만 장차 마른 뼈들이 살아날 것이며, 하나님이 그들 조상 아브라함에게 약속하셨던 땅에서 그들이 살게 되리라는 약속이 있었습니다. 만약 하나님이 세상을 심판할 정도로 큰 권능을 가지고 계신다면, 마른 뼈들을 살리실 정도로 강력한 힘을 가지고 계신다면, 분명히 하나님은 그들을 다시 회복시키실 수 있을 것입니다.

Q 이스라엘을 회복하시겠다는 하나님의 약속이 어떻게 우리에게 하나님의 신실하심에 관한 확신을 줍니까?

"죽임을 당한 수많은 사람의 뼈가 하나도 분실되지 않았고, 하나도 길을 잃지 않았으며, 하나도 제자리를 놓치지 않았습니다. 각각이 그 짝을 알았고, 발견했습니다. 죽은 자들의 부활에서, 그동안 흩어져 있던 파편들이 순서대로 제자리에 맞춰질 것입니다. 그리고 여자의 태에서 아이가 처음 지어졌을 때처럼 동일한 지혜와 권능으로 뼈들이 서로 연결될 것입니다."[11]
_존 웨슬리

"모든 선한 일의 근원은 부활에 관한 소망입니다. 왜냐하면 보상에 관한 기대가 영혼으로 하여금 선한 일들을 하도록 격려하기 때문입니다."[12]
_예루살렘의 키릴

심화토론
• 예수님의 복음을 선포하는 우리 입술과 되살아난 우리 마음 사이에는 어떤 연결점이 있습니까?

결론

이스라엘과 유다가 하나님께 신실하게 순종하기를 거부한 탓에, 하나님이 앗수르와 바벨론을 일으키셨습니다. 그들은 이방 신들에게로 향하며 선지자들의 경고를 무시했습니다. 그러나 하나님의 징계인 포로 생활에서조차 하나님은 아브라함의 자녀 가운데 남은 자들을 신실하게 지키셨습니다. 하나님은 아브라함, 이삭, 야곱, 모세, 다윗과 맺은 언약에 계속해서 신실하셨습니다.

"추적자 하나님"은 심지어 마른 뼈 골짜기로, 죽음의 골짜기이자 영적 황량함의 골짜기인 그곳으로 들어가 택하신 백성들에게 새 생명을 주셨습니다. 하나님은 자기 아들을 죽음의 골짜기로 보내심으로써 사람들이 새 생명으로 살아나갈 길을 예비해 주셨습니다. 그리고 그들에게 복음을 맡겨 사명을 감당할 힘을 주셨습니다. 부활의 왕국은 무덤을 넘어서까지 승리할 것입니다.

> **그리스도와의 연결**
> 하나님은 에스겔에게 마른 뼈 골짜기를 보여 주셨습니다. 마른 뼈는 우리의 죄 상태를 상기시켜 줍니다. 하나님은 죽음에서 생명을 일으키시는 자신의 권능을 에스겔에게 보여 주셨습니다. 이 권능은 죽은 자 가운데서 다시 살아나신 예수님의 부활에서 가장 충만하게 드러납니다.

> **하나님의 계획** 우리의 사명
>
> **선교적 적용** 하나님은 자기 백성을 다시 살리고 회복시킬 것을 약속하셨습니다. 하나님의 백성은 하나님을 알고 그분을 전할 거대한 군대입니다.
>
> 1. 죄의 파괴력을 깨달으면, 예수 그리스도의 복음을 전하는 방식이 어떻게 달라질까요?
>
> 2. 하나님이 우리를 영적으로 살리기 위해 말씀을 사용하셨다는 사실을 아는 것이, 우리가 사명을 감당하기 위해 하나님의 말씀을 사용하는 데 어떤 도움이 됩니까?
>
> 3. 성령님을 통해 지속적으로 삶을 회복시키시는 하나님의 활동을 고려하면, 당신의 부르심은 순종의 어느 단계에 와 있습니까?

appendix

부록
1

분열 왕국에서 예수님 바라보기

구약	신약
여호와 높이 들리심; 그의 영광이 온 땅에 충만함(사 6장)	**예수님** 이사야가 주의 영광을 보고 예수님을 가리켜 예언함 (요 12:37~41)
선지자 엘리야 호렙산에서 세미한 소리로 하나님을 만남 (왕상 19장)	**하나님의 아들** 변화산에서 엘리야와 모세와 함께 자기 영광을 계시 하심(마 17:1~5)
아람 사람 나아만 나병에서 치유됨; 이스라엘의 하나님을 찬양함 (왕하 5:14~15)	**구원자 예수님** 손을 대심으로써 나병을 고치심; 그분은 이스라엘의 하나님이심(눅 5:12~15)
고난의 종 사람들에게 버림받음; 우리의 나음을 위해 상함을 받 으심(사 52:13~53:12)	**고난의 그리스도** 욕을 당하심; 나무에 달려 우리 죄를 담당하심 (벧전 2:21~25)
히스기야 하나님의 영광을 위해 앗수르로부터 백성들을 구원 해 주시길 기도함(왕하 19장)	**예수님** 하나님의 영광을 위해 사람들을 죄에서 구원하기 위 해 기도하심(요 17장)
호세아 음란한 아내를 추적함; 정결함을 위해 노예 상태에 있 는 아내를 되삼(호 3장)	**예수님** 교회를 위해 자신을 내주시고, 교회를 거룩하고 흠 없 게 하려 하심(엡 5:25~27)
요나 큰 물고기 뱃속에서 밤낮 삼 일을 지냄(욘 1:17)	**요나보다 더 큰 이** 밤낮 삼 일 동안 땅속에 계심 (마 12:39~41)
요엘 여호와를 부르는 자들에게 하나님의 영이 부어짐을 예언함(욜 2:28~32)	**예수님** 구원을 위해 그분의 이름을 부르는 모든 자에게 주의 영을 부어 주심(행 2장; 롬 10장)
예레미야 죄 사함을 위한 새 언약을 예언함(렘 31:31~34)	**예수님** 죄 사함을 위한 언약을 세우기 위해 자신의 피를 흘리 심(마 26:28)
유다의 왕들 죄를 짓고 다윗의 언약을 의문시함 (왕하 24:19~20)	**다윗의 아들** 하나님은 다윗과의 언약에 신실하심(마 1:1~17)
에스겔 하나님의 백성의 부활과 고국으로의 귀환을 예언함 (겔 37장)	**예수님** 그분을 믿는 모든 자를 위한 부활이요, 생명이심 (요 11:25~26)

엘리야와 엘리사

엘리야("여호와는 나의 하나님")	엘리사("하나님이 구원하신다")
• 아합과 이스라엘의 우상 숭배로 인해 땅에 비가 내리지 않을 것을 예언함(왕상 17:1) • 의로운 사람의 효력 있는 기도의 예(약 5:17~18)	• 엘리사의 부름 - 엘리야의 후계자로 부름받음(왕상 19:19~21) • 엘리사의 응답은 제자도의 예가 됨(눅 9:61~62)
• 이방인 과부를 위해 음식을 공급하고, 그의 아들을 죽음에서 살림(왕상 17:8~24) • 이방인들 사이에서 예수님의 사역의 특징(눅 4:23~26)	• 엘리야가 떠남 - 엘리사가 떠나는 엘리야의 겉옷을 받음; 요단강을 갈라지게 하고 마른 땅으로 건넘(왕하 2:11~15)
• 450명의 바알 선지자들과 대결해 승리한 후 그들을 죽임; 기근이 끝나도록 기도함(왕상 18장)	• 선지자의 과부가 빚을 갚고, 가족을 부양하도록 빈 그릇에 기름을 붓도록 함(왕하 4:1~7)
• 이세벨에게서 도망하고, 호렙산에서 세미한 소리로 여호와를 경험함; 아람 왕, 이스라엘 왕, 자신의 후계자에게 기름을 부음(왕상 19장)	• 수넴 여인의 환대에 아들의 출생으로 보상함; 나중에 죽은 아들을 살림(왕하 4:8~37) • 예수님이 죽은 자들을 살리심(눅 7:11~17; 요 11장)
• 엘리사를 부름 - 엘리야의 후계자로 부름(왕상 19:19~21)	• 보리떡 20개로 100명을 먹이고 남김(왕하 4:42~44) • 예수님이 떡과 물고기로 5000명을 먹이고 남기심(요 6:1~14)
• 나봇의 포도원과 관련해 아합과 대결하고, 그의 집에 심판을 예언함(왕상 21:17~29)	• 이방인 나아만을 나병(한센병)에서 낫게 함(왕하 5:1~19) • 이방인들 사이에서 예수님의 사역의 특징; 나병 환자들을 고치심(눅 4:23~27; 5:12~14)
• 이방 신을 찾는 것 때문에 아하시야와 대결함; 자기를 체포하러 온 아하시야의 사람들을 사르도록 하늘에서 불이 내려오게 기도함(왕하 1장) • 예수님은 엘리야와 다르게 행하심(눅 9:51-55)	• 자신을 잡으러 온 아람 사람들을 물리침. 불말과 불병거가 그를 둘러쌈; 아람 사람들이 눈이 멀어 이스라엘 왕에게로 옴(왕하 6:8~23)
• 엘리야가 떠남 - 엘리사가 떠나는 엘리야의 겉옷을 받음; 요단강을 갈라지게 하고 마른 땅으로 건넘(왕하 2:11~15)	• 하사엘을 아람 왕으로, 예후를 이스라엘의 왕으로 기름 부음. 이로써 호렙산에서 엘리야에게 주신 주님의 말씀을 성취함(왕하 8:7~15; 9:1~10)
• 변화산에서 모세와 함께 나타남(눅 9:28~36) • 엘리야는 메시아의 전조로 다시 나타날 것이라고 예고됨; 이 예언이 세례 요한에게서 성취됨(말 4:5~6; 눅 1:16~17; 마 17:10~13)	• 죽고 묻힘; 훗날 엘리사의 묘실에 죽은 자를 던졌더니 엘리사의 뼈에 닿자 곧 다시 살아남(왕하 13:20~21)

부록
3

예레미야의 생애

요시야의 통치

• 요시야의 개혁 초기에 예레미야가 선지자로 부름을 받음(렘 1:1~10)
• 여호와께 전심으로 되돌아오지 않은 것으로 인해 유다 백성을 비난함(렘 3:6~18)

"슬프고 아프다 내 마음속이 아프고 내 마음이 답답하여 잠잠할 수 없으니 이는 나의 심령이 나팔 소리와 전쟁의 경보를 들음이로다"(렘 4:19)

여호야김의 통치

• 예레미야는 유다의 불순종에 대한 심판을 예언함으로써 죽음의 위협을 받음(렘 26장)
• 유다가 70년 동안 바벨론 포로가 될 것을 예언함(렘 25:1~14)
• 바룩에게 여호와의 말씀 두루마리를 기록하게 하고, 성전에서 낭독하게 함(렘 36:1~8)
  - 두루마리를 왕 앞에서 낭독하지만, 왕이 그것을 찢고 불사름(렘 36:9~26)
• 바룩에게 여호와의 말씀 두루마리를 두 번째로 기록하게 함(렘 36:27~32)

"어찌하면 내 머리는 물이 되고 내 눈은 눈물 근원이 될꼬 죽임을 당한 딸 내 백성을 위하여 주야로 울리로다"(렘 9:1)

시드기야의 통치

• 예레미야가 멍에를 메고, 유다가 바벨론 왕의 멍에에 복종하든지 아니면 멸망을 당하든지 하라고 요청함(렘 27장)
  - 이 멍에는 하나냐가 거짓 예언의 일부라고 하며 꺾어 버림; 여호와께 대한 반역으로 두 달 후에 죽음(렘 28장)
• 바벨론에 있는 포로들에게 편지를 보내, 70년 후에 회복이 있을 것이기 때문에 그곳에 정착하도록 함(렘 29장)
• 유다에 대한 심판을 예언한 것으로 인해 맞고, 나무 고랑으로 채워짐(렘 20:1~6)

• 시드기야왕이 바벨론에 관해 여호와께 물어 달라고 두 번 요청함; 예레미야가 심판 메시지로 응답함(렘 21장; 37:1~10)
• 바벨론으로 도망한다고 비난받고, 맞고, 웅덩이에 갇힘(렘 37:11~16)
• 왕이 바벨론에 관해 여호와께 물어 달라고 요청함; 예레미야는 심판 메시지로 응답함; 다시 갇히지만 이번에는 시위대 뜰에 머묾(렘 37:17~21)
• 밭을 삼. 땅이 미래에 유다와 이스라엘에게 회복될 것을 상징함(렘 32~33장)
• 성읍의 사기를 떨어뜨렸다고 비난받고, 죽도록 구덩이에 던져짐. 그러나 에벳멜렉에 의해 구조됨; 시위대 뜰로 돌아감(렘 38:1~13)
• 왕이 바벨론에 관해 여호와께 물어 달라고 요청함; 예레미야가 심판 메시지로 응답함; 시위대 뜰로 돌아감(렘 38:14~28)

"딸 내 백성의 파멸로 말미암아 내 눈에는 눈물이 시내처럼 흐르도다"(애 3:48)

예루살렘이 바벨론에 몰락하다

• 예레미야가 느부갓네살에 의해 풀려나고 유다에 머묾(렘 39:1~14)
• 유다에 있는 남은 자들이 그들의 방향에 관해 여호와께 물어 달라고 요청함; 예레미야는 그들이 유다에 머물고 이집트로 가지 말라고 응답함; 그의 조언이 거부되고, 이집트로 잡혀감(렘 42~43장)
• 이집트에 있는 남은 자들의 불순종과 우상 숭배로 인해 심판을 예언함(렘 44장)

"너는 이 말로 그들에게 이르라 내 눈이 밤낮으로 그치지 아니하고 눈물을 흘리리니 이는 처녀 딸 내 백성이 큰 파멸, 중한 상처로 말미암아 망함이라"(렘 14:17)

> **눈물의 선지자** : 예레미야는 유다와 예루살렘에 대한 심판이라는 어려운 메시지를 예언했다. 그의 백성으로 인해 고뇌를 겪었고, 그들에게서 핍박을 받았다. 그의 사역은 열매가 거의 없었지만, 그는 여호와께 신실했다.

새 언약

성경의 언약들	수혜자	명령	약속/조건	언약 징표
창조 언약 (창 1~3장)	아담과 하와	생육하라, 번성하라, 땅에 충만하라, 땅을 정복하라; 선악을 알게 하는 나무의 열매는 먹지 말라	순종은 영원한 생명; 불순종은 죽음(영적인 소외, 동산으로부터의 추방을 포함함)	-
노아 언약 (창 6~9장)	노아와 모든 자손과 모든 생물	생육하라, 번성하라, 땅에 충만하라, 땅을 다스리라; 고기를 그 생명 되는 피째 먹지 말라; 살인하지 말라	모든 생명이 홍수로 다시는 멸망하지 않을 것임 "영원한 언약"(창 9:16)	무지개
아브라함 언약 (창 12장; 15장; 17장)	아브라함, 이삭, 야곱 및 자손들	언약을 지키라; 모든 남자는 할례하라	땅(가나안); 후손(열방과 왕들); 복(위대한 이름과 다른 이들에게 복이 됨) "영원한 언약"(창 17:7)	할례
모세(옛) 언약 (출 19~24장)	이스라엘 백성	언약을 지키라; 율법(돌판에 새겨진 계명들과 다른 법들)에 순종하라	순종은 복; 불순종은 저주(농경상의 곤경, 군사적 패배, 고국으로부터의 추방)	안식일
다윗 언약 (삼하 7장; 시 89편)	다윗과 자손들	언약을 지키라; 율법에 순종하라	위대한 이름; 하나님의 백성을 위한 안정; 영원한 집, 왕국, 보좌 "영원한 언약"(삼하 23:5)	-
새 언약 (렘 31:31~34; 겔 36~37장; 눅 22:14~20; 히 8~10장)	메시아를 믿는 자들; 믿는 이방인들은 이스라엘의 나무에 접붙임된 가지들임	회개와 믿음	하나님의 성령이 거하시고 하나님의 가르침을 가진 새 마음, 돌판이 아니라 마음에 쓰임; 죄의 정결과 용서; 영원한 다윗 계보의 왕 "영원한 언약"(겔 37:26)	십자가 (주의 만찬)

분열 왕국

"주께서 이르시되 나는 내가 택한 자와 언약을 맺으며 내 종 다윗에게 맹세하기를
내가 네 자손을 영원히 견고히 하며 네 왕위를 대대에 세우리라 하셨나이다(셀라)"(시 89:3~4)

이스라엘 왕국

왕	통치 기간 (년)
사울	42
다윗	40
솔로몬	40

다윗은 여호와께서 보시기에 옳은 것을 행했다. 헷 사람 우리아의 문제 이외에는 여호와께 순종했다. 그러므로 그는 유다의 모든 왕을 평가하는 표준이다. 만약 그의 후손이 주님께 순종한다면, 주님은 그에게 예루살렘에서 나라 왕위를 견고하게 하겠다고 약속하셨다.

"이에 이스라엘이 다윗의 집을 배반하여 오늘까지 이르렀더라"(왕상 12:19)

남유다 왕국

왕	통치 기간 (년)
르호보암*	17
아비얌*	3
아사●●	41◇
여호사밧●●	25◇
여호람*	8
아하시야†*	1
아달랴(여왕)†	7
요아스†●	40
아마샤†●	29◇

솔로몬에 대한 하나님의 심판에 따라, **르호보암**이 어리석게도 강제 노동 정책에 관한 젊은 조언자들의 말에 귀를 기울이지 않았다. 그래서 북쪽 지파들이 그에게 반역했고, 나라가 둘로 분열되었다. 또한 그는 유다 백성이 그동안 약속의 땅에서 쫓겨났던 열국의 가증스러운 관습을 따르게 했다.

아달랴는 아하시야의 어머니이며 아합의 딸이다. 예후의 손에 의해 아하시야가 죽임을 당한다는 소리를 듣고, 그의 모든 후손을 죽이고 왕위를 취했다. 그러나 요아스는 6년 동안 성전에 숨어 있었고, 그가 왕위에 오를 때 아달랴는 죽게 되었다.

북이스라엘 왕국

왕	통치 기간 (년)
여로보암 1세*	22
나답†*	2
바아사*	24
엘라†*	2
시므리†*	7일
오므리**	12◇◇
아합**	22
아하시야*	2
요람†*	12
예후●	28
여호아하스*	17
요아스*	16◇

여로보암이 여호와의 말씀에 따라 이스라엘의 왕이 되었다. 그러나 곧바로 그는 두 개의 금송아지를 만들어 백성들을 우상 숭배에 빠뜨렸다. 그는 여호와의 계명을 지키고, 여호와를 따르는 데서는 다윗과 같지 않았다. 오히려 우상 숭배의 본이 되어 이후 이스라엘의 모든 왕이 그를 따랐다.

오므리와 **아합**은 악을 행하는 데 있어서 남달랐다. 그들 이전의 왕들보다 '더 많은 악을 행했다.' 그들은 우상들로 인해 여호와를 노하시게 했다. 아합은 이방 왕의 딸인 이세벨과 결혼했다. 그는 바알을 숭배했고, 아세라목상을 설치했다.

예후는 이스라엘의 군대 장관이었다. 그는 엘리사가 보낸 선지자들의 아들에 의해 왕으로 기름 부음을 받았다. 그리고 그는 이세벨에 의해 여호와의 종들이 피 흘린 것을 갚기 위해 아합의 자손들의 모든 집을 치라는 명령을 받았다. 그는 이 명령에 순종함으로써 네 세대에 이르기까지 왕조로 보상받았다.

웃시야로도 알려진 **아사랴**는 여호와께서 보시기에 옳은 것을 행했다. 그러나 여러 해 동안의 성공 후에 오만해지면서 자신이 직접 성전에 분향하고자 했다. 제사장들이 그를 막아서자 격노했다. 그래서 여호와께서 중한 나병(한센병)으로 그를 괴롭게 하셨다. 죽을 때까지 나병이 남아 있던 그는 여호와의 전에 묻히는 것에서 배제되었다.

히스기야는 다윗이 행했던 것처럼 여호와께서 보시기에 옳은 것을 행했다. 그는 산당들을 제거했고, 백성들이 모세의 놋뱀을 숭배했기에 그것을 깨뜨렸다. 그럼에도 유다는 여전히 앗수르의 침입을 받았고, 많은 성이 정복되었다. 그러나 히스기야는 여호와를 계속 신뢰했고, 주님은 예루살렘을 보존하셨다.

다윗처럼, **요시야**는 여호와께서 보시기에 옳은 것을 행했다. 그는 유다 백성을 이끌고 율법서에 따라 언약을 갱신하고, 개혁을 단행했다. 그는 모든 마음과 뜻과 힘을 다해 여호와께로 돌아온 것으로 칭송받았다.

여호야김(BC 605년), **여호야긴**(BC 597년), **시드기야**(BC 586년)의 통치하에 바벨론이 유다를 침략하고 통제했다. 이러한 때마다 바벨론의 느브갓네살왕은 백성들을 포로로 잡아갔으며, 마지막에는 여호와의 성전뿐 아니라 예루살렘 성벽도 파괴했다.

유다 (다윗 왕조)

왕	통치 기간(년)
아마샤†●	29◇
아사랴● (웃시야)	52◇
요담●	16◇
아하스✱	16
히스기야●●	29◇
므낫세✱✱	55
아몬†✱✱	2
요시야●●	31
여호아하스✱	3개월
엘리야김✱ (여호야김)	11
여호야긴✱	3개월
맛다니야✱ (시드기야)	11

유다가 바벨론에 정복되다(BC 586년)

이스라엘

왕	통치 기간(년)
여로보암 2세✱	41
스가랴†✱	6개월
살룸†	1개월
므나헴✱	10◇◇
브가히야†✱	2◇◇
베가†✱	20◇◇
호세아✱	9

이스라엘이 앗수르에 정복되다(BC 722년)

선지자 연대 표시 (세로 막대 표기): 이사야, 호세아, 아모스, 미가, 요엘?, 나훔?, 스바냐, 하박국?, 예레미야, 다니엘, 에스겔 / 열왕기상하 · 역대상하

범례:

- ●● 다윗처럼 여호와께서 보시기에 옳은 것을 행하였다.
- ● 여호와께서 보시기에 옳은 것을 행하였으나 다윗과 같지 아니하였다.
- ✱ 여호와께서 보시기에 악을 행하였다.
- ✱✱ 여호와께서 보시기에 악을 행하였으며, 다른 이들보다 더 많은 악을 행하였다.
- ◇ 섭정이 있는 통치
- ◇◇ 내란이 있는 통치
- † 암살[아달랴(처형), 시므리(자살)]
- 다윗 왕조
- 여로보암 왕조
- 바아사 왕조
- 오므리 왕조
- 예후 왕조
- 므나헴 왕조

악한 왕들이 많았음에도, 주님은 다윗에게 주신 약속을 충실하게 지키셨다. 예루살렘이 멸망하고 포로로 잡혀간 후, 37년 동안 바벨론에 갇혀 있던 여호야긴이 풀려나고 호의를 받아서 바벨론 왕의 식탁에 앉았다. 이로써 메시아로 이어지는 다윗의 계보를 보존했다. 메시아는 약속된 하나님의 아들이며, 다윗 왕좌의 영원한 왕이며, 모든 죄에서 우리를 구원하시는 구원자 예수님이시다.

주 / 1

Session 1

1. A. W. Tozer, *The Knowledge of the Holy* (New York: HarperOne, 1961), 8.

2. Dallas Willard, "Morally Responsible Skepticism," The Veritas Forum [online lecture], 31 December 1995 [cited 15 January 2016]. Available from the Internet: www.veritas.org.

3. Andrew C. Bowling, in *HCSB Study Bible* (Nashville, B&H: 2010), 586-87, n. 18:17; n. 18:18-19; n. 18:20-21; n. 18:22-25.

4. "Relativism," *Merriam-Webster Dictionary and Thesaurus* [online], 2015 [cited 15 January 2016]. Available from the Internet: www.merriam-webster.com.

5. John R. W. Stott, *The Radical Disciple* (Downers Grove: IVP, 2010), 27.

6. Gary Inrig, 1,2 Kings, vol. 7 in *Holman Old Testament Commentary* (Nashville: B&H, 2009) [WORDsearch].

7. Donald J. Wiseman, *1 and 2 Kings, vol. 9* in *Tyndale Old Testament Commentaries* (Downers Grove: IVP, 1993), 181-82.

8. Dallas Willard, "The Key to the Keys to the Kingdom of Heaven," Dallas Willard [online], 2006 [cited 15 January 2016]. Available from Internet: www.dwillard.org.

9. J. D. Greear, "Only One God Was Mutilated for You," *JDGreear.com* [online], 10 July 2013 [cited 15 January 2016]. Available from the Internet: www.jdgreear.com.

10. Miles Van Pelt, in *Gospel Transformation Bible* (Wheaton: Crossway, 2012), 445, n. 18:17-40.

11. Michael Catt, *The Power of Persistence* (Nashville: B&H, 2009), 20.

12. John Traylor, "The Allure of Baal," *Biblical Illustrator* (Summer 2007): 59.

Session 2

1. Martin Luther, as summarized in *Here I Stand: A Life of Martin Luther*, by Roland Bainton (New York: Meridian, 1995), 171.

2. Andrew C. Bowling, in *HCSB Study Bible* (Nashville: B&H, 2010), 588, n. 19:1-2; n. 19:3; n. 19:4; 19:5-8; n. 19:9-10.

3. J. D. Greear, *Jesus, Continued…* (Grand Rapids: Zondervan, 2014), 190.

4. Paul Gerhardt, "Give to the Winds Thy Fears," Indelible Grace Hymn Book [online; cited 21 January 2016]. Available from the Internet: www.hymnbook.igracemusic.com.

5. Donald J. Wiseman, *1 and 2 Kings*, vol. 9 in *Tyndale Old Testament Commentaries* (Downers Grove: IVP, 1993), 185.

6. Gary Inrig, *1,2 Kings*, vol. 7 in *Holman Old Testament Commentary* (Nashville: B&H, 2009) [WORDsearch].

7. Carl Sagan, *Contact* (New York: Pocket Books, 1997), 164, 170.

8. Leo Rosten, "Bertrand Russell and God: A Memoir," *The Saturday Review* [online], 23 February 1974 [cited 21 January 2016]. Available from the Internet: www.unz.org.

9. John Piper, *When the Darkness Will Not Lift* (Wheaton: Crossway, 2006), 33-34.

10. Gary Inrig, *1,2 Kings*, vol. 7 in *Holman Old Testament Commentary* [WORDsearch].

11. Ibid.

12. Iain W. Provan, *1 and 2 Kings*, in *New International Biblical Commentary* (Peabody, MA: Hendrickson, 1995), 147.

13. Paul R. House, *1,2 Kings*, vol. 8 in *The New American Commentary* (Nashville: B&H, 2003) [WORDsearch].

14. Robert C. Dunston, "Elijah: A Man of God," *Biblical Illustrator* (Winter 2010-11): 43.

15. Dane C. Ortlund, *Edwards on the Christian Life* (Wheaton: Crossway, 2014), 95.

Session 3

1. Larry Crabb, *Inside Out* (Colorado Springs: NavPress, 2007), 216.

2. Paul R. House, *1, 2 Kings*, vol. 8 in *The New American Commentary* (Nashville: B&H, 2003) [WORDsearch].

3. Matthew George Easton, "Leprosy," in *Illustrated Bible Dictionary* (New York: Harper & Brothers, 2008) [WORDsearch].

4. Daniel Akin, "The Suffering Servant of the Lord," *DanielAkin.com* [online; cited 27 January 2016]. Available from the Internet: www.danielakin.com.

5. John A. Martin, "Isaiah," in *The Bible Knowledge Commentary*, eds. John F. Walvoord and Roy B. Zuck (Wheaton: Victor Books, 1983), 1108.

6. Donald J. Wiseman, *1 and 2 Kings*, vol. 9 in *Tyndale Old Testament Commentaries* (Downers Grove: IVP, 1993), 220-21.

7. Sally Lloyd-Jones, *The Jesus Storybook Bible* (Grand Rapids: Zondervan, 2007), 140. 《스토리 바이블》(두란노키즈, 2008), 140.

8. Oswald Chambers, *Biblical Psychology* (Oxford: Partridge, 1920), 208.

9. Andrew C. Bowling, in *HCSB Study Bible* (Nashville: B&H, 2010), 606, n. 5:17-19.

10. Miles Van Pelt, in *Gospel Transformation Bible* (Wheaton: Crossway, 2013), 459, n. 5:1-27.

11. Warren Wiersbe, *Real Worship* (Grand Rapids: Baker, 2000), 25.

Session 4

1. Henry T. Blackaby and Richard Blackaby, *Experiencing God Day by Day* (Nashville: B&H, 2006), 229. 《매일 아침 하나님을 경험하는 삶 365》(두란노, 2009), 219.

2. Tremper Longman III, in *HCSB Study Bible* (Nashville: B&H, 2010), 1136, n. 6:1; n. 6:2; n. 6:3.

주 / 2

3. Gary V. Smith, *Isaiah 1-39*, vol. 15a in *The New American Commentary* (Nashville: B&H, 2008) [WORDsearch].

4. "Mount St. Helens: From 1980 Eruption to 2000," *U.S. Geological Survey* [online], 1 March 2005 [cited 27 January 2016]. Available from the Internet: www.pubs.usgs.gov.

5. Reginald Heber, "Holy, Holy, Holy," in *Baptist Hymnal* (Nashville: LifeWay Worship, 2008), 68.

6. Adrian Rogers, quoted in Adrianisms: *The Wit and Wisdom of Adrian Rogers*, vol. 2 (Memphis: Love Worth Finding Ministries, 2007), 3.

7. Bryan E. Beyer, *Encountering the Book of Isaiah* (Grand Rapids: Baker, 2007) [eBook].

8. C. S. Lewis, *The Problem of Pain*, in *The Complete C. S. Lewis Signature Series* (New York: HarperCollins, 2002), 579.

9. Ibid.

10. J. Alec Motyer, *Isaiah*, vol. 20 in *Tyndale Old Testament Commentaries* (Downers Grove: IVP, 1999), 82.

11. R. C. Sproul, *The Holiness of God* (Wheaton: Tyndale, 1993), 44-45.

12. John N. Oswalt, *The Book of Isaiah, Chapters 1-39*, in *The New International Commentary on the Old Testament* (Grand Rapids: Eerdmans, 1986) [WORDsearch].

13. Trevin Wax, *Counterfeit Gospels* (Chicago: Moody, 2011), 48.

14. "Meeting the Infinite," in *The Mission of God Study Bible*, eds. Ed Stetzer and Philip Nation (Nashville: B&H, 2012), 686.

15. Gary V. Smith, *Isaiah 1-39, vol. 15a in The New American Commentary* [WORDsearch].

16. Jonathan Leeman, *The Church and the Surprising Offense of God's Love* (Wheaton: Crossway, 2010), 99.

17. Robert Speer, quoted in *The Contemporary Christian*, by John R. W. Stott (Downers Grove: IVP, 1992), 328.

Session **5**

1. Anonymous, "The Epistle to Diognetus," in *The Apostolic Fathers in English*, by Michael W. Holmes (Grand Rapids: Baker, 2006), 298.

2. W. A. Criswell, *Basic Bible Sermons on the Cross* (Nashville: B&H, 1990), 39.

3. Robert B. Chisholm, "The Major Prophets," in *Holman Concise Bible Commentary*, ed. David S. Dockery (Nashville: B&H, 1998), 287.

4. John N. Oswalt, *The Book of Isaiah, Chapters 40-66*, in The New International Commentary on the Old Testament (Grand Rapids: Eerdmans, 1998), 376.

5. Augustine, Sermons 27.6, quoted in *Isaiah 40-66*, ed. Mark W. Elliot, vol. XI in *Ancient Christian Commentary on Scripture: Old Testament*, 160.

6. Jerome, *Homilies on the Psalms* 67, quoted in Isaiah 40-66, ed. Mark W. Elliott, vol. XI in *Ancient Christian Commentary on Scripture: Old Testament* (Downers Grove; IVP, 2007), 157.

7. John R. W. Stott, *The Cross of Christ* (Downers Grove: IVP, 2006), 156.

8. John A. Martin, "Isaiah," in *The Bible Knowledge Commentary*, eds. John F. Walvoord and Roy B. Zuck (Wheaton: Victor Books, 1983), 1108.

9. H. A. Ironside, *Isaiah*, in *Ironside Expository Commentary* (Hutto, TX: WORDsearch Corp., 2007) [WORDsearch].

10. James E. Smith, *The Major Prophets*, in *Old Testament Survey Series* (Joplin, MO: College Press, 1995), Isaiah 53:10-12 [Biblia.com].

11. Tremper Longman III, in *HCSB Study Bible* (Nashville: B&H, 2010), 1211, n. 53:10-11.

12. D. Larry Gregg Sr., "The Servant Songs in Isaiah," *Biblical Illustrator* (Winter 2007-08): 34.

13. C. H. Spurgeon, "Expiation," The Spurgeon Archive [online], 1864 [cited 28 January 2016]. Available from the Internet: www.spurgeon.org.

Session **6**

1. Ken Hemphill, *The Names of God* (Nashville: B&H, 2001) [eBook].

2. Walter A. Elwell, ed., *Baker Encyclopedia of the Bible* (Grand Rapids: Baker, 1988), 1815.

3. Andrew C. Bowling, in *HCSB Study Bible* (Nashville: B&H, 2010), 635, n. 19:10-13.

4. Maltbie D. Babcock, "This Is My Father's World," in *Baptist Hymnal* (Nashville: B&H, 2008), 46.

5. Kenneth A. Mathews, "The Historical Books," in *Holman Concise Bible Commentary*, ed. David S. Dockery (Nashville: B&H, 1998), 152.

6. Nicolas Ellen and Jeremy Lelek, "The Hope of Eternity," in *Christ-Centered Biblical Counseling*, ed. James MacDonald (Eugene, OR: Harvest House, 2013), 211.

7. Paul R. House, *1, 2 Kings*, vol. 8 in *The New American Commentary* (Nashville: B&H, 2003) [WORDsearch].

8. Miles Van Pelt, in *Gospel Transformation Bible* (Wheaton: Crossway, 2013), 479, n. 18:13-19:37.

9. R. D. Patterson and Hermann J. Austel, *1 & 2 Kings, 1 & 2 Chronicles, Ezra, Nehemiah, Esther, Job*, vol. 4 in *The Expositor's Bible Commentary*, (Grand Rapids: Zondervan, 2010), [WORDsearch].

10. John Piper, "Winning Battles Through Prayer," Desiring God [online], 19 July 1990 [cited 29 January 2016]. Available from the Internet: www.desiringgod.org.

11. Jeff S. Anderson, "Hezekiah: King of Judah," *Biblical Illustrator* (Spring 2009): 17.

12. Scotty Smith, *Objects of His Affection* (Monroe, LA: Howard Publishing, 2001), 29.

주 / 3

Session **7**

1. Victor Hugo, *Les Miserables*, trans. Julie Rose (New York: Modern Library, 2009), 141.

2. Douglas K. Stuart, in *NIV Zondervan Study Bible* (Grand Rapids: Zondervan, 2015), 1724-25; n. 1:4-9; n. 1:4-5; n. 1:6-7; n. 1:8-9.

3. Nancy Guthrie, *The Word of the Lord: Seeing Jesus in the Prophets* (Wheaton: Crossway, 2014), 72.

4. John Piper, "Call Me Husband, Not Baal," Desiring God [online], 26 December 1982 [cited 12 February 2016]. Available from the Internet: www.desiringgod.org.

5. E. Ray Clendenen, in *HCSB Study Bible* (Nashville: B&H, 2010), 1465, n. 2:14-15; n. 2:16-20.

6. David Allan Hubbard, *Hosea*, vol. 24 in *Tyndale Old Testament Commentaries* (Downers Grove: IVP, 2015) [WORDsearch].

7. Philip Bliss, "I Will Sing of My Redeemer," in *Baptist Hymnal* (Nashville: LifeWay Worship, 2008), 281.

8. James Travis, "Israel's Other Gods," *Biblical Illustrator* (Summer 1988): 19.

9. George Matheson, "O Love That Wilt Not Let Me Go," NetHymnal [online; cited 12 February 2016]. Available from the Internet: www.cyberhymnal.org.

Session **8**

1. Christopher J. H. Wright, *The Mission of God's People* (Grand Rapids: Zondervan, 2010), 152.

2. Joe Sprinkle, in *HCSB Study Bible* (Nashville: B&H, 2010), 1517, n. 1:5-6.

3. Ibid., 1517, n. 1:12-15; n. 1:16; n. 1:17.

4. Oswald Chambers, quoted in *Utmost: Classic Readings and Prayers from Oswald Chambers* (UK: Oswald Chambers Publications Association, 2012), 53.

5. Colin Smith, in *Gospel Transformation Bible* (Wheaton: Crossway, 2013), 1197-98, n. 3:1-2; n. 3:3-10.

6. T. Desmond Alexander, "Jonah," in *Obadiah, Jonah, and Micah*, by David W. Baker, T. Desmond Alexander, and Bruce K. Waltke, vol. 26 in *Tyndale Old Testament Commentaries* (Downers Grover: IVP, 1988) [WORDsearch].

7. Charles Spurgeon, "Salvation of the Lord," The Spurgeon Archive [online], 10 May 1857 [cited 15 February 2016]. Available from the Internet: www. spurgeon.org.

8. Henry T. Blackaby and Richard Blackaby, *Experiencing God Dayby-Day* (Nashville: B&H, 1997), October 23 [WORDsearch]. 《매일 아침 하나님을 경험하는 삶 365》(두란노, 2009), 297.

9. James Montgomery Boice, *The Minor Prophets*, vol. 1 (Grand Rapids: Baker, 2007) [WORDsearch].

10. Trevin Wax, "Jonah and the Mission of God," in *The Mission of God Study Bible* (Nashville: B&H, 2012), 937.

11. John Chrysostom, quoted in "The Prophet Jonah in the Writings of the Church Fathers," Mystagogy [online], 21 September 2009 [cited 15 February 2016]. Available from www.johnsanidopoulos. com.

Session **9**

1. Oswald Chambers, in *The Quotable Oswald Chambers*, comp. and ed. David McCasland (Grand Rapids: Discovery House, 2008), 229.

2. "Joel," in *The Mission of God Study Bible*, eds. Ed Stetzer and Philip Nation (Nashville: B&H, 2012), 916.

3. John R. Mott, *The World's Student Christian Federation* (1898), 47.

4. George Whitefield, in *Whitefield Gold*, comp. Ray Comfort (Gainesville, FL: Bridge-Logos, 2006), 91.

5. Millard J. Erickson, *Christian Theology*, 3rd ed. (Grand Rapids: Baker, 2013), 868.

6. Timothy Z. Witmer, in *Gospel Transformation Bible* (Wheaton: Crossway, 2013), 1167-68, n. 2:12-17.

7. Timothy J. Stoner, *The God Who Smokes* (Colorado Springs: NavPress, 2008), 134.

8. Edgar Young Mullins, *The Christian Religion in Its Doctrinal Expression* (Philadelphia: Judson Press, 1938), 370-71.

9. Shawn C. Madden, in *HCSB Study Bible* (Nashville: B&H, 2010), 1486, n. 2:28-29; n. 2:30-31.

10. David Prior, *The Message of Joel, Micah, and Habakkuk*, in *The Bible Speaks Today* (Downers Grove: IVP, 1998), 79.

11. David Wilkerson, "God Will Restore Your Wasted Years!" World Challenge Pulpit Series [online], 26 March 1990 [cited 15 February 2016]. Available from the Internet: *www.tscpulpitseries.org*.

Session **10**

1. Mary Willson, "Tears in Memphis," The Gospel Coalition [online], 11 September 2014 [cited 15 February 2016]. Available from the Internet: www. thegospelcoalition.org.

2. Walter C. Kaiser, in *HCSB Study Bible* (Nashville: B&H, 2010), 1235, n. 1:5.

3. "Jeremiah," in *The Mission of God Study Bible*, eds, Ed Stetzer and Philip Nation (Nashville: B&H, 2012), 752.

4. Theodoret of Cyr, *On Jeremiah*, 1.1.4-6, quoted in *Jeremiah, Lamentations*, ed. Dean O. Wenthe, vol. XII in *Ancient Christian Commentary on Scripture: Old*

주 / 4

Testament (Downers Grove: IVP, 2014) [WORDsearch].

5. F. B. Huey Jr., *Jeremiah, Lamentations*, vol. 16 in *The New American Commentary* (Nashville: B&H, 2003) [WORDsearch].

6. Jerome, *Six Books on Jeremiah*, 1.4.1-2, quoted in *Jeremiah, Lamentations*, ed. Dean O. Wenthe, vol. XII in *Ancient Christian Commentary on Scripture: Old Testament* [WORDsearch].

7. Henry T. Blackaby, Henry Brandt, and Kerry L. Skinner, *The Power of the Call* (Nashville: B&H, 1997) [eBook].

8. R. K. Harrison, *Jeremiah and Lamentations*, vol. 21 in *Tyndale Old Testament Commentaries* (Downers Grove: IVP, 1973), 54-55 [*Biblia.com*].

9. George Whitefield, "The Method of Grace," Christian Classics Ethereal Library [online; cited 16 February 2016]. Available from the Internet: www.ccel.org.

10. Greg Laurie, *Let God Change Your Life* (Colorado Springs: David C. Cook, 2011), 171.

Session **11**

1. Ravi Zacharias, *The Grand Weaver* (Grand Rapids: Zondervan, 2007), 82.

2. R. K. Harrison, *Jeremiah and Lamentations*, vol. 21 in *Tyndale Old Testament Commentaries* (Downers Grove: IVP, 1973), 108-109 [*Biblia.com*].

3. John Wesley, "The Deceitfulness of the Human Heart," Christian Classics Ethereal Library [online], 21 April 1790 [cited 16 February 2016]. Available from the Internet: www.ccel.org.

4. Rhett Dodson, "Our Hearts, Desperately Deceptive," The Gospel Coalition [online], 18 March 2012 [16 February 2016]. Available from the Internet: www.thegospelcoalition.org.

5. Walter C. Kaiser, in *HCSB Study Bible* (Nashville: B&H, 2010), 1288-89, n. 31:31; n. 31:32; n. 31:33.

6. Timothy S. Lane and Paul David Tripp, *How People Change* (Greensboro: New Growth Press, 2008), 175.

7. Augustine, Sermon 331.4, quoted in *Jeremiah, Lamentations*, ed. Dean O. Wenthe, vol. XII in *Ancient Christian Commentary on Scripture: Old Testament* (Downers Grove: IVP, 2014) [WORDsearch].

8. Idem., *On the Spirit and the Letter*, 39, quoted in *Jeremiah, Lamentations*, ed. Dean O. Wenthe, vol. XII in *Ancient Christian Commentary on Scripture: Old Testament* [WORDsearch].

9. F. B. Huey Jr., *Jeremiah, Lamentations*, vol. 16 in *The New American Commentary* (Nashville: B&H, 2003) [WORDsearch].

10. Francis A. Schaeffer, *True Spirituality* (Wheaton: Tyndale, 1971), 15.

11. Jerry W. Lee, "The New Covenant in Jeremiah," *Biblical Illustrator* (Summer 1998): 72.

Session **12**

1. Lesslie Newbigin, *A Walk Through the Bible* (London: Barefoot Ministries, 2011), 36.

2. J. A. Thompson, *1,2 Chronicles*, vol. 9 in *The New American Commentary* (Nashville: B&H, 2003) [WORDsearch].

3. Cornelius Plantinga Jr., *Not the Way It's Supposed to Be* (Grand Rapids: Eerdmans, 1995), 62.

4. George Blaurock, Anabaptist hymn, in *Early Anabaptist Spirituality: Selected Writings*, ed. Daniel Liechty (New York: Paulist Press, 1994), 47.

5. R. K. Harrison, *Jeremiah and Lamentations*, vol. 21 in *Tyndale Old Testament Com-*

mentaries (Downers Grove: IVP, 1973), 158-59 [*Biblia.com*].

6. Os Guinness, *Fool's Talk* (Downers Grove: IVP, 2015), 89.

7. W. A. Criswell, "Is There Any Word from the Lord?" Criswell Sermon Library [online], 12 January 1964 [cited 16 February 2016]. Available from the Internet: www.wacriswell.com.

8. Miles Van Pelt, in *Gospel Transformation Bible* (Wheaton: Crossway, 2013), 561, n. 36:15-16.

9. W. Wayne VanHorn, "Babylon: The Land of the Chaldeans," *Biblical Illustrator* (Summer 2011): 43, 45.

Session **13**

1. Matthew Henry, "Ezekiel: Chapter 37," *The Concise Commentary on the Whole Bible* [online; cited 17 February 2016]. Available from the Internet: www.ccel.org.

2. Mark F. Rooker, in *HCSB Study Bible* (Nashville: B&H, 2010), 1410-11, n. 37:1; n. 37:2; n. 37:3.

3. Colin Smith, "Unlocking the Bible: Restoration (Ezekiel 37:1-14)," The Gospel Coalition [online], 13 December 2009 [cited 17 February 2016]. Available from the Internet: www.thegospelcoalition.org.

4. C. H. Spurgeon, "The Restoration and Conversion of the Jews," *Spurgeon's Sermons Volume 10: 1864* [online; cited 17 February 2016]. Available from the Internet: www.ccel.org.

5. Mark F. Rooker, in *HCSB Study Bible*, 1411, n. 37:6; n. 37:9; n. 37:10.

6. Lamar Eugene Cooper Sr., *Ezekiel*, vol. 17 in *The New American Commentary* (Nashville: B&H, 2003) [WORDsearch].

7. Christian George, "The Exile," *The Gospel Project: Adult Leader Guide* (Winter 2012-13): 147.

주 / 5

8. Alexander MacLaren, "The Dry Bones and the Spirit of Life," in *Expositions of Holy Scripture* [online; cited 17 February 2016]. Available from the Internet: www.ccel.org.

9. Ambrose, *Of the Holy Spirit*, 3.19.149, in *Nicene and Post-Nicene Fathers, Second Series*, vol. 10, eds. Philip Schaff and Henry Wallace (New York: Cosimo, 2007), 136.

10. Lamar Eugene Cooper Sr., *Ezekiel*, vol. 17 in *The New American Commentary* [WORDsearch].

11. John Wesley, "Notes on the Book of Ezekiel XXXVII," *Notes on the Whole Bible* [online; cited 17 February 2016]. Available from the Internet: www.ccel.org.

12. Cyril of Jerusalem, Lecture XVIII, in *Nicene and Post-Nicene Fathers, Second Series*, vol. VII, eds. Philip Schaff and Henry Wallace (New York: Cosimo, 2007), 134.